# Janusz Piekalkiewicz
# Kampf um Warschau

Mit 360 Abbildungen
und Dokumenten

# Janusz Piekalkiewicz
# Kampf um Warschau

Stalins Verrat an der polnischen Heimatarmee 1944

Herbig

# INHALT

Vorwort 6
Schauplatz 8
Personen 12

Prolog 19

1. Woche 37
1.–6. August 1944

2. Woche 88
7.–13. August 1944

3. Woche 110
14.–20. August 1944

4. Woche 131
21.–27. August 1944

5. Woche 156
28. August – 3. September 1944

6. Woche 176
4.–10. September 1944

7. Woche 200
11.–17. September 1944

8. Woche 224
18.–24. September 1944

9. Woche 244
25. September – 1. Oktober 1944

Epilog 271

Anhang 287

Dokumente 288
Bibliographie 315
Archive 316
Bildquellen 316
Danksagung 316
Register 317

# VORWORT

**DER BOTSCHAFTER
DER REPUBLIK POLEN
IN DER REPUBLIK ÖSTERREICH**

Ich bin Warschauer, Jahrgang 1922. Seit dem Sommer 1942 war ich einer der vereidigten Soldaten der Heimatarmee gewesen. Die Vorbereitung des offenen Kampfes in der militärisch günstigen Endphase des Krieges war eines der Hauptziele unserer geheimen Aktivitäten gegen die deutsche Besatzungsmacht. Ende Juli 1944 schien unserem Stab der richtige Moment zum Aufstand gekommen zu sein. Die Rote Armee hatte sich Warschau bis auf einige Kilometer genähert, während sich die Wehrmacht am mittleren Abschnitt der damaligen Ostfront in vollem Rückzug befand.
Heinz Guderian, nach dem 20. Juli 1944 Chef des Generalstabs des Heeres, schreibt in seinen »Erinnerungen eines Soldaten« (1951), daß sich zu dieser Zeit die Situation der deutschen Armee an der Weichsel »zu einer Katastrophe ausgewachsen (hatte), wie sie übler kaum gedacht werden konnte... uns war wichtig, daß der russische Angriff damals die Weichsel nicht überschritt und uns eine kurze Atempause gewährt wurde« – und die Rote Armee blieb Gewehr bei Fuß, wo sie war.
63 Tage, 9 lange Wochen dauerte der ungleiche blutige Kampf der Aufständischen gegen die überlegenen Kräfte einer der besten Armeen der Welt. Sogar nachdem einige Stadtteile kapituliert hatten, wurde an anderer Stelle in Warschau – trotz ungeheurer Brutalität der SS und Polizeitruppen und der im Kampf gegen die Stadt eingesetzten »fremdvölkischen« Verbände – zäh und verbissen bis zum bitteren Ende weitergekämpft.
Nach Ende des Zweiten Weltkriegs wurde ich Journalist, Schriftsteller und Historiker. Ich habe mich wissenschaftlich mit dem Warschauer Aufstand, dem Verlauf dieser schicksalshaften 9 Wochen, aber auch mit den Ursachen und Folgen dieses historischen Ereignisses beschäftigt. Neuere Forschungen haben meine persönlichen Erlebnisse, Erfahrungen und Beobachtungen als damals 20jähriger Mann weitgehend bestätigt. Die Menschen in Warschau einte der Kampf gegen die Gewaltherrschaft der Besatzer, und daraus entsprang damals eine der fundamentalen Kraftquellen unseres Volkes. Der Kampf für die Freiheit und die Souveränität des Staates wurde im okkupierten Warschau gleichgesetzt mit dem Kampf für die Menschenrechte, für die Würde jedes einzelnen Menschen, für die persönliche Freiheit. Der Besatzungsterror in den Jahren der Massendeportationen in die Konzentrationslager, die Exekutionen,

die Blutlachen auf dem Straßenpflaster hinterließen, die Erniedrigung und Mißachtung des Menschen – all das führte zwangsläufig in einen offenen, bewaffneten und allgemeinen Aufruhr unter Mitwirkung des gesamten Volkes zur Erringung der Freiheit.

Die Entscheidung zur Entfesselung des Aufstands wurde in einem kleinen Kreis von Leuten getroffen. Voraus ging aber eine spontane Entscheidung der Volksmassen, sich der Besatzungsmacht offen zu widersetzen, ihr gleichsam den Fehdehandschuh hinzuwerfen, ohne daß irgend jemand dazu aufgerufen oder Direktiven erteilt hätte. Man war zum Aufstand ohne Wenn und Aber entschlossen, ohne Rücksicht auf seine realen Chancen und Konsequenzen, weil das Maß des Unrechts und des Verbrechens voll war. Als am 27. Juli 1944 der damalige Gouverneur des Distrikts Warschau, Dr. Ludwig Fischer, durch Megaphone und später auch auf Plakaten die Aufforderung verkünden ließ, daß sich am folgenden Tag, d. h. am 28. Juli 1944, an 6 Stellen in Warschau 100 000 Männer im Alter von 17 bis 65 Jahren zu Zwangsarbeiten einzufinden hätten, um die Stadt zu befestigen, traf diese Maßnahme des Besatzungsregimes auf kollektiven, demonstrativen Boykott. Was dieser Boykott an Konsequenzen nach sich ziehen mußte, lag auf der Hand: Die vollständige Evakuierung der Bevölkerung aus der Stadt und die Umwandlung Warschaus in einen Frontstützpunkt oder in eine Festung.

Bis heute kann die Frage nicht beantwortet werden, ob überhaupt eine Möglichkeit bestanden hätte, Warschau und seine Bevölkerung vor der Vernichtung zu bewahren. Allerdings ist es eine Utopie anzunehmen, daß die Deutschen ein waffenstarrendes und nach Recht und Vergeltung dürstendes Warschau in ihrem Rücken geduldet hätten, während sie in die schwersten Abwehrschlachten gegen die Sowjets verwickelt waren. Immerhin hat diese Front, wie man weiß, noch bis zum 17. Januar 1945 gehalten . . .

Janusz Piekalkiewicz, Jahrgang 1925, war einer von uns und hat ähnlich gedacht und gehandelt wie die überwiegende Mehrheit der jungen Generation damals in Warschau. Dennoch sind alle seine Bücher zur Zeitgeschichte, die er in Deutschland, wo er seit Anfang der sechziger Jahre lebte, in deutsch geschrieben hat, vorbildlich in ihrer Objektivität. Mit großem Erfolg hat er sich als Autor zeitgeschichtlicher Bücher um Fairness und Gerechtigkeit gegenüber den kämpfenden deutschen Soldaten des Zweiten Weltkriegs bemüht. 1969 hat Piekalkiewicz beim IX. Internationalen TV-Festival in Monte Carlo den 1. Preis, die Goldene Nymphe, für seine TV-Serie »Spione, Agenten, Soldaten – Geheime Kommandos im Zweiten Weltkrieg« gewonnen. In ihrer Beurteilung hat die Jury neben der hohen künstlerischen Qualität vor allem die ungewöhnliche Fairness und Sachlichkeit hervorgehoben.

Er überläßt damals die begehrte Trophäe für über 11 Jahre dem Intendanten des Hessischen Rundfunks. Befragt nach dem Grund dieser nicht alltäglichen Geste, antwortet Piekalkiewicz: »Ich wollte einen kleinen Beitrag zur deutsch-polnischen Verständigung leisten . . .«. Heute befindet sich die goldschimmernde zierliche Statue in seinem Arbeitszimmer. Seit seinem Tod, am 9. März 1988, steht sie ziemlich verloren zwischen all den Bergen von Papieren, Büchern, Notizzetteln und dem Material, das uns noch so manches aus Piekalkiewicz' präzis-dramaturgischer Hand erwarten läßt.

Aus dem Nachlaß erscheint jetzt in Deutschland und Polen »Der Kampf um Warschau – Stalins Verrat an der polnischen Heimatarmee 1944«, ein in meinen Augen sehr bedeutendes Werk über Heldentum und Unmenschlichkeit sowie über die einfachen Menschen in der unbarmherzigen Mühle einer schmutzigen Weltpolitik, als sein schriftstellerisches und historisches Testament: Ohne die Wahrheit, die möglichst ganze Wahrheit, werden auch die Menschen an dieser Stelle Europas nicht zusammenfinden und würdig leben können.

Wien, im Mai 1994

Władysław Bartoszewski

Oberleutnant der Heimatarmee in Warschau – 1944
Friedenspreisträger des Deutschen Buchhandels – 1986

# SCHAUPLATZ

Die geographische Lage Warschaus ist attraktiv. Dies mag wohl der Grund für die schnelle Entwicklung der Stadt in den letzten 700 Jahren sein, aber auch die Ursache für eine Reihe von Schicksalsschlägen im Laufe der Geschichte.

Bedeutende Verbindungswege wie die Strecke von Paris nach Moskau, die Verkehrsadern von der Ostsee bis zum Balkan, vom Schwarzen Meer zur Adria kreuzen sich hier in der polnischen Metropole. Warschau ist die größte Stadt in der mitteleuropäischen Tiefebene zwischen Berlin und Moskau.

Die Altstadt am steil abfallenden Westufer der Weichsel wird etwa Mitte des 13. Jahrhunderts gegründet, vermutlich dort, wo einst ein altes slawisches Fischerdorf stand. Die Stadt entwickelt sich um einen viereckigen Marktplatz im Schutz der südlich davon am Steilrand gelegenen Burg der masowschen Herzöge.

Bereits 1339 bezeugt deutsches (kulmisches) Recht die Existenz von Warschau, das bald eine Stadtmauer erhält sowie eine Kirche, die spätere Kathedrale St. Johann. Im 15. Jahrhundert entsteht als erste Erweiterung die im Norden anschließende Neustadt.

Im Jahre 1505 hat man mit der Konstitution »Nihil Novi« eine für damalige Zeiten ganz moderne Verfassung ins Leben gerufen, eine Art Adelsrepublik: die Rzeczpospolita. Der König gibt damit seinen Souveränitätsanspruch auf und verspricht, daß weder er noch seine Nachfolger etwas ohne Zustimmung des Reichsrates festlegen wollen. Mit dem sogenannten »liberum veto« (ich verbiete es) werden alle Reichstagsbeschlüsse praktisch durch eine einzige Gegenstimme der Opposition aufgehoben, ein Vorgang, der in der Weltgeschichte kaum eine Parallele hat. Die Beratungen des polnischen Reichstages (Sejm) werden ab 1570 nur noch in Warschau abgehalten.

Unter der Herrschaft des aus Schweden stammenden Königs Sigismund III. wird die polnische Residenz im Jahre 1596 von Krakau nach Warschau verlegt und mit dem Ausbau der Herzogsburg zum Königsschloß begonnen. Gleichzeitig errichten Adelsleute und reiche Bürger imposante Häuser und Paläste. So entwickelt sich Warschau allmählich zum Mittelpunkt des kulturellen und künstlerischen Lebens.

An die Altstadt grenzt jetzt im Süden die Krakauer Vorstadt, deren Hauptachse in die Neue Welt (Nowy Swiat) einmündet, eine Prachtstraße mit zahlreichen, meist barocken Adelspalästen. Aber in den Kriegen mit Schweden (1655–1660) wird das Land verwüstet, Warschau fällt zum großen Teil den Flammen zum Opfer. Allein durch die außergewöhnliche Lebenskraft der Menschen entsteht wieder eine neue Hauptstadt. Und bevor König Johann III. Sobieski, der Sieger über die Türken vor Wien (1683), sich in Wilanow, am Rande

*Polen, mit Litauen vereinigt, zählt Ende des 16. Jahrhunderts noch zu den großen Staaten Europas*

von Warschau, ein neues Prachtschloß erbauen läßt, ist die Stadt wieder aufgebaut.

Anfang des 18. Jahrhunderts wird im jetzigen Stadtzentrum ein Palais für August II., den Starken (1697–1733), errichtet, dessen Garten noch heute den Namen Ogrod Saski (Sächsischer Garten) trägt.

Unter dem letzten polnischen König, Stanislaw August Poniatowski (1764–1795) erlebt die Metropole einen enormen wirtschaftlichen Aufschwung. Die ersten Industriebetriebe werden gegründet, das Bauwesen blüht auf, die Einwohnerzahl steigt rapide an, und mit dem Erstarken des Bürgertums kommt es zu reger Bautätigkeit. Künstler von Rang und Namen lädt man nach Warschau ein, Architekten, Maler und Bildhauer sollen die Stadt verschönern, gleichzeitig auch eine Generation polnischer Künstler heranbilden.

Der Kosciuszko-Aufstand im Jahre 1794, ein Jahr vor der dritten Teilung Polens, die das Ende des polnischen Staates bedeutet, markiert den Anfang nationaler Befreiungskämpfe, die fortan immer wieder aufflammen.

Neue Hoffnungen werden geweckt, als man unter Napoleon eine polnische Legion in Frankreich aufstellt. Ihr Marschlied »Noch ist Polen nicht verloren« wird später zur trutzigen Nationalhymne. Die Siege Napoleons über Preußen und Rußland führen 1806/1807 zur Bildung des Großherzogtums Warschau mit einem eigenen Heer

*Der Marktplatz in der Altstadt mit seinen prächtig verzierten Fassaden (Nordostseite)*

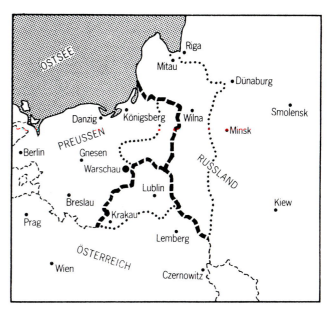

*24.10.1795: Nach der 3. Teilung verschwindet Polen von der Landkarte Europas*

unter Fürst Jozef Poniatowski, erweitert um einen Teil des österreichischen Annexionsgebietes mit Krakau. Die Niederlage Napoleons bringt jedoch das Ende des Großherzogtums.

Nach dem Wiener Kongreß (1815) entsteht ein territorial bescheidenes Königreich Polen (Kongreßpolen) mit Warschau als Hauptstadt. Trotz Personalunion mit Rußland bleibt den Polen ein Minimum an Freiheit. Die Wissenschaften und das Handwerk entwickeln sich zusehends, und die Bevölkerungszahl der Weichselmetropole wächst bis auf 120000 an. Diese günstige Periode der Bautätigkeit und der Wirtschaftsblüte findet unter den brutalen Methoden der Regierung des Zaren Nikolaus I. bald ein Ende, und die Polen greifen wieder zu den Waffen.

Mit dem Aufstand von Warschau im November 1830 wollen sie sich der russischen Willkür widersetzen. Die Revolte scheitert, aber sie schafft eine patriotische Atmosphäre, die jahrzehntelang den Wunsch der Polen nach Autonomie und Selbstbestimmung beflügelt.

Im Januar 1863 unternimmt Warschau erneut den Versuch, sich von der verhaßten Fremdherrschaft zu befreien. Ein Teil des Adels und der zum wohlhabenden Bürgertum gehörenden Bewohner organisieren eine Rebellion, doch auch diesmal erfolglos. Nach der Niederwerfung des Aufstandes schlägt die russische Gewaltherrschaft umso härter zu: Der Besitz aller Aufständischen wird konfisziert, und diejenigen, denen die Flucht nach Westen nicht gelingt, verurteilt man zu lebenslanger Verbannung nach Sibirien. Die polnische Sprache wird systematisch aus dem öffentlichen Leben verdrängt und der Begriff Polen durch die Bezeichnung

»Weichselgouvernements« ersetzt. Alle öffentlichen Ämter werden von Russen übernommen, die Universitäten geschlossen, und das Grundschulwesen wird eingeschränkt.
Politische und kulturelle Unterdrückung können das wirtschaftliche Wachstum der Stadt jedoch nicht behindern. Im Jahre 1870 hat sich die Zahl der Einwohner bereits auf 266000 erhöht. 1892 gibt es im Stadtgebiet schon 374 Fabriken, in Wola und Powisle entstehen ganze Industrieviertel.
Ende des 19. Jahrhunderts polarisieren sich die nationalen Spannungen, vor allem in den deutsch-polnischen Beziehungen. »Wir haben die Deutschen bekämpft, die Russen gehaßt, die Österreicher verachtet«, sagt später Pilsudski, der in Galizien aus Schützenverbänden Polnische Legionen organisiert. Am 4. August 1914 überschreitet er mit einer acht Mann starken Reiterpatrouille die österreichisch-russische Grenze nach Kongreßpolen. Hier nimmt er mit seinen Legionen am Freiheitskampf gegen Rußland an der Seite der k.u.k. Verbände teil.

*Springbrunnen im Saski-Garten, dem »Sächsischen Garten«, angelegt von August II., dem Starken (rechts)*

*Ein Gebäude der Warschauer Universität (unten)*

*Das Kosciuszko-Ufer, benannt nach dem polnischen Nationalhelden, mit Blick auf die Kierbedzia-Brücke (rechte Seite)*

Im August 1915 werden zwar die Russen aus Warschau vertrieben, doch dafür bleiben die Deutschen für die nächsten drei Jahren.
Am 5. November 1916 wird in dem von deutschen Truppen besetzten Warschau die Neugründung des Königreiches Polen proklamiert. Keine der drei großen Monarchien, in deren Armeen auch polnische Soldaten und Offiziere kämpfen, kann sich zu einer großzügigen Lösung durchringen.
Erst mit dem Ende des Ersten Weltkrieges und der Niederlage Deutschlands, Österreichs und Rußlands erhält Polen endlich seine Unabhängigkeit zurück. Im November 1918 ist Warschau wieder frei, aber diese langersehnte Freiheit sollte nur 21 Jahre dauern.

# PERSONEN

**Erich von dem Bach-Zelewski**

Chef der Bandenbekämpfungsverbände, jener Mann, den Reichsführer SS Himmler mit dem Befehl »Jeder Bewohner der Stadt Warschau ist zu erschießen; Gefangene werden nicht genommen; die Stadt ist dem Erdboden gleichzumachen« in die polnische Hauptstadt beordert, ist am 1. 3. 1899 in Lauenburg/Westpommern als Sohn eines Gutsbesitzers geboren.

1914 meldet sich der kaum 16jährige als jüngster Freiwilliger zur Armee des deutschen Kaisers. 1916 bereits Unterleutnant, kämpft er anfangs im Infanterieregiment 176, dann im schlesischen Grenadierregiment 10. Bei Kriegsende im Rang eines Leutnants. 1919–1921 dient er beim schlesischen Grenzschutz, danach Übernahme in die Reichswehr. Bis 1924 im Infanterieregiment 4, 1924–1930 wieder beim Grenzschutz, zuerst in Schlesien, später in Ostpreußen.

Anfang 1930 tritt er der NSDAP bei, seit dem 15. 2. 1931 gehört er auch der SS an. Am 6. 12. 1931 wird er zum SS-Sturmbannführer und am 10. 9. 1932 zum SS-Standartenführer ernannt. Am 6. 10. 1932 übernimmt er als SS-Oberführer die Leitung des XII. Abschnitts der SS. Seit 1932 ist er Abgeordneter der NSDAP im Reichstag.

Am 15. 12. 1933 Beförderung zum SS-Brigadeführer (GenMaj.) und ab Februar 1934 zum Leiter des SS-Oberabschnitts Nord-Ost (Königsberg) ernannt. Dies entspricht der Befehlsgewalt eines Wehrkreises. Am 11. 7. 1934 avanciert er zum SS-Gruppenführer (GenLt.) Nach einem Streit mit Gauleiter Koch läßt er sich versetzen und bekommt eine gleichrangige Stelle in Schlesien als Führer des SS-Oberabschnitts Süd-Ost (Breslau).

Von 1936–1937 bereist er als Propagandist der NSDAP-Zentrale den Balkan, ebenfalls die Türkei und Westeuropa. 1938 wird er Höherer SS- und Polizeiführer beim Oberpräsidenten in Schlesien, gleichzeitig auch beim Reichsstatthalter im Sudetengau, Wehrkreis III. Nach dem Septemberfeldzug 1939 Mitbegründer des KZ-Lagers Auschwitz, das jetzt in seinem Machtbereich liegt. Seit dem Überfall auf die UdSSR am 22. 6. 1941 überträgt man ihm als Höheren SS- und Polizeiführer den Bezirk Rußland Mitte (im Bereich der Heeresgruppe Mitte). Am 9. 11. 1941 Ernennung zum SS-Obergruppenführer (General). Er zeichnet sich durch besondere Brutalität aus und leitet oft sogar persönlich Massenerschießungen von Juden.

Wegen Zunahme der Partisanentätigkeit hinter der Front wird er von Himmler im Oktober 1942 zum »Bevollmächtigten des Reichsführers SS für die Bandenbekämpfung« ernannt, was Judenverfolgung und Liquidierung einschließt. Ab 21. 6. 1943 als Chef der Bandenbekämpfungsverbände mit außerordentlichen Vollmachten ausgestattet. Ihm unterstehen jetzt: Einheiten der Waffen-SS, Ordnungs- und Sicherheitspolizei, technische Einheiten sowie fremdvölkische Verbände, bei Bedarf kann er sogar über Bahnschutztruppen, Einheiten des Heeres und der Luftwaffe verfügen.

Als der Aufstand am 1. 8. 1944 beginnt, befindet sich von dem Bach in Zoppot bei Danzig, um den Bau von Befestigungsanlagen an der Weichsel zu beaufsichtigen.

**Dr. Oskar Dirlewanger**

SS-Oberführer, ein notorischer Trinker und Lügner, der sich nur durch brutales Vorgehen Autorität verschafft, ist am 26. 9. 1895 in Würzburg geboren.

Von Beruf Tierarzt, bekannt als rigoroser Draufgänger, der 1935 wegen Unzucht mit einer Minderjährigen ins Zuchthaus kommt und zugleich aus der SS ausgeschlossen wird. Nach seiner »Bewährung« bei der Legion Condor im Spanischen Bürgerkrieg Wiederaufnahme in die SS als Obersturmbannführer. Das SS-Hauptamt (Gottlob Berger) billigt seinen Vorschlag, eine Einheit, bestehend aus Wilddieben, Insassen von Erziehungsanstalten und Berufsverbrechern sowie aus vorbestraften Soldaten, aufzubauen. Im Juni 1940 zählt diese Truppe etwa 2000 Mann, Einsatzgebiet: Raum Krakau und Weißrußland. Die Brigade »Dirlewanger« führt sich unmenschlich auf, geht gnadenlos vor und macht keine Gefangenen. Kein Belastungsmaterial reicht aus, um Dirlewanger zu verhaften, er wird vom SS-Hauptamt gestützt.

Auf Befehl Himmlers muß Dirlewanger mit seiner Brigade Anfang August 1944 zur Bekämpfung des Warschauer Aufstandes in die polnische Hauptstadt.

**Mieczyslaw Kaminski**
Waffen-Brigadeführer einer aus Russen bestehenden Polizeitruppe zur Partisanenbekämpfung, vermutlich 1896 in Posen geboren.
Er hat Chemie-Ingenieur studiert, spricht neben Polnisch perfekt Russisch und Deutsch. Nach dem Ende des I. Weltkrieges in Leningrad, dort vom NKWD verhaftet und in ein Straflager nach Sibirien transportiert. Danach Zwangsansiedlung in Lokot, Raum Brjansk. Hier als Ingenieur in der Brennerei tätig. Nach dem Einmarsch der Deutschen übernimmt er die Partisanenbekämpfung im Raum Lokot. Schon 1942 entwickelt sich aus der Polizeitruppe eine Sturmbrigade, die er »Russische Nationale Befreiungsarmee« (Russkaja Oswoboditielnaja Narodnaja Armia – RONA) bezeichnet. Er, der sich selbst zum Oberst ernannt hat, läßt sich nun als Brigadegeneral betiteln, auch ohne Offiziersausbildung.
Seine Truppe vergrößert sich durch übergelaufene russische Partisanen, Ortsansässige und rekrutierte Gefangene aus russischen KG-Lagern, bis Ende September 1942 etwa 6000 Mann, ein Jahr später bereits 10 000. Die Sowjets versuchen mit allen Mitteln, die »RONA« zu vernichten. Daher schließt er sich den Deutschen an und muß auf Befehl der Heeresgruppe Mitte nach Westen abrücken. Es kommt zu ersten Zusammenstößen mit Angehörigen der Wehrmacht, die in den Kaminski-Leuten nur einen Haufen mordender und plündernder Landsknechte sehen. Es folgt der Bruch mit der Heeresführung. Doch die SS- und Polizeistäbe fordern seine Truppe immer häufiger zur Bandenbekämpfung an. Im Frühjahr 1944 wird er mit seiner Brigade der 29. Waffen-Grenadierdivision der SS unterstellt. Ihm verleiht man den Rang eines Waffen-Brigadeführers.
Anfang August 1944 beordert Himmler zur Verstärkung der Wehrmacht die Kaminski-Brigade nach Warschau.

**Smilo von Lüttwitz**
General der Panzertruppe, seit dem 21. 9. 1944 Oberbefehlshaber der 9. Armee als Nachfolger für den in die Führerreserve versetzten Nikolaus von Vormann, geboren am 23. 12. 1895 in Straßburg als Nachkomme einer alten schlesischen Adelsfamilie.
Nach dem humanistischen Gymnasium beginnt am 3. 8. 1914 seine militärische Laufbahn als Fahnenjunker im Leib-Dragonerregiment 24 in Darmstadt. Ab 1915 an der Front in Litauen, innerhalb kurzer Zeit dreimal verwundet. Am 18. 6. 1915 Beförderung zum Leutnant. Ab 1916 erst an der Ostfront, dann im Westen als Ordonnanzoffizier im Korps-Kommando seines Vaters, dem Generalstabschef der Heeresgruppe Deutscher Kronprinz. Ab März 1918 wieder im Leib-Dragonerregiment 24. Als Regimentsadjutant bei den deutschen Besatzungstruppen in der Ukraine im Kampf gegen die Bolschewisten.
1919 von der Reichswehr übernommen. Bis 1934 bei den Reiterregimentern 7 (Breslau) und 6 (Pasewalk), dort erst als Zugführer, dann als Regimentsadjutant und als Schwadronschef. Am 1. 4. 1925 zum Oberleutnant und am 1. 5. 1930 zum Rittmeister befördert. 1935 überträgt man ihm als Major das Kommando über die Panzeraufklärungsabteilung 5 in Kornwestheim (Stuttgart). Am 1. 1. 1939 Ernennung zum Oberstleutnant.
Im Polenfeldzug 1939 beim Stab des XV. Armeekorps. Am 6. 5. 1940 wird von Lüttwitz Kommandeur des Schützenregiments 12 und nimmt an den Kämpfen in Frankreich teil, danach mit seinem Regiment an der Ostfront im Rahmen der Panzergruppe 2 (GenOberst Guderian). Am 1. 11. 1941 avanciert er zum Oberst, dann am 1. 4. 1942 nach Belgien versetzt, um aus der 23. Infanteriedivision die 26. Panzerdivision zu bilden. Erst im Herbst 1943 erfolgt die Verlegung an die süditalienische Front. Hier am 1. 10. 1943 zum Generalleutnant befördert.
Durch Bombensplitter im Gesicht verletzt, fällt von Lüttwitz im Februar 1944 aus. Doch nach kurzem Lazarettaufenthalt will er zu seiner Division zurück, die in Rückzugskämpfen nahe Rom steht. Am 24. 7. 1944 übernimmt er im Raum Lemberg das durch Einkesselung gefährdete XXXXVI. Panzerkorps. Es gelingt ihm, das Korps in geschickten Rückzugsgefechten aus der Umklammerung zu lösen. Am 1. 9. 1944 zum General der Panzertruppe ernannt.
Als Nachfolger des Generals von Vormann wird er am 21. 9. 1944 Oberbefehlshaber der in die Kämpfe des Warschauer Aufstandes einbezogenen 9. Armee.

### Heinz Reinefarth

Befehlshaber der Kampfgruppe »Reinefarth«, die den Warschauer Aufstand zerschlagen soll, geboren am 26. 12. 1903 in Gnesen bei Posen.

Nach dem Besuch des Friedrich-Wilhelm-Gymnasiums in Cottbus studiert er Jura an der Universität in Jena. 1927 Referendar, drei Jahre später Assessor. Zuerst betreibt er eine Anwaltspraxis in Forst, danach in Cottbus. Den Militärdienst absolviert er bei der Reichswehr, 1920 im Bataillon Franz in Cottbus, 1924 im Artillerieregiment 3 in Frankfurt/Oder. 1937 zu militärischen Übungen beim Artillerieregiment in Crossen.

Seine eigentliche Karriere beginnt erst mit dem Eintritt in die NSDAP, am 21. 7. 1932. Neben seiner Funktion als Kreisrechtsleiter der NSDAP wirkt er aktiv als Agitator auf Parteiversammlungen und hält Propagandavorträge im Raum Cottbus. Bereits am 17. 12. 1932 tritt er auch der SS bei und wird Rechtsberater im Stab des SS-Abschnitts XII. Er bewährt sich nun als energischer Verteidiger der SA- und SS-Schlägertrupps an den Gerichten der Weimarer Republik. Bis zum Sommer 1939 betreibt er eine Anwaltskanzlei. Am 20. 8. 1939 wird er mobilisiert und nimmt als Soldat des Infanterieregiments 337 am Polenfeldzug teil. Danach auf der Offiziersanwärterschule in Döberitz bei Berlin. Ab 10. 5. 1940 als Feldwebel am Westfeldzug beteiligt, Juni 1940 zum Leutnant befördert. Teilnahme am Rußlandfeldzug, wegen schwerer Erfrierungen 1942 von der Ostfront zurückgenommen.

Jetzt beginnt sein Blitzaufstieg in der SS-Hierarchie, der kaum eine Parallele hat: Er wird dem persönlichen Stab des Reichsführers SS Himmler eingegliedert, tätig als Rechtsreferent im Hauptamt Ordnungspolizei (Chef: SS-Oberstgruppenf., GenOberst der Polizei Daluege) im Rang eines SS-Oberführers. Ab Juni 1943 in Prag als Generalinspekteur der Verwaltung beim Reichsprotektor für Böhmen und Mähren. Am 18. 12. 1943 Versetzung ins GG nach Krakau. Hier soll er den Aufgabenbereich des Höheren SS- und Polizeiführers kennenlernen, einen Posten, den er am 28. 12. 1943 im Wartheland übernimmt, ebenso die Funktion des SS-Oberabschnitts Warthe, dies entspricht der Stellung eines Wehrkreisbefehlshabers. Daneben Beauftragter des Reichskommissars zur Festigung deutschen Volkstums. So verfügt er im Wartheland über den gesamten Machtapparat der Polizei und des SD. Am 1. 7. 1944 zum Generalleutnant der Waffen-SS und der Polizei ernannt, einen Monat danach zum SS-Gruppenführer und Generalleutnant der Polizei.

Am 2. 8. 1944 erhält er von Himmler den Befehl, aus den in Posen stationierten Einheiten der SS, der Polizei und Wehrmacht eine Kampfgruppe zu bilden, die unter seiner Führung nach Warschau in Marsch gesetzt werden soll.

### Rainer Stahel

Wehrmachtkommandant von Warschau, ein Meister im Bewältigen von Krisensituationen, geboren am 15. 1. 1892 in Bielefeld als Sohn eines Fabrikanten.

Nach dem Abitur tritt er 1911 in das 1. Lothringische Infanterieregiment 130 (Metz) ein. Zu Beginn des I. Weltkrieges Leutnant und Zugführer in der MG-Kompanie seines Regiments. Anfang 1916 zum Oberleutnant befördert und als Führer der MG-Kompanie eines neuaufgestellten Bataillons, des späteren Königlich-preußischen Jägerbataillons 27, eingesetzt. Dieses Bataillon besteht aus russischen Staatsbürgern finnischer Nationalität, bisher ohne militärische Ausbildung. Aus ihnen soll eine Eliteeinheit entstehen, gedrillt von den besten deutschen Offizieren, darunter Oberleutnant Stahel, zeitweilig Adjutant im Sonderstab II.

Er führt seine MG-Züge (Schneeschuhdetachements) nach Kämpfen im Raum Mitau bei minus 20 Grad in Richtung Libau und erreicht mit ihnen im Januar 1918 die Republik Finnland. Als Hauptmann von der preußischen Armee verabschiedet, nimmt er die finnische Staatsbürgerschaft an und beteiligt sich als Major und Kommandeur des Jägerregiments 2 am Freiheitskampf in Karelien. Sein Werdegang in Finnland: Kommandeur der 3. Jägerbrigade, Chef des Stabes der 1. Division, dann jeweils Führer der beiden Infanterieregimenter »Helsingfors« und »Österjö«, anschließend als Oberstleutnant Chef des Schutzkorps in Abo (Turku).

1933 Heimkehr nach Deutschland, erneuter Wechsel zur deutschen Staatsbürgerschaft, jetzt als Referent im Heereswaffenamt tätig. 1935 wird Stahel als Hauptmann (Lw.) in das Reichsluftfahrtministerium versetzt, dort Einsatz in der Entwicklungsabteilung für Flugabwehrwaffen. Ab 1936 Major (Lw.), 1938 Verlegung nach Leipzig zur 1. Batterie der leichten Flakabteilung 73.

Bei Kriegsbeginn 1939 zum Oberstleutnant befördert, soll er mit der Reserve-Flakabteilung 151 den Schutz der Messerschmitt-Werke in Augsburg übernehmen. Nach dem Westfeldzug 1940 als Luftwaffen-Kontrolloffizier in den unbesetzten Teil Frankreichs beordert. Anfang 1941 befehligt er das mot. Flakregiment 99. Seit dem Überfall auf die UdSSR gelingt es ihm dort mehrmals, hart umkämpfte Stützpunkte aus kritischer Lage zu

befreien. Dafür avanciert er am 4. 1. 1943 zum Generalmajor. Im Sommer 1943 mit der 22. Flakbrigade wegen der alliierten Landung nach Süditalien verlegt, anschließend Ernennung zum Stadtkommandanten von Rom. Er soll die Stadt und den Vatikan vor Zerstörungsmaßnahmen retten. 1944 wieder an der Ostfront, zuerst als Stadtkommandant von Wilna. Er schafft es, den Einschließungsring zu durchbrechen und die Truppen zurückzunehmen. Am 18. 7. 1944 Beförderung zum Generalleutnant.
Der nächste Brennpunkt ist die polnische Hauptstadt. Am 25. 7. 1944 entscheidet Hitler, angesichts der Bedrohung an diesem Frontabschnitt, Stahel zum Wehrmachtkommandanten zu ernennen.

### Nikolaus von Vormann

Oberbefehlshaber der 9. Armee, in deren Bereich Warschau liegt, wird als Sohn eines Gutsbesitzers am 24. 12. 1895 im Ort Neumark/Westpreußen geboren.
Nach der Grundschule Ausbildung im Kadettenkorps, bei Ausbruch des I. Weltkrieges bereits am 3. 8. 1914 als Freiwilliger im Infanterieregiment 26 »Fürst Leopold von Anhalt-Dessau« (Magdeburg). Am 29. 1. 1915 zum Leutnant befördert. In den vier Kriegsjahren siebenmal verwundet. Anschließend von der Reichswehr übernommen, dient er anfangs im Infanterieregiment 12. Nach seiner Beförderung zum Oberleutnant erhält er die Generalstabs-Ausbildung. 1929 Versetzung in den Stab der 4. Division nach Dresden. Von hier aus wechselt Vormann nach Berlin in die Operationsabteilung des Heerestruppenamtes. Am 1. 5. 1930 Ernennung zum Hauptmann. 1934 erhält er ein Truppenkommando und wird Chef der 3. Kompanie des (Preußischen) Infanterieregiments 1 (Königsberg). 1935 als 1. Generalstabsoffizier (I a) zur 20. Infanteriedivision nach Hamburg versetzt, jetzt im Rang eines Majors i. G. Ab 1. 8. 1938 beim X. Armeekorps, ebenfalls in Hamburg, gleichzeitig zum Oberstleutnant befördert.
Während des Polenfeldzugs im Führerhauptquartier als Verbindungsoffizier zum Oberkommando des Heeres (OKH). Ab 1. 10. 1939 Chef des Generalstabs beim III. Armeekorps und ab 1. 6. 1940 beim XXVIII. Armeekorps an der Westfront. Am 1. 9. 1940 erhält er den Rang eines Oberst i. G. Am 26. 2. 1942 vor Leningrad schwer verwundet. Nach 10 Monaten Lazarettaufenthalt übernimmt er am 26. 12. 1942 die badenwürttembergische 23. Panzerdivision. Seit dem 1. 1. 1943 im Rang eines Generalmajors.
Ein halbes Jahr später bereits Generalleutnant. Am 26. 12. 1943 überträgt man ihm das Kommando über das XXXXVII. Panzerkorps. Wegen Auseinandersetzung mit dem OKH am 12. 3. 1944 wieder abberufen und in die Führerreserve versetzt. Doch schon am 27. 6. 1944 muß er als General der Panzertruppe und Oberbefehlshaber die 9. Armee übernehmen, die am Ostufer der Beresina von der 1. Weißrussischen Front zurückgedrängt wird.
Von den ursprünglich 100000 Soldaten der 9. Armee gelingt es kaum 30000, sich aus dem Kessel von Bobruisk zu befreien. Vormann kann zwar eine zurückverlegte neue Auffanglinie bilden, doch seine Verbände können dem sowjetischen Druck auf Dauer nicht standhalten. Sie nähern sich unaufhaltsam der polnischen Hauptstadt.

### Zygmunt Berling

Oberbefehlshaber der auf sowjetischer Seite kämpfenden polnischen 1. Armee, dessen Truppen zusammen mit der Roten Armee Warschau den ersehnten Entsatz bringen sollen, ist am 27. 4. 1896 in Limanowa, unweit von Krakau, als Sohn einer Eisenbahner-Familie geboren.
Nach dem Gymnasialabschluß 1914 tritt er bei Ausbruch des I. Weltkrieges in die auf österreichischer Seite kämpfende Polnische Legion ein. Im April 1915 zum Feldwebel und im Januar 1917 nach Beendigung eines Offizierslehrgangs zum Unterleutnant befördert. Nach dem Wiedererstehen der Polnischen Republik stellt er sich dem polnischen Heer zur Verfügung. Im Februar 1920 Ernennung zum Hauptmann. Im Krieg gegen die Sowjetunion erst als Bataillonsführer im Infanterieregiment 4, danach im Infanterieregiment 59.
Im November 1923 wird Berling als Major zur Höheren Militärschule nach Warschau abkommandiert, danach Chef des Stabes der 15. Infanteriedivision. 1927 beendet er sein Jurastudium an der Universität in Krakau. Seit November 1930 im Rang eines Oberst. Seine weitere Laufbahn von 1927–1932: Chef der Allgemeinen Abteilungen im Verteidigungsministerium und Chef des Stabes im Wehrkreis V. Ab November 1932 bis März 1937 ist Berling erst Stellvertreter, dann Kommandeur des Infanterieregiments 4 in Kielce. Im Juni 1939 muß er wegen Differenzen mit der Armeeführung seinen Posten aufgeben.
Zu Beginn des II. Weltkrieges Versetzung nach Wilna zum Wehrkreis X, jedoch ohne Dienstbereich. Hier läßt er sich nach dem Einmarsch der Roten Armee internieren. In Zusammenarbeit mit dem NKWD stellt er in der

UdSSR einen polnischen Verband auf, bestehend aus polnischen Offizieren, die mit den Sowjets kollaboriert haben. Obwohl die polnische Exilregierung am 14. 8. 1941 ein Abkommen mit Moskau unterzeichnet, das allen polnischen Kriegsgefangenen die Möglichkeit bietet, die UdSSR zu verlassen, bleibt er in der Sowjetunion. Er organisiert im Frühjahr 1943 zusammen mit dem Verband Polnischer Patrioten die 1. Infanteriedivision und übernimmt deren Führung. Ab September 1943 bis zum März 1944 Kommandierender General des polnischen I. Korps, danach bis Juli 1944 Oberbefehlshaber der polnischen Armee in der UdSSR.

Seit Juli 1944 ist er Mitglied der unter Stalins Einfluß stehenden provisorischen polnischen Regierung (PKWN), die sich im befreiten Chelm und später in Lublin konstituiert. Anfang August 1944 steht Berling mit seiner 1. Armee, die im Rahmen der 1. Weißrussischen Front (Marschall Rokossowski) kämpft, östlich der Weichsel, unweit von Warschau.

### Antoni Chrusciel (Pseudonym: Monter)

Kommandant der Heimatarmee (Armia Krajowa, AK) für das Stadtgebiet und den umliegenden Landkreis von Warschau, geboren am 16. 6. 1895 in Gniewczyna, Kreis Przeworsk.

Nach dem bestandenen Abitur auf dem Gymnasium in Jaroslaw beginnt er mit dem Jurastudium in Lemberg. Als der I. Weltkrieg ausbricht, meldet er sich zusammen mit einer Pfadfindergruppe aus Jaroslaw freiwillig bei der Legion Ost. Nach Auflösung dieser Legion nimmt er im österreichischen Infanterieregiment 90 an den Kämpfen in Rußland teil. Als am 7. 10. 1918 in Warschau die Unabhängigkeit Polens proklamiert wird, schließt sich »Monter« im Dezember 1918 der polnischen Armee an und beteiligt sich mit dem Infanterieregiment 14 am Kampf gegen die im Sommer 1920 auf Warschau vordringende Rote Armee. Den Polen gelingt es, den Feind zurückzuschlagen, und es kommt im März 1921 zum Friedensschluß von Riga. Nach dem Polnisch-sowjetischen Krieg wird »Monter« 1922 zum Hauptmann befördert.

Zwischen 1924 und 1927 dient er als Kompaniechef im Kadettenkorps I in Lemberg. 1925 Ernennung zum Major. Von 1927–1929 führt er als Bataillonskommandeur das Schützenregiment 6 von Podhale. Anschließend absolviert er für zwei Jahre die Höhere Militärschule und erhält danach den Posten des Instrukteurs für Stabsoffiziere im Infanterie-Ausbildungszentrum Rembertow. 1932 avanciert er zum Oberstleutnant.

Anfang 1939 wird er Kommandeur des Infanterieregiments 82, mit dem er in den Polenfeldzug zieht. Seit 1940 stellt sich »Monter« dem konspirativen Militärdienst zur Verfügung, anfangs als Stellvertreter des Kommandanten und ab Mai 1941 als Kommandant des Warschauer Bezirks der AK. Im Jahre 1942 Beförderung zum Oberst, 1944 während des Aufstandes zum Brigadegeneral.

### Graf Tadeusz Komorowski (Pseudonym: Bor)

Befehlshaber der Heimatarmee (Armia Krajowa, AK), einst Führer der polnischen Reiter-Equipe und Teilnehmer an den Olympischen Spielen in Berlin, ist am 1. 6. 1895 auf Gut Chorobrow im Landkreis Brzezany geboren.

Nach dem Gymnasium in Lemberg besucht er zwei Jahre die Militärakademie in Wien (1913–1915) mit dem Abschluß eines Oberleutnant der Kavallerie. Ab November 1918 gehört er zum Kader des sich formierenden polnischen Heeres und dient im Ulanen-Regiment 9 in Debica. 1919 kämpft er an der ukrainischen Front bei Lemberg und nimmt 1920 am Feldzug nach Kiew teil. Hier tritt er mit seiner Kavallerie gegen die Rote Reiterarmee von Marschall Budjonny an. Am 20. August erfolgt die Beförderung zum Rittmeister, gleichzeitig überträgt man ihm als Kommandeur das Ulanen-Regiment 12 »Podole«. 1928 avanciert er zum Oberstleutnant und wird Kommandeur des Ulanen-Regiments 9. Seit 1938 Kommandant des Kavallerie-Ausbildungszentrums in Graudenz.

Am 3. 9. 1939 erhält Oberst Komorowski den Befehl, eine Kavalleriegruppe zu formieren und das Weichselgebiet im Raum Gora Kalwaria zu schützen. Am 8. und 9. 9. 1939 kommt es dort zu erbitterten Kämpfen mit den Deutschen. Danach zieht er sich mit seinen Ulanen entlang des Wieprz Richtung Süden zurück, um sich der Kampfgruppe von General Anders anzuschließen, die am 23. 9. 1939 in der Schlacht bei Krasnobrod fast aufgerieben wird. Nachdem die letzten polnischen Kavallerieverbände am 6. 10. 1939 kapituliert haben, gelingt es Komorowski, sich nach Krakau durchzuschlagen und hier im südwestlichen Teil Polens mit der konspirativen Arbeit zu beginnen. Am 17. 7. 1943 übernimmt er nach Verhaftung von General Rowecki dessen Position als Führer der Heimatarmee unter den verschiedenen Decknamen: Bor, Korczak, Lawina und Znicz. Bereits am 20. 11. 1943 gibt er seinen engsten Vertrauten die Grundzüge seines Plans für die Operation »Burza« (Gewittersturm) bekannt.

Am 18. 3. 1944 zum General ernannt. Zwischen dem 22. und 25. 7. 1944 beschließt er in Abstimmung mit dem Delegierten der Londoner Exilregierung, Vizepremier Jan Stanislaw Jankowski, den Kampf gegen die Deutschen aufzunehmen und die Befreiung Warschaus mit der Heimatarmee zu verwirklichen.

### Kazimierz Sosnkowski (Pseudonym: Godziemba)

Oberkommandierender aller polnischen Streitkräfte, ein Mann mit Charakter und soldatischem Pflichtbewußtsein, geboren am 19. 11. 1885 in Warschau.
Nach dem Schulabschluß studiert er am Polytechnikum in Lemberg. Bereits 1907 gründet er die paramilitärische Untergrundorganisation ZWC mit engen Kontakten zu Josef Pilsudski. Seit Beginn des I. Weltkrieges bis 1916 Chef des Stabes bei der I. Legionenbrigade, danach bis Juli 1917 Leiter des Kriegsdepartments bei der provisorischen polnischen Regierung, anschließend in einem deutschen Internierungslager bei Magdeburg. Nach Wiederentstehung der Republik Polen seit dem 16. 11. 1918 Befehlshaber des Generalbezirks Warschau. Vom 3. 3. 1919 bis 24. 5. 1920 hat er den Posten des Vizeministers im Kriegsministerium. Im Sommer 1920, als die Rote Armee auf Warschau vorstößt, führt er die polnische Reservearmee in den Kampf. Nach dem »Wunder an der Weichsel« Ernennung zum Kriegsminister und Mitglied des Verteidigungsrates. Vom 21. 4. 1925 bis 13. 5. 1926 Befehlshaber des Korpsbezirks VII (Posen). 1932 vertritt er Polen als Delegierter auf der Abrüstungskonferenz in Genf. Am 11. 11. 1936 zum General der Waffen befördert. Bis zum September 1939 übernimmt er die Aufgaben eines Armeeinspekteurs.
Im Septemberfeldzug 1939 überträgt man ihm das Kommando über eine westlich von Lemberg eingekesselte Armee. Es gelingt ihm, die Umklammerung zu lösen und die Streitkräfte zur Verteidigung von Lemberg einzusetzen. Nach der Kapitulation schlägt er sich nach Paris durch. Dort setzt ihn der Ministerpräsident der polnischen Exilregierung, General Sikorski, als Oberbefehlshaber der polnischen Untergrundstreitkräfte in der Heimat ein.
Nach dem Tod von General Sikorski, der in der Nacht vom 4./5. 7. 1943 an Bord eines britischen Bombers nahe Gibraltar abstürzt, wird Sosnkowski von dem neuen polnischen Premier, Stanislaw Mikolajczyk, als Oberkommandierender der polnischen Streitkräfte eingesetzt.

### Karol Jan Ziemski (Pseudonym: Wachnowski)

Befehlshaber der Gruppe Nord (Polnoc) und Stellvertreter des Kommandanten der Heimatarmee (AK), ein hervorragender Soldat, dessen unerschöpfliche Energie und persönlicher Mut die Aufständischen immer wieder mitreißen, ist am 27. 5. 1895 in Nasutow im Landkreis Lubartow geboren. Auf dem Gymnasium »Stanislaw Staszik« legt er 1914 die Reifeprüfung ab. Ab 1915 absolviert er seinen Militärdienst an der Offiziersschule in Kiew, danach beim sibirischen Schützenregiment 37. Während des I. Weltkrieges an der deutsch-russischen Front in Rumänien. Als bekannt wird, daß in Rußland polnische Einheiten aufgestellt werden, schlägt er sich nach Bobruisk durch und tritt in das Korps von General Dowbor-Musnicki ein. Nach Auflösung des Korps kehrt er 1918 nach Polen zurück und beginnt sein Studium am Polytechnikum in Warschau. Aufgrund der Ereignisse greift er wieder zu den Waffen. Am 1. 6. 1919 zum Hauptmann befördert, hilft er bei der Aufstellung des Infanterieregiments 36 der Akademie-Legion, mit dem er 1920 am Polnisch-russischen Krieg teilnimmt.
1923 avanciert er zum Major und wird Kommandeur des Stabsbataillons der 36. Akademie-Legion. 1930–1932 Absolvent der Höheren Militärschule in Warschau, die er als Offizier mit Diplom und besonderer Auszeichnung verläßt. Anschließend Ausbildungsdirektor am Schulungszentrum der Infanterie in Rembertow. Dann befehligt er stellvertretend die 36. Infanterie-Legion.
Im Semptemberfeldzug 1939 steht er – im Rang eines Oberstleutnant – mit dem Infanterieregiment 36 der 28. Division nördlich von Wielun, stürmt mit seinen Einheiten Brwinowo und verteidigt die Festung Modlin, die sich erst am 29. 9. 1939 ergibt. Nach der Kapitulation als Beamter im Warschauer Rathaus tätig. 1940 beginnt er mit konspirativer Arbeit für den Polnischen Befreiungsverband. Ab 1942 in der Obersten Befehlsstelle der AK, tätig als Chef für die Ausbildung der Infanterie »Puszcza« in der Abteilung III B beim Stab der AK. Er befaßt sich mit Vorbereitung und Realisierung der Operation »Burza«.
Auf Befehl von »Monter« übernimmt er am 7. 8. 1944 die Führung der Gruppe Nord (Polnoc), gleichzeitig Ernennung zum Oberst.

**Konstantin K. Rokossowski**

Oberbefehlshaber der 1. Weißrussischen Front, ist am 21. 12. 1896 in Warschau als Sohn eines Eisenbahners geboren.

Schon als 15jähriger muß er, um Geld zu verdienen, als Steinmetzgehilfe beim Bau der Warschauer Poniatowski-Brücke arbeiten. Nach Ausbruch des I. Weltkrieges kämpft er im russischen Kargopoler Dragonerregiment 5 bei Lodz und im Raum Warschau gegen die Deutschen. Vom Gefreiten zum Unteroffizier avanciert, verläßt er mit der zurückweichenden Zaren-Armee seine Heimat. Nach der Oktoberrevolution kämpft er im Rahmen der Roten Armee in seinem alten Dragonerregiment 5, daneben stellvertretender Kommandeur des Kavallerieregiments 30, schlägt sich erst mit der Weißen Garde im Ural, nimmt dann in der Mongolei den Kampf gegen den legendären kurländischen Baron Ungern auf. Er bleibt weiterhin in der Armee, wird 1924 zusammen mit Schukow und Jeremenko zu einem Sonderkurs nach Leningrad beordert. 1926 Absolvent der Höheren Kavallerieschule. Ab November 1926 wieder in der Mongolei als Instrukteur bei der 1. Kavalleriedivision. 1928 zieht er mit der 5. Kavalleriebrigade gegen die Chinesen zu Felde. Nach dem Besuch der Frunse-Kriegsakademie befehligt Rokossowski eine Brigade, dann die 7. Kavalleriedivision (Samara). Im September 1937, kurz nach Übernahme des V. Kavalleriekorps (Pleskau), wird er als »Agent des japanischen und polnischen Geheimdienstes« verhaftet. Er hat großes Glück, daß er die Säuberungswelle Stalins überlebt. Nach drei Jahren NKWD-Kerker im März 1940 plötzlich freigelassen. Timoschenko bietet ihm das Kommando über sein altes V. Kavalleriekorps an. Ende 1940 mit der Aufstellung des IX. mech. Korps beauftragt und zum Generalmajor befördert. Am 26. 6. 1941 greift er aus den Wäldern von Klewanj das deutsche XXXXVIII. Panzerkorps (Gen. Kempf) an. Als Generalleutnant mit der 16. Armee vor Moskau. Ab 6. 12. 1941 an der Gegenoffensive zur Rettung Moskaus beteiligt. Am 10. 1. 1942 erbitterte Kämpfe gegen die 3. Panzerarmee (GenOberst Reinhardt) im Raum Wolokolamsk.

Zwischen März und Juli 1942 fällt er wegen schwerer Verwundung aus. Ab September 1942 befehligt er die Don-Front im Raum Stalingrad. Am 15. 2. 1943 zum Generaloberst und am 5. 7. 1943 zum Armeegeneral befördert. Nach mehrmaliger Umbenennung der Heeresgruppen (Fronten) führt er ab 20. 10. 1943 die 1. Weißrussische Front.

Die am 22. 6. 1944 beginnende sowjetische Sommeroffensive gegen die Heeresgruppe Mitte kommt Ende Juli 1944 vor Warschau zum Stehen.

*Einmarsch der deutschen Truppen in Warschau: Ende September 1939 (rechts)*

# Prolog

*Siegerparade am 5.10.1939: Hitler, Gen. Freih. v. Weichs, GenOberst Keitel, Gen. Blaskowitz*

*Herren über Leben und Tod: Generalgouverneur Dr. Hans Frank und Reichsführer SS Heinrich Himmler*

Am Donnerstag, dem 5. Oktober 1939, genau sieben Tage nach Unterzeichnung der Kapitulation Warschaus, findet in der polnischen Hauptstadt die erste deutsche Siegesparade statt, die vom Belvedere über die Ujazdowski-Allee zum Schloß führt. Zur selben Stunde, in der die Truppen unter den Klängen von »Preußens Gloria« an Hitler und seinen Befehlshabern vorbeimarschieren, versammeln sich insgeheim die Vertreter der politischen Parteien Polens im Tresorraum der Sparkasse PKO, um die Richtlinien für eine gerade entstandene Widerstandsorganisation festzulegen.

Am Sonntag, dem 8. Oktober 1939, hat sich Deutschland Westpreußen und das Posener Land einverleibt. Die Annexion dieser beiden neuen Reichsgaue tritt mit dem 1. November 1939 in Kraft. Die hier lebenden Polen verlieren alle Rechte und müssen sich, ebenso wie die Juden, Sondergesetzen fügen.

Am Montag, dem 9. Oktober 1939, erscheint in der polnischen Hauptstadt – knapp zwei Wochen nach der Kapitulation Warschaus – die erste konspirative Zeitschrift »Polska Zyje« (Polen lebt), herausgegeben von Major Studzinski. Diesem Blatt folgen ungezählte Publikationen, ein Beweis für die nicht zu unterdrückende Freiheitsliebe der Polen. Im gleichen Monat wird in Paris unter General Wladyslaw Sikorski die Exilregierung Polens gebildet, der sich die Widerstandsorganisation unterstellt.

Am Donnerstag, dem 12. Oktober 1939, wird Dr. Hans Frank, Hitlers langjähriger Rechtsanwalt aus München, vom Führer zum Generalgouverneur mit Sitz in Krakau ernannt. Das als Generalgouvernement (GG) bezeichnete Gebiet liegt westlich der deutsch-sowjetischen Demarkationslinie und grenzt an Ostpreußen, an die sogenannten beiden neuen Reichsgaue und an Schlesien. Es gehört nicht zum Reich, sondern wird selbständig, ähnlich einer Kolonie, verwaltet. Aus den eingegliederten Ostgebieten hat man etwa zwei Millionen Menschen in das Generalgouvernement umgesiedelt, vor allem die polnische Intelligenz. Terror und Gewalt überziehen jetzt das Land.

Zwischen dem 17. September 1939, dem Überfall der Roten Armee auf Polen, und Ende Oktober 1939 haben die Sowjets rund 200 000 Soldaten und Offiziere der polnischen Streitkräfte gefangengenommen und auf mehrere KG-Lager in der UdSSR verteilt.

Im November 1939 werden vom Sicherheitsdienst (SD) alle 183 Professoren und Dozenten der Universität Krakau verhaftet, die man zum Teil ins KZ-Lager Sachsenhausen überführt. Die meisten von ihnen haben die Foltermethoden nicht überlebt. Und im Dezember 1939 trifft es die Einwohner von Wawer, einem Ort östlich

*Zakopane, Dezember 1939: deutsche und sowjetische Kursteilnehmer vom Ausbildungslager des NKWD und SD*

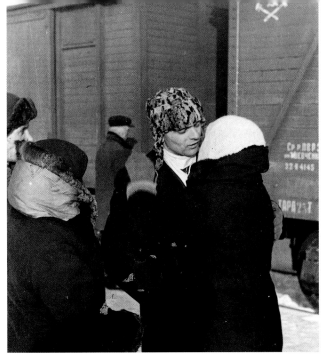

von Warschau. Für zwei erschossene deutsche Polizisten müssen etwa 100 willkürlich ausgesuchte Polen ihr Leben lassen.

Im Dezember 1939 entsteht in Zakopane in der Hohen Tatra ein Ausbildungslager für Angehörige der Gestapo und des NKWD. Hier werden sie in Sonderkursen für gemeinsame Aktionen gegen die polnische Widerstandsbewegung geschult. Unter der NS-Herrschaft sollen (nach polnischen Quellen) in den ehemals polnischen Gebieten ungefähr 5 000 000 Menschen – hauptsächlich Juden – durch Massenvernichtung umgekommen sein.

Am Dienstag, dem 6. Februar 1940, antwortet Dr. Frank auf die Frage eines Journalisten: »Wenn ich

*Zum Abschied ein letzter Gruß: Einige Monate später werden 1 646 000 Einwohner Polens in die UdSSR verschleppt (links)*

*Schottland 1941: Militärlager der polnischen Exiltruppen, mit deren Unterstützung die AK rechnet (unten)*

für je sieben erschossene Polen ein Plakat aushängen lassen wollte, dann würden die Wälder Polens nicht ausreichen, das Papier für solche Plakate herzustellen.«
Anfang April 1940 folgt die Massendeportation der Zivilbevölkerung aus Ostpolen in die verschiedenen sowjetischen Arbeitslager. Zum gleichen Zeitpunkt hat der sowjetische Geheimdienst NKWD mehrere Tausend polnische Offiziere in Katyn, südwestlich von Smolensk, erschossen und in Massengräbern verscharrt. Um diesen Massenmord zu verbergen, hat man die Gräber eingeebnet und mit Bäumen bepflanzt.
Nach dem Desaster von Dünkirchen und dem Abzug der britischen Truppen aus Frankreich gründet der englische Geheimdienst im August 1940 die »Special Operations Executive« (SOE), eine Abteilung für Sonderoperationen zur Unterstützung von Widerstandsbewegungen in den deutsch-besetzten Ländern. Die in zahllosen Lagern Großbritanniens untergebrachten polnischen, norwegischen, belgischen, holländischen und auch französischen Exiltruppen bilden für die SOE das größte Reservoir potentieller Agenten. Die ersten SOE-Männer springen über Westpolen ab, eine Entfernung, die anfangs der Reichweite jener hierfür benutzten ziemlich schwerfälligen Bomber vom Typ Whitley und Wellington entspricht. Seitdem besteht direkter Kontakt zur polnischen Untergrundarmee, die von London aus mit Waffen und Munition versorgt wird.
Als das Generalgouvernement im Frühjahr 1941 für die deutschen Truppen zum Aufmarschgebiet gegen die Sowjetunion wird, berichtet die Führung der Widerstandsgruppe alles, was sie an Truppenstärke, Anzahl der Panzer und Geschütze in Erfahrung bringen kann, per Funk oder Kurier nach London. Nicht nur die Spionage verstärkt sich zunehmend, sondern vor allem Sabotageaktionen gegen Polizei- und SD-Einrichtungen sowie Attentatsversuche gegen maßgebliche SS- und SD-Spitzenfunktionäre.
Durch Hitlers Überfall auf die UdSSR kommt es nach Wiederaufnahme diplomatischer Beziehungen zwischen der polnischen Exilregierung und Moskau zu einem Militärabkommen, das General Sikorski am 4. Dezember 1941 in Moskau unterzeichnet. Es beinhaltet die Freilassung der in sowjetischen Lagern befindlichen polnischen Soldaten und Verschleppten. Aufgrund des Vertrages wird auch General Anders aus dem Moskauer Gefängnis Lubjanka entlassen, er soll nun aus den Kriegsgefangenen eine polnische Armee aufstellen. So können Tausende von Polen aus den sibirischen Vernichtungslagern gerettet werden. Es ist unter anderem vereinbart worden, die Polen in den Iran zu evakuieren, um sie dort auf ihre späteren Kampfeinsätze im Rahmen der Westalliierten auszubilden.

*Moskau, 4. 12. 1941: Unterzeichnung des Militärabkommens. Hinter Stalin v. r. Molotow, Sikorski, Prof. St. Kot, poln. Botschafter in Moskau, und Gen. Anders*

*BrigGen. Stefan Rowecki, seit 1942 OB der AK (links) und General Wladyslaw Anders (rechts)*

Noch im September 1941 lautet einer der Punkte des Memorandums, das General Rowecki von Warschau nach London funkt: »Der Erfolg des Aufstandes ist völlig unabhängig von der Hilfe von außen, das heißt von der Unterstützung durch Aktionen alliierter Luftstreitkräfte.«

Im Dezember 1941 legen General Sikorski und General Anders dem sowjetischen Diktator die Namenslisten der etwa 14000 vermißten polnischen Offiziere vor, die noch in sowjetischer Gefangenschaft sein müßten. Seine lakonische Antwort lautet, dann seien sie vielleicht in die Mandschurei geflohen.

Gerade in Polen treffen die Deutschen auf einen besonders ausgeprägten Widerstand, obwohl man hier die schärfsten Vergeltungsmaßnahmen anwendet. Anfangs sind es zirka 30–40 verschiedene Organisationen, die sich oft gegenseitig bekämpfen, ehe daraus eine einheitliche Untergrundbewegung entsteht. Auf Weisung von General Sikorski werden am 14. Februar 1942 alle Widerständler in der Heimatarmee (Armia Krajowa), kurz AK genannt, zusammengefaßt. Oberbefehlshaber der AK wird Brigadegeneral Stefan Rowecki (Pseudo: Grot), sein Stellvertreter General »Bor«-Komorowski.

Der polnische Abhördienst bemerkt im Frühjahr 1942, daß ein sowjetischer Sender in polnischer Sprache zum bewaffneten Widerstand aufruft und die Rote Armee als Befreier Polens avisiert. In den kommenden Monaten versucht man sogar, durch bewußte Falschmeldungen den polnischen Untergrund zu diffamieren. Angeblich gäbe es polnische Soldaten und Offiziere, die als selbständige Einheit unter dem Kommando der Wehrmacht eingesetzt wären.

Für die Heimatarmee, die in den weiten Waldgebieten Ostpolens schnell zu einer Massenbewegung patriotisch

*Ausbildungslager für Angehörige der Heimatarmee in den Wäldern Ostpolens*

*November 1942: General Sikorski hält sich zu Gesprächen mit Präsident Roosevelt in Washington auf*

gesinnter Polen heranwächst, steht seit 1942 fest, daß es zu einem Aufstand gegen die deutsche Besatzungsmacht kommen wird. Der dafür ausgearbeitete Plan unter dem Tarnnamen Operation »Burza« (Gewittersturm), den man mehrfach der sich jeweils verändernden Situation anpassen muß, sieht zunächst vor, daß der Aufstand in allen Teilen Polens gleichzeitig ausbrechen soll.

Im November 1942 reist General Sikorski ein drittes Mal in die Vereinigten Staaten. In Sorge um die Zukunft Polens möchte er von Präsident Roosevelt die Zusicherung erwirken, daß die 1939 erfolgte sowjetische Annexion Ostpolens bei Kriegsende hinfällig sein würde. Für ihn sei die im Friedensvertrag von Riga (1921) festgelegte Trennungslinie zwischen Polen und der UdSSR die einzig akzeptable Grenze. Die unnachgiebige Haltung des polnischen Premiers bedeutet für Roosevelt und Churchill ein Ärgernis, das sie gerade beim derzeitigen Stand der Verhandlungen mit Stalin über eine künftige Weltfriedensordnung nicht gebrauchen können. Der amerikanische Präsident versichert zwar General Sikorski seine Sympathien für ihn und das polnische Volk, aber der General ahnt nicht, daß die Würfel längst zu ungunsten Polens gefallen sind.

Im Februar 1943 gelangt General Rowecki zu der Überzeugung, daß es ratsamer wäre, die Operation »Burza« stufenweise einzuleiten. Als ersten Abschnitt bezeichnet er die Linie von Wilna bis Lemberg, dann von Brest am Bug bis zum San, und die dritte Etappe betrifft das übrige Land. Inzwischen hat er auch erkannt, daß die vorhandene Bewaffnung nicht ausreichend ist, und er hofft auf den Einsatz einer westalliierten Fallschirmjägerbrigade.

Am Dienstag, dem 13. April 1943, werden in den russischen Wäldern von Katyn Massengräber mit den Leichen von etwa 5000 polnischen Offizieren entdeckt. Als General Sikorski davon erfährt, wendet er sich sofort an das Internationale Rote Kreuz in Genf mit der Bitte, umgehend eine neutrale Kommission von Gerichtsmedizinern nach Katyn zu entsenden. Über derartige Anschuldigungen empört, bricht Moskau die Beziehungen zur polnischen Exilregierung ab. Gleichzeitig versucht Stalin mit Nachdruck, dieses Massaker den Deutschen anzulasten. Erst nach genau 47 Jahren kommt die Wahrheit ans Licht der Öffentlichkeit: Michael Gorbatschow übergibt mit dem Ausdruck des tiefsten Bedauerns dem polnischen Präsidenten, Wojciech Jaruzelski, eine Aufstellung mit den Namen jener polnischen Offiziere, die unter Stalin nach Katyn abtransportiert und dort vom NKWD ermordet wurden, sowie eine weitere Namensliste aller Opfer von Starobelsk.

Am Montag, dem 19. April 1944 kommt es im Warschauer Ghetto zum ersten bewaffneten Widerstand, den die Jüdische Kampforganisation ZOB ausgelöst hat. Unter den strengen Augen der Bewacher ist es gelungen, Waffen und Munition in das Ghetto hineinzuschmuggeln. Nachdem bereits über 300000 Juden nach Treblinka verschleppt worden sind, wollen sich die restlichen 60000 Menschen gegen weitere Transporte in die Vernichtungslager mit der Waffe in der Hand zur Wehr setzen. Der Kampf dauert genau vier Wochen und endet mit der völligen Vernichtung des Ghettos. Was zurückbleibt ist eine leblose Trümmerwüste. Der Leiter dieser Todesaktion, SS-Brigadeführer Stroop, meldet danach an Hitler: »Es gibt keinen jüdischen Wohnbezirk in Warschau mehr.«

*April 1943: Eine Kommission des IRK untersucht die bei Katyn entdeckten Massengräber poln. Offiziere*

*Eine Holzbrücke verbindet die beiden Ghettoviertel in Warschau, die Straße gehört zum arischen Stadtteil (oben)*

*SS-Brigadeführer Stroop (Mitte), Leiter der Todesaktion zur Vernichtung des Warschauer Ghettos (unten)*

Trotz der dringenden Warnung einiger seiner Minister tritt General Sikorski seine geplante Reise in den Nahen Osten an und fliegt in der Nacht vom 25./26. Mai 1943 mit einem alten umgebauten US-Langstreckenbomber von London nach Kairo. Hier will er sich erst von General Anders informieren lassen, bevor er die polnischen Truppen in den Ausbildungs-Camps im Iran inspiziert.

Während seiner Abwesenheit passiert in Warschau etwas Unvorhergesehenes. Vermutlich durch Verrat aus den eigenen Reihen wird am 30. Juni 1943 General Rowecki, zusammen mit einigen anderen maßgeblichen Männern der AK, von der Gestapo verhaftet. Man hat später erfahren, daß er im KZ Sachsenhausen erschossen wurde. Jetzt muß General Bor-Komorowski den Oberbefehl über die Heimatarmee übernehmen.

Für den 3. Juli 1943 hat General Sikorski seinen Rückflug von Kairo nach London bestellt. Kurz vor dem Start wird er gebeten, drei Passagiere, die eiligst nach England müßten, in seiner Maschine mitzunehmen. Es sind

ein Brigadier der Military Police und zwei Agenten des Geheimdienstes. Vorgesehen ist jedoch eine Zwischenlandung in Gibraltar mit einer Übernachtung im Palais des britischen Gouverneurs, General Sir Frank Noel Mason-Macfarlane. Obwohl in Gibraltar eine frühere Maschine nach London startet, haben es die drei Passagiere nicht mehr so eilig und wollen zusammen mit dem General am nächsten Tag weiterfliegen.

Am Abend des 4. Juli 1943 rollt der Pilot des britischen Liberator-Bombers mit dem General, dessen Tochter und fünf weiteren Passagieren an Bord auf die Startpiste. Als die Maschine vom Boden abhebt, ist es bereits dunkel, lediglich die Umrisse sind zu erkennen. Nur wenige Minuten später stürzt das Flugzeug ins Meer. Drei Tote, darunter General Sikorski, und der bewußtlose Pilot werden geborgen. Die Tochter und drei andere Passagiere bleiben trotz intensivster Suche vermißt. Mehreren Untersuchungskommissionen und Flugzeugexperten ist es nicht gelungen, die Ursache dieses mysteriösen Flugzeugabsturzes zu klären.

*Gen. Sikorski mit seiner Tochter Zofia Lesniowska (links außen)*

*8. 7. 1943: Gen. Sikorskis Sarg wird vom poln. Zerstörer »Orkan« nach London gebracht (links unten)*

*Stanislaw Mikolajczyk, neuer Ministerpräsident der poln. Exilregierung (links)*

*Soldaten der Heimatarmee in Ostpolen, die sich auf die Operation »Burza« vorbereiten (unten)*

Nachfolger des Ministerpräsidenten der polnischen Exilregierung wird Stanislaw Mikolajczyk, den Oberbefehl über die polnischen Streitkräfte übernimmt General Kazimierz Sosnkowski. Der Tod von General Sikorski und die Verhaftung von General Rowecki in Warschau sind ein schwerer Schlag für die Heimatarmee, ebenso für die Exilregierung in London, und das innerhalb einer Woche.

Am Sonnabend, dem 20. November 1943, heißt es in dem neuen AK-Befehl, daß die Operation »Burza« in dem Augenblick beginnt, wenn die Rote Armee zum ersten Mal die Grenze Polens von 1939 überschreitet. Und dies geschieht Anfang Januar 1944. Aufgrund der Meldung im polnischen Regierungsblatt »Dziennik Polski Dziennik Zolmierza« berichtet die Agentur Reuter am 4. Januar 1944 folgendes:

»Wie wir soeben von polnischer Seite erfahren, haben die russischen Truppen in einem Augenblick die polnische Grenze erreicht, der durch eine ernste politische Krise zwischen Polen und der Sowjetunion gekennzeich-

net ist. Der Mann auf der Straße in London und New York fragt sich, ob die Russen als Befreier oder als Eindringlinge nach Polen gekommen sind. Man ist sich der Schwierigkeit dieser Frage durchaus bewußt. Es genügt, wenn man sich vergegenwärtigt, welchen Eindruck eine Invasion Frankreichs durch die Alliierten erwecken würde, wenn eine solche Aktion in der Absicht geschieht, die Hälfte Frankreichs Großbritannien einzuverleiben. Die europäischen Nationen müßten sich ihr Urteil je nach der Entwicklung der russischen Politik bilden.«

Zu dieser Zeit befinden sich im Raum Wilna rund 12 500 AK-Mitglieder. Doch viele Soldaten der Heimatarmee, die die sowjetischen Truppen im Kampf gegen die Deutschen unterstützen und schon mehrere ehemals polnische Städte erobert haben, werden unmittelbar danach von der sowjetischen Geheimpolizei NKWD gewaltsam entwaffnet und zum größten Teil nach Sibirien verschleppt.

Am Mittwoch, dem 1. März 1944, veröffentlicht die polnische Exilregierung in London eine Protestnote der AK-Führung, die sich gegen die kommunistischen Aktivitäten in Polen richtet, besonders aber gegen den vom »Kommunistischen Nationalrat« ernannten geheimnisvollen Oberbefehlshaber Rola. Hier der Wortlaut: »Eine Gruppe ausländischer Kommunisten, die sich als polnische Arbeiter bezeichnen und auf polnischem Gebiet operieren, verüben Handlungen, die gegen die Interessen Polens verstoßen. Wir verurteilen die Tätigkeit der sogenannten ›Polnischen Arbeiterpartei‹, die einen Verrat an der Sache Polens darstellt, auf schärfste. Nur

*Michal Rola, der vom »Kommunistischen Nationalrat« ernannte Oberbefehlshaber der poln. Streitkräfte*

*Raum Wilna, Frühjahr 1944: Reiterpatrouille der Partisanen der Heimatarmee (AK)*

die Regierung der Republik Polen, ihr Delegierter in Warschau und der Oberbefehlshaber der Heimatarmee sind ermächtigt, Befehle im Kampf gegen Deutschland zu erlassen.«

In Wolhynien, nahe Kowel, kommt es im März 1944 zeitweise zu gemeinsamen Aktionen polnischer und sowjetischer Kavallerieverbände gegen Einheiten der SS-Division »Wiking«, doch plötzlich von den Kosaken allein gelassen, können sich nur noch wenige der polnischen Reiter zurückziehen.

Da der Vormarsch der 1. Weißrussischen Front (Armeegen. Rokossowski) schneller als erwartet verläuft, stellt man sich in London und im Hauptquartier der AK erneut die Frage, ob und wann der Aufstand in Warschau beginnen sollte.

Die in Großbritannien gegründete »Special Operations Executive« (SOE), jene Abteilung für geheime Sondereinsätze auf dem europäischen Kontinent, hat unter den polnischen Exiltruppen weit mehr als 2000 Freiwillige gefunden, die bereit wären, als SOE-Agenten nach Polen zu fliegen und dort zu landen. Es ist die einzige Möglichkeit, mit der Untergrundarmee persönlich Kontakt aufzunehmen. Im Winter 1943/1944 ist die für Polen bestimmte Flugbasis der SOE nach Bari/Italien verlegt worden. Durch die kürzere Flugstrecke und Vergrößerung des Maschinenbestandes kann das polnische Geschwader seine Versorgungsflüge erheblich ausweiten.

Am Sonnabend, dem 15. April 1944, erfolgt die erste Landung eines britischen Halifax-Bombers auf einem von der AK unter größter Geheimhaltung vorbereiteten Rollfeld. Dieser geglückte Versuch hat alle Erwartun-

gen an künftige Luftversorgungen verstärkt. Damit beginnen nicht nur Waffenlieferungen für die Heimatarmee, sondern auch Kurierdienste zwischen der Exilregierung und deren Abgesandten in Warschau.
Eine komplette Aufrüstung der mehr als 200 000 Mann zählenden Heimatarmee ist der SOE allerdings nicht möglich, dazu bedarf es einer großen finanziellen Unterstützung seitens der USA, die Präsident Roosevelt jedoch an ganz bestimmte Bedingungen knüpft: Voraussetzung seien umfassende Vereinbarungen zwischen der polnischen AK-Führung und den sowjetischen Streitkräften. Wegen der materiellen Hilfsleistungen besteht eine weitgehende Abhängigkeit zu den Vereinigten Staaten, und für den von Warschau händeringend erbetenen Einsatz der in Schottland stationierten polnischen Fallschirmbrigade muß Churchill erst das Einverständnis seines persönlichen Militärberaters General Ismay einholen. Durch die auf Hochtouren laufenden Vorbereitungen für eine großangelegte Invasion Frankreichs

*Die Halifax-Bomber der SOE warten in Bari/Italien auf den Startbefehl zum Abflug nach Warschau (rechts)*

*Vor ihrem Einsatz müssen sich die SOE-Agenten einer intensiven Fallschirmspringer-Ausbildung unterziehen (unten)*

Polnische Untergrundkämpfer vertreiben sich die Zeit des Wartens hin und wieder mit Akkordeonmusik (oben)

Raum Wilna, in der Funkstelle eines Kavallerieverbandes: Das Wichtigste ist die Verbindung zur AK-Zentrale (unten)

wird das polnische Problem jedoch etwas in den Hintergrund gedrängt.

Am Montag, dem 1. Mai 1944, macht ein schwedischer Bericht im »Svenska Dagbladet« erneut auf das gespannte Verhältnis zwischen der UdSSR und Polen aufmerksam. Darin heißt es: »Die sowjetische Presse veröffentlicht ein Telegramm der Agentur TASS aus Ankara, das neue scharfe Angriffe gegen die polnische Regierung in London enthält. Gegen diese wird der Vorwurf erhoben, daß sie den Versuch mache, in geheimer Zusammenarbeit mit Deutschland eine Kluft zwischen der Sowjetunion und ihren Verbündeten zu schaffen in der Hoffnung, dadurch eine Wende zum Vorteil der ›imperialistischen Interessen der polnischen Reaktionäre‹ herbeizuführen.

Der polnischen Regierung wird vorgeworfen, den Besitz Estlands, Lettlands und Litauens zwecks Errichtung eines Großpolens zu verlangen. Sie habe ihre ›Propagandazentrale‹ in der letzten Zeit von Syrien nach Konstantinopel verlegt, wo sie mit Goebbels und seinen Agenten in Verbindung stehe.«

Wie aus dem exilpolnischen Generalstabswerk zu erfahren ist, hat die AK-Führung bei ihrer anfänglichen Planung Warschau und alle größeren Städte wegen der zu befürchtenden Vergeltungsmaßnahmen der zurückflutenden deutschen Truppen nicht in die Operation »Burza« einbezogen. Demnach sollen sich alle bewaffneten Untergrundkämpfer beim Näherkommen der Front aus der polnischen Hauptstadt in Richtung Westen und Südwesten absetzen, die rückwärtigen Dienste der Deutschen sabotieren und von der kämpfenden Truppe abschneiden. Vorgesehen ist lediglich der Verbleib einiger Sicherungskräfte zum Schutz der Warschauer Bevölkerung.

Am Dienstag, dem 23. Mai 1944, meldet Radio Moskau die Ankunft der Bevollmächtigten einer polnischen Nationalen Widerstandsbewegung, die sich in Moskau Einblick in die Arbeit des Verbandes Polnischer Patrioten verschaffen wollen, um die Aufstellung einer nationalen polnischen Armee in die Wege zu leiten. Aus »begreiflichen Gründen sei es nicht möglich, die Namen der Bevollmächtigten zu veröffentlichen«. Der Verband Polnischer Patrioten ist nach dem Abbruch der diplomatischen Beziehungen zwischen Moskau und der Exilregierung von stalinistisch gesinnten Polen in der UdSSR gegründet worden. Sie sollen mit sowjetischer Unterstützung den Kern der künftigen polnischen Regierung bilden.

Am Donnerstag, dem 22. Juni 1944, dem dritten Jahrestag des deutschen Angriffs auf die UdSSR, beginnt

*22. 6. 1944: Beginn der großen sowjetischen Sommeroffensive gegen die Heeresgruppe Mitte (GFM Busch)*

überraschend mit noch nie dagewesener Überlegenheit die sowjetische Sommeroffensive gegen die Heeresgruppe Mitte (GFM Busch). Innerhalb weniger Tage ist die deutsche Front aufgebrochen, alle festen Plätze wie Witebsk, Orscha, Mogilew und Bobruisk werden eingeschlossen. Daraufhin wird Generalfeldmarschall Busch abgelöst und am 28. Juni 1944 durch Generalfeldmarschall Model ersetzt.

Im Raum Wilna kommt es in der ersten Julihälfte 1944 zu gemeinsamen Aktionen der Roten Armee und AK-Einheiten im Kampf gegen die Verteidiger von Wilna (Kdt. GenMaj. Stahel). Der Einmarsch in die Stadt wird den AK-Angehörigen allerdings untersagt. Statt dessen schlägt der Befehlshaber der 3. Weißrussischen Front (GenOberst Tscherniachowski) am 14. Juli 1944 dem AK-Führer Krzyzanowski (Pseudo: Wilk) vor, aus seinen Widerstandskämpfern eine unabhängige polnische Brigade aufzustellen und sie mit Waffen auszurüsten. Zwei Tage später sollen alle Einzelheiten besprochen und schriftlich festgelegt werden.

*Raum Wilna, Juli 1944: Ein deutsches Versorgungslager wird von den zurückziehenden Truppen in Brand gesetzt*

Am Sonntag, dem 16. Juli 1944, treffen »Wilk« und sein Stab verabredungsgemäß in Wilna ein. Erst hier bemerken sie, daß man ihnen eine Falle gestellt hat: Sie werden sofort vom NKWD verhaftet. Das gleiche Schicksal ereilt zur selben Stunde einen Großteil der bei den Truppen verbliebenen polnischen Offiziere. Sechs Wochen lang setzen sich die AK-Einheiten gegen sowjetische Panzer- und Tieffliegerangriffe zur Wehr, bis der letzte AK-Führer mit seinen Stabsoffizieren, dazu alle Verwundeten, ermordet sind.

Als General Bor-Komorowski am 19. Juli 1944 von der arglistigen Täuschung und den Verhaftungen seiner Offiziere erfährt, meldet er der Regierung in London, daß er nach den Vorfällen in Wilna jedes weitere Zusammenwirken mit der Roten Armee ablehne.

Der schnelle Zusammenbruch der Heeresgruppe Mitte sowie die Ereignisse im Wilnaer Gebiet sind Anlaß zu neuen Überlegungen bei der AK-Führung und der Londoner Exilregierung. So wird in der zweiten Julihälfte 1944 beschlossen, die Hauptstadt in den Kampf mit einzubeziehen. Der Gedanke, den Deutschen die polnische Metropole zu entreißen, ehe Rokossowski mit seinen Truppen in die Befreiung Warschaus eingreift, scheint alle zu überzeugen.

General Bor-Komorowski: »Mitte Juli 1944 setzten sich gewaltige sowjetische Kräfte unter Führung von Marschall Rokossowski aus dem Gebiet von Kowel nach der mittleren Weichsel in Bewegung. Die deutschen Armeen wurden zerschlagen, und die Sowjets kamen bis vor Warschau, wobei sie die Weichsel an drei Stellen überschritten: bei Pulawy, bei Deblin und bei Magnuszewo.

Die Deutschen hatten nicht nur am mittleren Frontabschnitt eine Niederlage hinzunehmen, sondern auf einer Strecke von 1000 Kilometern zwischen der Ostsee und den Karpaten. Die Übermacht der Sowjets am mittleren Frontabschnitt vor Warschau war überwältigend. Sie verfügten hier über 160 große Kampfeinheiten, denen die Armeen Hitlers nur 16 dezimierte Divisionen entgegensetzen konnten. Zwar haben die Deutschen Ende Juli einige Verstärkungen herangeführt, darunter auch die bisher an der italienischen Front kämpfende Panzerdivision ›Hermann Göring‹, doch hat dies in keiner Weise die tragische Situation verändert.

So war die Lage am mittleren Frontabschnitt, als ich den Befehl für den Kampfbeginn in Warschau gab, um unsere Hauptstadt durch eigenen Kampfeinsatz zu befreien.«

Am Montag, dem 24. Juli 1944, erobern die sowjetischen Truppen der 1. Weißrussischen Front (Marschall Rokossowski) die Stadt Lublin. Mit ihnen marschieren Seite an Seite die polnischen Soldaten der moskautreuen Division unter General Berling. Auch das »Polnische Komitee der Nationalen Befreiung« zieht in Lublin ein. Unter der neuen Bezeichnung »Lubliner Komitee« stellt es eine Gegenregierung zum Londoner Exilkabinett dar.

Nach dem Fall von Wilna wird Generalleutnant (Lw.) Rainer Stahel am Dienstag, dem 25. Juli 1944, als Wehrmachtkommandant nach Warschau beordert, um Vorsorge für einen eventuellen Aufstand zu treffen. Die ihm unterstellte Garnison hat zwar weder Eingreifreserven noch Bereitschaftstruppen, die eine Revolte niederzwingen könnten. Es sind derzeit lediglich Polizei- und

*Eine Bekanntmachung der Sicherheitspolizei und des SD zur Einschüchterung der Bevölkerung*

*24. 7. 1944: Einmarsch der sowjetischen und moskautreuen polnischen Truppen in Lublin*

*Die weiblichen Bewohner helfen den AK-Einheiten beim Ausschachten von Verbindungsgräben*

SS-Einheiten, Brückenwachen, Flakbedienungen sowie Flughafenpersonal und Nachrichtentruppen, insgesamt etwa 13 000 deutsche Soldaten, in Warschau. Wenn auch die Zahl der Widerstandskämpfer fast das Doppelte beträgt, so ist davon nur ein Zehntel der Polen bewaffnet.

In aller Eile werden jetzt wichtige Betriebe und Militärlager geräumt, die deutschen Zivilbehörden packen überstürzt und verladen ihre Sachen auf Lkw. Sogar der Gouverneur von Warschau, Dr. Ludwig Fischer, verläßt am 25. Juli 1944 die Stadt, kehrt allerdings am nächsten Tag plötzlich zurück und fordert die Warschauer Bevölkerung über Lautsprecher auf, sich für Befestigungsarbeiten an der Weichsel zu melden. Demnach hat das Oberkommando der Wehrmacht beschlossen, Warschau zu verteidigen.

Ebenfalls am 25. Juli 1944 beraten die Chefs aller AK-Stabsabteilungen mit General Bor-Komorowski, General Monter und dem Londoner Delegierten Jankowski über die immer unruhiger werdende Frontlage. Das anschließende Funktelegramm nach London veranlaßt die Regierung, noch am selben Tag zu antworten. Jankowski wird bevollmächtigt, entsprechend dem Näherkommen der sowjetischen Offensive, über den Beginn des Aufstandes selbständig zu entscheiden.

Den Soldaten der Heimatarmee bleibt kaum Zeit, Aufklärung oder Erkundung der deutschen Stützpunkte zu betreiben, denn noch vor einer Woche war ungewiß, ob es in der Hauptstadt zu einem Aufstand kommen wird. Doch das sowjetische Verhalten, das sich zwischen dem 26. und 30. Juli 1944 – ebenso wie in Wilna – auch in Bialystok, Lublin und Lemberg wiederholt, bestärkt die AK-Führung in ihrem Entschluß, Warschau mit den eigenen Kräften zurückzugewinnen. Bor-Komorowski mahnt erneut verstärkte Waffenlieferungen sowie den Einsatz der polnischen Fallschirmbrigade an, was für die AK von politischer und taktischer Bedeutung sei, ebenso erwarte er auf Anforderung die Bombardierung der am Stadtrand gelegenen Flugplätze.

Am Montag, dem 31. Juli 1944, meldet die Presse in London, daß Rokossowski seinen Aufmarsch vor Warschau beendet habe und unverzüglich zum Angriff auf die polnische Hauptstadt übergehen werde. Südlich, östlich und nordöstlich um Warschau stünden jetzt starke sowjetische Streitkräfte zum Angriff bereit. Der Hauptstoß gegen Warschau werde aus dem Raum von Kalwaria und Nowo Minsk erwartet.

Doch diese Vermutungen, die sich mit denen der AK-Führung decken, entsprechen nicht dem Vorhaben von Marschall Rokossowski, der am Tag zuvor im Rahmen einer Lagebesprechung erklärt hat: »Ein nicht bis ins Detail sorgfältig vorbereiteter Angriff auf Warschau kann leicht zu einem endlosen, blutigen Ringen wie seinerzeit bei Stalingrad führen. Die Weichsel – wie einst die Wolga – bietet ideale Verteidigungsmöglichkeiten, und wir müssen damit rechnen, daß der Verteidiger Warschau stark befestigt hat.

Unsere Truppen haben Berlin als Ziel. Sie dürfen sich nicht vor der polnischen Hauptstadt ausbluten wie die

*Daily Mail, 28. 7. 1944: Die Rote Armee steht 31 Meilen vor Warschau*

Deutschen vor Stalingrad. Ein mit hohen Kosten erfochtener Prestigesieg an der Weichsel könnte leicht die gesamte Konzeption der Sommeroffensive 1944 über den Haufen werfen. Erst wenn der Feind an den Warschau sichernden Flanken geschlagen worden ist, kann die Stadt selbst berannt werden.«

Im Hauptquartier der AK herrscht am 31. Juli 1944, dem Vorabend des Aufstandes, eine unbeschreibliche Spannung, denn die Verantwortung für den Einsatzbefehl liegt jetzt auf den Schultern des Londoner Delegierten Jan St. Jankowski und des Generals Bor-Komorowski, für beide die wohl schwerste Entscheidung. Insgesamt 40000 bis 45000 Angehörige der Heimatarmee halten sich derzeit in Warschau auf, darunter Pionier- und Sabotagetrupps, rückwärtige Dienste, auch die Frauenformationen. Sie alle warten voller Ungeduld auf die immer näherrückende Stunde »W« (Wyzwolenie = Befreiung).

*Östlich von Warschau, 30. 7. 1944: Die deutschen Verbände stehen in harten Kämpfen mit sowjetischen Truppen*

*Marschall Rokossowski: »...Unser Ziel ist Berlin, unsere Truppen dürfen sich nicht vor Warschau ausbluten.«*

# 1. Woche
## 1. – 6. August 1944

Rote Armee erreicht die Weichsel
1. August 1944, London
Die *Agentur Reuter* teilt mit:
*Gestern haben die Sowjets bei Praga (Vorstadt Warschaus auf dem rechten Weichselufer) eine Großoffensive eingeleitet. Die Verbände von General Rokossowski versuchen danach mit aller Kraft, in die polnische Hauptstadt einzudringen.*

1. August 1944, Warschau
Aus dem *Hauptquartier der polnischen Heimatarmee (AK)*:
*In Anbetracht der begonnenen Kämpfe um die Eroberung der Hauptstadt Warschau bitten wir Sie, die Sowjets zu veranlassen, uns durch sofortige Angriffe zu Hilfe zu kommen.*

*Lawina*
*[Bor-Komorowski]*

Zahlreiche Angriffe abgewiesen
2. August 1944
Das *Oberkommando der Wehrmacht* gibt bekannt:
*... Im großen Weichselbogen wurden zahlreiche Angriffe des Feindes abgewiesen. Gegen einen feindlichen Brückenkopf südlich Warschau sind Gegenangriffe im Gange. Schlachtflieger versenkten auf der Weichsel 28 mit Truppen voll beladene Fähren der Sowjets. Nordöstlich Warschau warfen Truppen des Heeres und der Waffen-SS, von Schlachtfliegern unterstützt, die Russen im Gegenangriff zurück ...*

Proklamation der Stadtregierung an die Bevölkerung
2. August 1944, Warschau
*Die seit langem erwartete Stunde hat geschlagen. Die Abteilungen der AK stehen im Kampf gegen die deutsche Besatzungsmacht in allen Stadtteilen Warschaus. Ich fordere die Bevölkerung der Hauptstadt auf, Ruhe und Besonnenheit im Zusammenwirken mit den kämpfenden Einheiten zu bewahren und ordne hiermit an:*
*1) Die Gefallenen, sowohl Polen als auch Deutsche, sind nach Identifizierung provisorisch zu begraben – die Dokumente jedoch in Verwahrung zu nehmen und auf Anforderung zu melden.*
*2) Selbstjustiz jeglicher Art ist verboten.*
*3) Die Feinde des polnischen Staates, Deutsche und auch Volksdeutsche werden mit der ganzen Härte des Gesetzes bestraft und durch ein ordentliches Gericht verurteilt. Vorläufig kommen sie hinter Schloß und Riegel, ehe sie den Sicherheitsbehörden übergeben werden.*
*4) Das Eigentum der Behörden und der deutschen Bürger soll in jedem Haus protokollarisch erfaßt werden. Für die korrekte Durchführung dieser Anordnung, ebenso für die Überwachung der einzelnen Häuser, sind die örtlichen Organe der OPL und die Ordnungswacht verantwortlich.*

*Im Namen der Bezirksdelegierten der Regierung der Hauptstadt Warschau*
*– Der Zivilkommissar –*

Bericht zur Lage
*Fernschreiben – KR Nr. 1172 vom 2. 8. 44, 14.15 Uhr*
*An AOK 9*
*Die Taktik des Feindes besteht darin, zunächst kleinere, dann immer größere Stützpunkte anzugreifen und zu erledigen. Z. Zt. wird das Postgebäude mit Granatwerfern, Minen und Handgranaten so stark angegriffen, daß bislang die beiden Seitenflügel aufgegeben werden mußten. Die gut ausgebildeten, gut bewaffneten Belagerer der Stützpunkte haben sich bei ihren Angriffen so stark gemacht, daß ein Entsatz von außen bisher selbst mit Panzern nicht möglich war, sobald ein Stützpunkt vom Gegner energisch berannt wurde.*
*Der am heutigen Vormittag noch teilweise mögliche, aber sehr zusammengeschrumpfte Verkehr von deutschen Fahrzeugen auf den Straßen deutet darauf hin, daß die wohlorganisierten und ausgebildeten Verbände des Gegners einerseits nicht so stark sind, um die ganze Stadt sperren zu können, andererseits aber doch so überlegen sind, daß ein Freikämpfen der Stadt nur mit bedeutenden, von außen zuzuführenden Kräften möglich sein wird. Der Kräfteschwund der eigenen Truppe, die vermehrte Verwendung von Brandflaschen und Barrikaden lassen es fraglich erscheinen, ob die Reichsstraße heute noch einwandfrei freigekämpft werden kann.*
*Es wird notwendig, Verstärkungen von außen mit Sturmpionieren, Flammenwerfern, Infanteriegeschützen, Granatwerfern, Brandmitteln, um Häuser anzuzünden, sowie Äxten zum Einschlagen von Türen auszurüsten.*

*Wehrmachtkommandant Warschau*
*gez.: Stahel*
*Generalleutnant*

2. August 1944, Warschau
Aus dem *Hauptquartier der polnischen Heimatarmee (AK)*:
*Seit gestern 17 Uhr stehen wir in schweren Kämpfen um Warschau. Viele in der Stadt verstreut liegende Punkte befinden sich in unserer Hand. Der Kampf ist hart. Deutsche Panzerwagen in Aktion, am heutigen Tag in größerer Anzahl. Einige Dutzend haben wir vernichtet. Von einem sowjetischen Angriff ist nichts zu spüren.*

*Lawina*
*[Bor-Komorowski]*

Situationsbericht aus Moskau
2. August 1944
*United Press* berichtet:
*Die Schlacht in den Außenbezirken Warschaus nimmt immer größere Ausmaße an. Weit über tausend schwere Geschütze feuern ständig auf die deutsche Verteidigungszone, während sich eine Masse von Panzern und Motorgeschützen gegen das Industriegebiet der Vorstadt Praga vorschiebt. Vor den östlichen Toren Warschaus tobt eine der größten Schlachten dieses Krieges.*
*Rokossowski drängte den Gegner auf einen Raum von etwa dreißig Kilometer Länge und acht bis zwölf Kilometer Tiefe vor der Weichsel zurück. Die Feuerwalze der russischen Artillerie schiebt sich zur Unterstützung der Panzer und Infanterie immer weiter vor und zertrümmert bereits die Übergänge über die Weichsel, während Hunderte von Bombern und »Stormowik« alle nach Westen führenden Ausgänge der Stadt angreifen.*
*Über Warschau wurden einige heftige Luftkämpfe ausgetragen, doch ist die deutsche Jagdwaffe so unterlegen, daß sie nur kurze Einzelaktionen gegen die ständig über dem Stadtgebiet kreisenden russischen Flugzeuge unternehmen kann.*
*Im Süden von Warschau wurde die Weichsel von russischen Stoßtrupps überschritten, die den Fluß bei Nacht in Sturmbooten überqueren und sich am Westufer festsetzten.*

3. August 1944, Warschau
Aus dem *Hauptquartier der polnischen Heimatarmee (AK)*:
*Der Kampf in Warschau dauert an. Die Initiative liegt in unserer Hand. Der Kampfgeist der Deutschen ist stark erschüttert. Ein deutlicher Munitionsmangel macht sich bei uns bemerkbar. Wir erwarten Container-Abwürfe. Die sowjetische Artillerie ist zu hören. Von Angriffen auf die Stadt ist nichts zu spüren. Der Kampfgeist der AK und der Bevölkerung ist hervorragend.*
*Lawina*<br>*[Bor-Komorowski]*

Flugblatt der *Polnischen Kommunistischen Arbeiterpartei (PPR)*
3. August 1944, Warschau
*An die Bürger der Hauptstadt*
*Der siegreiche Vormarsch unserer Verbündeten im Westen und der Roten Armee im Osten, die bis an die Mauern von Warschau herangekommen ist, ermöglicht uns den Kampf um die Hauptstadt. Es ist der Zeitpunkt gekommen, wo jeder von uns alles hergeben muß...*
*Polen! Würdig wollen wir die in Warschau eintreffenden Soldaten der Roten Armee begrüßen, die mit uns verbündet und befreundet sind und die vor allem Polen nach fünfjähriger blutiger Unterdrückung befreien. Es lebe das freie Warschau!*

Sender Beromünster (Schweiz)
4. August 1944:
*In den vier Hauptsektoren der Ostfront: im Baltikum, vor Ostpreußen, an der Weichsel und im galizischen Abschnitt hat der russische Vormarsch neue, wenn auch langsamere Fortschritte gemacht...*
*Am Ostufer der Weichsel ist bereits die Schlacht um die Vorstadt Warschaus, um Praga, entbrannt. Um Warschau selbst nehmen zu können, mußten die Russen weiter südlich die Weichsel überschreiten und an deren Westufer einen Brückenkopf errichten, was die unerläßliche Voraussetzung einer Umfassung von Warschau von Westen her bildet. Zweifellos werden diese Kämpfe um die Weichsellinie und um Warschau hart und zeitraubend sein. Die Weichsel ist das letzte große natürliche Hindernis auf dem Weg nach Deutschland.*
*In drei Kolonnen marschieren in dem Gebiet der oberen Weichsel die Truppen Marschall Konjews nach Westen: die nördlichste strebt gegen die Industriestadt Lodz, die mittlere zielt auf Krakau, von dem sie rund neunzig Kilometer entfernt ist, die südlichste nähert sich der slowakischen Grenze...*

W. Churchill an J. W. Stalin
4. August 1944
*Auf dringendes Verlangen der polnischen Untergrundarmee werfen wir, sofern es das Wetter erlaubt, rund sechzig Tonnen Munition und sonstiges Kriegsmaterial über dem Südwestteil Warschaus ab, da dort dem Vernehmen nach ein heftiger Kampf zwischen den polnischen Aufständischen und den Deutschen im Gang ist.*
*Wie uns die Polen sagen, bitten sie auch um die so nahe scheinende russische Hilfe. Anderthalb deutsche Divisionen stehen gegen sie im Angriff, was für Ihre eigenen Operationen nützlich sein mag.*

J. W. Stalin an W. Churchill
5. August 1944
*Ich habe Ihre Botschaft wegen Warschau erhalten. Ich halte die Ihnen von den Polen gegebenen Informationen für stark übertrieben und nicht vertrauenswürdig. Zu diesem Schluß muß man schon deshalb kommen, weil die polnischen Emigranten behaupten, Wilna mit ein paar armseligen Einheiten ihrer Heimatarmee sozusagen allein erobert zu haben, und das sogar über den Rundfunk bekanntgaben. So etwas stimmt selbstverständlich in keiner Weise mit den Tatsachen überein.*
*Die polnische Heimatarmee besteht aus ein paar Detachements, die sie fälschlicherweise Divisionen nennen. Sie besitzen weder Artillerie noch Flugzeuge noch Panzer. Ich kann mir nicht vorstellen, wie solche Detachements Warschau erobern wollen, zu dessen Verteidigung die Deutschen vier Divisionen, darunter die Division Hermann Göring, herangebracht haben.*

Am Dienstag, dem 1. August 1944, sind ab 7 Uhr morgens ungezählte Meldegängerinnen im Einsatz, die allen Aufständischen den geheimen Mobilmachungsbefehl aushändigen sollen. Da die Straßenbahnen sehr unregelmäßig verkehren, müssen die Frauen meist größere Entfernungen im Eiltempo zurücklegen. Nur manchen gelingt es, irgendeine Fahrgelegenheit zu ergattern.
Seit den frühen Morgenstunden durchstreifen deutsche Polizei-Patrouillen, teils zu Fuß oder in gepanzerten Kampfwagen, die Stadt. Unter diesen verschärften Bedingungen verbleiben für die Vorbereitung des ganzen Unternehmens kaum 10 Stunden, denn die Bezirkskommandanten erhalten den Alarmbefehl erst um 8 Uhr, die Kommandanten der Rayons gegen 10 Uhr, die Führer der Kampfgruppen gegen 12 Uhr, die einzelnen Züge etwa um 14 Uhr und die Rayons in den Stadtrandgebieten sogar erst um 16 Uhr, einige noch später. Allgemein herrscht fieberhafte Betriebsamkeit.
Am Nachmittag sind bereits Tausende von Menschen in Warschau damit beschäftigt, den Befehl für die Stunde »W« (Wyzwolenie = Befreiung), so die Tarnbezeichnung, weiterzuleiten sowie Waffen und Munition zu verteilen. Manche Geschäfte bleiben nachmittags geschlossen, hier und da hört man einzelne Schüsse. Allmählich füllen sich die Straßen mit jungen Menschen, die zu Fuß, mit Droschken oder Fahrrädern von überall her zusammenströmen.
General Bor-Komorowski: »Beinahe jeder hatte einen Sack, einen Koffer oder ein großes Paket bei sich. Die Manteltaschen waren mit Handgranaten gefüllt. Ich bemerkte auch Karabiner oder Maschinenpistolen. Obwohl ich wußte, daß nur ein Eingeweihter das bemerken konnte, beschlich mich ein begründetes Gefühl der Besorgnis. Ich ging wenige Schritte an deutschen Patrouillen vorbei, deutsche Panzerwagen kurvten pausenlos durch die Straßen.«
Es gelingt jedoch nicht, allen Aufständischen den Befehl zu übermitteln, sich sofort bei ihrer Einheit zu melden. So beträgt die Stärke vieler Abteilungen bis zur Stunde »W« nicht einmal 50 Prozent. Wenn auch die Einberufung in der Stadtmitte am besten funktioniert, so ist es dort wieder mit der Bewaffnung am schlechtesten bestellt. Dagegen sind die Aufständischen in den äußeren Bezirken verhältnismäßig gut ausgerüstet, nur das Eintreffen der Männer erfolgt zu schleppend.
Einzelne Abteilungen verfügen kaum über Waffen und Munition, man konnte ihnen nicht einmal 30 Prozent des Lagerbestandes zuteilen. Und in vielen Fällen werden Waffen und Munition so spät geliefert, daß die Abtei-

*Stacheldrahtverhaue sollen, wie hier in der Jerozolimskie-Allee, vor polnischen Übergriffen schützen (links oben)*

*Rokowiecka-Straße: Zunächst herrscht noch überall Ruhe, doch die deutschen Patrouillen nehmen zu (links unten)*

*1.8.1944: Mit dem Beginn des Aufstandes werden im Handumdrehen die deutschen Fahnen heruntergerissen (rechts)*

*Die polnischen Widerstandskämpfer folgen dem Einsatzbefehl und eilen zu den verabredeten Standorten*

lungen es nicht schaffen können, ihre Ausgangspositionen vor der Stunde »W« einzunehmen. Andere haben überhaupt keine Waffen, weil die Anlieferer von den Deutschen geschnappt worden sind. Auch manches konspirative Lagerhaus bleibt unerreichbar. Entweder sind deutsche Einheiten auf dem Gelände einquartiert, und verstärkte Patrouillen verhindern den Zutritt oder der Lagerverwalter ist nicht auffindbar.

Die anlaufenden Aktionen lassen sich vor den Deutschen nur schwer verbergen. So kommt es in verschiedenen Stadtteilen zu vorzeitigen Zusammenstößen mit den Aufständischen. Dies führt letztlich zur Enttarnung der Stunde »W« und zum Verlust des Überraschungseffekts. Die Einsatzstärke der acht Distrikte des Warschauer Bezirks der Heimatarmee (AK), einschließlich der »Kedyw«-Abteilungen (Sabotagetruppen) und der Bezirkspioniere sowie der Abteilungen des Hauptkommandos und des Regiments »Baszta«, die für die Teilnahme am Aufstand vorgesehen sind, beträgt 40 000–45 000 Soldaten. Diese Zahl beinhaltet auch die rückwärtigen Dienste und Frauenformationen.

Im Verlauf des 1. August 1944 befinden sich jedoch nicht mehr als zwei Drittel aller Kräfte in Kampfbereitschaft. Zu diesem Zeitpunkt stehen den Aufständischen lediglich zur Verfügung: etwa 1000 Karabiner, 7 schwere Maschinengewehre, 20 Panzerabwehrbüchsen, 500 Maschinenpistolen (darunter etwa 30 Prozent aus eigener Herstellung) und 3700 Handfeuerwaffen. Hinzu kommen 15 englische Panzerabwehrgranatwerfer »PIAT« sowie nicht ganz 25 000 Handgranaten, die zu 95 Prozent aus eigener Produktion stammen. Diese Herstellung von Waffen und Munition spielt während der Kampfhandlungen eine äußerst wichtige Rolle, denn der Munitionsvorrat der Aufständischen reicht vom 1. August an höchstens für zwei bis drei Kampftage.

Der Kommandant der Heimatarmee (AK) für den Bezirk Warschau ist Oberst Monter. Die administrative Befehlsgewalt für die befreiten Stadtteile und die entsprechenden Institutionen soll jedoch die »Delegatura Okregowa Rzadu«, die Warschauer Bezirksvertretung der Londoner Exilregierung, übernehmen.

Auf deutscher Seite sind derzeit in Warschau: etwa 15 000 Soldaten, darunter eine Pionierkompanie, die alle Brücken vermint, da sie für die Stadt eine außerge-

*Einer der vielen Schützenpanzerwagen, die von den Deutschen im Kampf um Warschau eingesetzt werden*

wöhnlich bedeutende Rolle spielen. Außerdem liegen zahlreiche Luftwaffeneinheiten in der Stadt, die zur Besatzung der Flugplätze Okecie und Bielany gehören. In den Stadtteilen Wola und Boernerowo sowie in der Umgebung von Warschau sind Einheiten der Panzerdivision »Hermann Göring« konzentriert. Dem SS- und Polizeiführer des Distrikts Warschau, SS-Brigadeführer Paul Otto Geibel, unterstehen etwa 5000 Polizisten, Gendarmen und SS-Männer, außerdem diverse Abteilungen des Werkschutzes und des Bahnschutzes.

Die Situation in der polnischen Hauptstadt ist aufgrund der sich häufenden Meldungen derart angespannt, daß SS-Brigadeführer Geibel bereits um 11 Uhr dem Gouverneur Dr. Ludwig Fischer nahelegt, den Brühl-Palast aus Sicherheitsgründen zu verlassen und in die Szuch-Allee überzusiedeln. Fischer lehnt dies jedoch ab, da er weiterhin nicht an den Ausbruch eines Aufstandes glaubt. Einen Quartierwechsel will er nur im äußersten Notfall vornehmen. Daraufhin schickt ihm Geibel für den persönlichen Schutz eine Kompanie des besten Polizeibataillons, das in der Senacka-Straße stationiert ist.

Um 13.50 Uhr fallen in Zoliborz, dem nördlichen Teil der Stadt, die ersten Schüsse. Danach kommt es zum Feuerwechsel zwischen einer AK-Gruppe und einer Luftwaffenstreife. Die Aufständischen, die gerade eine Ladung Waffen transportieren, können zwar die Oberhand behalten, doch eine halbe Stunde später treffen mit heulenden Sirenen die Wagen des deutschen Überfallkommandos der Schutzpolizei sowie gepanzerte Fahr-

*Der Mann für Krisensituationen: General (Lw.) Rainer Stahel als Wehrmachtkommandant von Warschau*

*Der unter August II. erbaute Brühl-Palast, das spätere Außenministerium*

zeuge in Zoliborz ein. Ihnen folgen Panzerwagen. Die Kämpfe breiten sich so rasch im größten Teil dieses Stadtviertels aus, daß sich der Bezirk Zoliborz während der bereits stattfindenden Kämpfe mobilisieren muß.

Ebenso wie in Zoliborz beginnen auch im westlichen Stadtteil Wola erste Schießereien, bevor sich die Abteilungen formieren können, besonders die der vorderen Kampflinie. Dies verursacht erhebliche Behinderungen bei der Gesamtaufstellung. Viele der AK-Soldaten können daher nicht rechtzeitig an den vorgesehenen Punkten eintreffen. Auch ein Teil der Waffen ist nicht erreichbar, denn sie lagern in versteckten Depots der inzwischen von den Deutschen besetzten Straßenzüge. Mancher Waffentransport fällt kurz vor Ausbruch des Aufstandes in die Hände des Feindes.

Eine Stunde vor Beginn der geplanten Operation droht dem ganzen Unternehmen höchste Gefahr. Das Hauptquartier der AK, die Möbelfabrik Kamler, Ecke Okopowa- und Dzielna-Straße, wo sich General Bor-Komorowski und dessen Stellvertreter, General Grzegorz, aufhalten, ist durch einen Zufall als bewaffnete Stellung von den Deutschen entdeckt worden. Es kommt zu einem längeren Gefecht zwischen deutschen Einheiten und den Soldaten der polnischen Schutzstaffel. So ist das Hauptquartier der Heimatarmee (AK) für mehrere Stunden von der Außenwelt abgeschnitten.

Nach Bekanntwerden der Kämpfe in Zoliborz und Entsendung von Einheiten des Überfallkommandos der Schutzpolizei wird die Einsatzbereitschaft der Polizei und Wehrmacht verstärkt: Der Wehrmachtkommandant von Warschau, General der Luftwaffe Rainer Stahel, alarmiert umgehend die ganze Garnison, und Geibel verständigt alle ihm unterstellten Abteilungen und Dienststellen der Polizei und der Waffen-SS.
Inzwischen haben in Zoliborz die Deutschen den Viadukt über den Danziger Bahnhof und eine Hauptstraßenkreuzung besetzt, was sich auf die Mobilisierung der AK-Angehörigen erschwerend auswirkt. Außerdem ist damit der Kontakt zur Stadtmitte unterbrochen. Auch dort kommt es auf dem Napoleon-Platz sowie auf dem Dabrowski-Platz schon um 16.30 Uhr zu einer nicht eingeplanten Schießerei. Das eng bebaute Gelände ermöglicht zwar den Zugang zu den von Deutschen besetzten Gebäuden, doch die Polen treffen hier auf harten Widerstand. Im Gegensatz zu den Außenbezirken ist es in der Stadtmitte für die Deutschen schwierig, massiert Panzerwaffen gegen die Aufständischen in den eroberten Häusern einzusetzen.
Trotz der sofortigen Alarmierung aller in Warschau stehenden deutschen Kräfte gelingt es General Stahel nicht mehr, den Aufstand zu verhindern. Es befiehlt nun Geibel, die Besatzungen der Telefonzentralen in der Zielna-, Pius- sowie Poznanska-Straße und im Hauptpostamt am Napoleon-Platz zu verstärken, denn er will um jeden Preis die Telefonverbindungen aufrechterhalten.
Während der ersten Schußwechsel im Stadtzentrum stoßen die Deutschen auf erbitterten Widerstand der Pawiak-Gefängnisanstalt, des jüdischen Arbeitslagers in der Gesia-Straße im ehemaligen Ghettogebiet, vor allem aber im Umfeld der deutschen Regierungsgebäude zwischen dem Saski- und dem Theaterplatz. Hier hält sich – abgeschnitten von den anderen Stadtteilen – General Stahel auf. Es besteht lediglich eine Telefon- und Funkverbindung zu den einzelnen deutschen Widerstandspunkten und nach Krakau.
Der deutsche Garnisonskommandant fordert jetzt aus Krakau und vom Gefechtsstand der 9. Armee dringend Truppen an. General Stahel: »Bereits am Vormittag konnten aufmerksame Beobachter auf den Straßen einen verstärkten Fahrradverkehr, kleine Menschengruppen an den Straßenecken und viele Droschken mit nicht alltäglichen Passagieren feststellen...«
Kurz vor 17 Uhr treffen im westlichen Stadtteil Wola deutsche Panzer aus Richtung Ulrychow ein, die die Stellungen der Kampfgruppe des Leutnants Ostoi angreifen und zerschlagen. Danach erfolgen die ersten Erschießungen von gefangengenommenen Aufständischen und aufgegriffenen Zivilisten.

*Das von der Wehrmacht besetzte Gerichtsgebäude gehört zu den am stärksten befestigten Dienststellen*

Fast zur selben Stunde erstürmt das Bataillon »Zoska« die im Gebäude der Schule »Heilige Kinga« liegende Kaserne in der Okopowa-Straße. Hier fällt den Polen eine größere Anzahl Waffen und Munition in die Hände. Gleichzeitig werden in der Okopowa-Straße die Fabrik Pfeiffer und der jüdische Friedhof besetzt. Das Bataillon »Parasol« verschanzt sich unterdessen auf dem kalvinistischen Friedhof. Die Abteilung von Oberleutnant Stasinka erobert in der angrenzenden Stawki-Straße ein reichhaltiges Versorgungsdepot sowie ein Magazin mit deutschen Uniformen und Ausrüstungen. In der Niska-Straße werden in einer Schule etwa 100 gefangengehaltene Juden befreit sowie Gewehre und Munition erbeutet.

Eine Abteilung der kommunistischen moskautreuen Volksarmee (AL) unter Oberleutnant Stach, die aus mehreren Dutzend Soldaten besteht, schließt sich der AK an.

Jetzt haben die deutschen Panzerwagen, die die Gruppe des Leutnants Ostoi nach einstündigem Feuerwechsel vernichtet haben, die Eisenbahnbrücke in der Obozowa-Straße erreicht. Dieser Viadukt und ein zweiter in der Wolska-Straße sollen von den Pionieren des Bezirks in die Luft gesprengt werden, aber dazu kommt es nicht mehr. Die Panzer überrollen die Stellungen der Aufständischen und erreichen nach blutigen Kämpfen die Wolska-Straße. Von den etwa 2000 Verteidigern des Bezirks Wola bleiben auf den Barrikaden kaum 400 schwach bewaffnete Polen übrig.

Nachdem der Distriktkommandant vom Nachbarbezirk Ochota, Oberst Grzymala, einige hundert Soldaten in dem Häuserkarree zwischen der Grojecka-, Niemcewicza-, Asnyk- und Filtrowa-Straße zusammengezogen hat, beginnt um 17 Uhr der Sturm auf die Kaserne der deutschen Polizei im Akademiehaus am Narutowicz-Platz. Obwohl das Haus wie eine Festung mit Stacheldrahtverhauen und Bunkern gesichert ist, greifen die Aufständischen mit dem Mut der Verzweiflung an. Sie zerstören zwar einige vorgelagerte Hindernisse, werden aber von 300 gut bewaffneten deutschen Gendarmen von der Reservekompanie der Schutzpolizei unter großen Verlusten zurückgeschlagen.

Der um 17 Uhr schlagartig durchgeführte Hauptangriff mit rund 2000 Aufständischen erreicht nicht das erhoffte Ziel. Der gleichzeitige Vorstoß auf die Zitadelle und das Fort Traugutt, den Danziger Bahnhof, den Pionierpark in der Nähe von Fort Bema sowie auf das zentrale, von der Luftwaffe besetzte Sportinstitut mißlingt und verursacht unter den Aufständischen große Ausfälle.

Die AK-Gruppen können zwar die Mehrzahl der Wohn-

*Diesem Jungen ist es gelungen, für die Aufständischen einen ganzen Stapel deutscher Uniformen zu beschaffen (links)*

*Das Versicherungsgebäude »Prudential« ist das höchste Bauwerk in der polnischen Metropole (rechts)*

*Eine Barrikade der Aufständischen, gekennzeichnet durch die polnische Fahne in den rot-weißen Farben*

häuser in Zoliborz, im nahen Marymont und auch in Bielany besetzen, aber alle gegnerischen Widerstandspunkte verbleiben weiterhin in deutscher Hand.

Zu Beginn des Aufstandes schaffen es die Polen, den Wolkenkratzer »Prudential«, das höchste Gebäude im Stadtzentrum, zu erobern. Von hier aus haben sie Einsicht in die umliegenden Straßen und können eine wirkungsvolle Feuerstellung für weitere Aktionen einrichten. Dagegen werden die wiederholten Angriffe auf das Gebäude der Telefonverwaltung, genannt »PASTA«, nach dem Eintreffen deutscher Verstärkungen abgewehrt. Die umliegenden Gebäude aber haben die Aufständischen inzwischen besetzt, ebenso die Brauerei Haberbusch, in deren Silos viele Tonnen Getreide lagern, die später für die Versorgung der Bevölkerung lebensnotwendig sein werden.

Die Eroberung von Srodmiescie, dem Stadtzentrum, wird über den Erfolg des Aufstandes entscheiden. Es durchtrennt zwei Kommunikationsadern von West nach Ost, die die Stadt mit dem Brückenkopf in Praga am östlichen Weichselufer verbinden. Eine davon verläuft von der Posener Chaussee aus die Wolska-Straße entlang und geht über in die Leszno-, weiter in die Dluga- und Miodowa-Straße, dann in Richtung Kierbedzia-Brücke. Die andere verläuft von der Krakauer Chaussee durch die Jerozolimskie-Allee über den Viadukt zur Poniatowski-Brücke.

Auf diese Weise will man die Verbände der deutschen 9. Armee im vorgeschobenen Brückenkopf Praga von den Versorgungsbasen abschneiden. Daher spielt der Stadtteil Srodmiescie in den Plänen der Aufständischen eine so außergewöhnlich wichtige Rolle. Zur Einnahme dieses Stadtteils sind etwa 13000 Soldaten der AK vorgesehen. Im eroberten Hotel »Victoria« in der Jasna-Straße quartieren sich der Bezirkskommandant von Warschau, Oberst Monter, und sein engerer Stab ein. In den Räumen des massiven Gebäudekomplexes der Bank »PKO« sind einige Nebenstellen des Hauptkommandos der AK und die Bezirkskommandantur untergebracht.

Den Kern der deutschen Verteidigung bildet in dieser Gegend das Gebäude der Hauptpost auf dem Napoleon-Platz, das die Polen bereits zweimal – wenn auch erfolglos – versucht haben zu stürmen. Dagegen weht seit den ersten Stunden des Aufstandes auf dem Wolkenkratzer am Napoleon-Platz die von allen entfernten Stadtteilen sichtbare weiß-rote Flagge. Im Abschnitt Jerozolimskie-Allee mißlingt allerdings der geplante Angriff auf den Hauptbahnhof, doch die den Bahnhof umgebenden Baracken haben die Polen in Brand gesteckt. Im westlichen Teil des Stadtzentrums, im Stadtteil Leszno, besetzen die Aufständischen das Gerichtsgebäude, den Bankowy-Platz und die Umgebung des Arsenals in der Dluga-Straße.

*Überall hilft die Zivilbevölkerung beim Ausbau der Barrikaden, wie hier in der Dluga-Straße*

Die Befehlsstelle in Mokotow, östlich von Ochota, verfügt zu Beginn des Aufstandes über etwa 3000 mobilisierte Soldaten, davon die Mehrzahl aus dem bewährten Regiment »Baszta« des Hauptkommandos. Das Zentrum des deutschen Widerstandes im Stadtteil Mokotow befindet sich in der Rakowiecka-Straße. Hier greifen die Polen um 17 Uhr gleichzeitig von beiden Seiten an. Das Bataillon »Baltyk« vom Regiment »Baszta« versucht an der Kreuzung Narbutt- und Kazimierzowska-Straße in die SS-Kaserne einzudringen, doch die Überrumpelung gelingt nicht.
Ebenso wird im unteren Stadtteil von Mokotow der polnische Angriff auf die Kasernen sowie auf die Bruhn-Werke in der Belwederska-Straße und auf verschiedene von Deutschen besetzte Gebäude im Stadtteil Sielce zerschlagen. Durch erhebliche Verluste geschwächt, ziehen sich die polnischen Einheiten aus Mokotow in den etwa 10 Kilometer entfernt liegenden Kabacki-Wald zurück. Im Stadtteil verbleiben nur einige Kompanien des Regiments »Baszta« unter Führung von Oberst Daniel.
Auch in anderen Straßenzügen Mokotows kommt es zu blutigen Gefechten, denn die Voraussetzungen sind äußerst ungünstig: Die Fliegerkasernen in der Pulawska-Straße grenzen direkt an die Stauferkaserne, in der sich starke SS-Abteilungen verteidigen. Die Aufständischen dringen zwar in die Kasernen der Luftwaffe ein, aber von den 120 Angreifern überleben kaum zehn Prozent. Eine Eroberung jener Gebäude, die den Stadtteil Mokotow vom Stadtzentrum (Srodmiescie) trennen, ist unmöglich.
Die Bevölkerung von Stare Miasto, der Altstadt, be-

*Diese Barrikade sperrt die Zufahrt zu einer Straße in der Altstadt*

ginnt nach den ersten Schüssen spontan mit dem Bau von Barrikaden und Panzersperren. Die meisten Bewohner melden sich freiwillig zu den Aufständischen. Jeder will sich am Kampf gegen die deutschen Besatzer beteiligen. Nicht nur Sandsäcke und dergleichen, selbst die Platten der Gehwege werden für den Barrikadenbau verwendet.

Die Gruppe unter Rittmeister Boncza soll die Kierbedzia-Brücke sichern, den Burgplatz und eventuell das Schicht-Gebäude stürmen, in dem die deutsche Gendarmerie stationiert ist. Die Besatzung ist allerdings durch zwei Kompanien der Wehrmacht verstärkt worden, dazu zählen auch Panzerwagen und Artillerie, die am Weichselufer in Bereitschaft standen. Hauptmann Cubryna und seine Abteilung, die sich weitgehend aus Arbeitern des Elektrizitätswerkes zusammensetzt, gelingt es nach stundenlangen Kämpfen, das Hauptgebäude des E-Werkes einzunehmen.

Die Poniatowski-Brücke kann nicht im Sturm erobert werden, denn an den Auffahrten zur Brücke haben die Deutschen schwere Maschinengewehre postiert. Auch der Angriff auf den Burg-Platz und die Kierbedzia-Brücke bricht im Feuer der deutschen Besatzung aus dem Schicht-Haus am Nowy Zjazd und der Artillerie vom Burggarten blutig zusammen.

*Die aus Pflastersteinen aufgestapelte Barrikade schützt die AK-Männer vor dem Beschuß leichter Waffen (unten)*

*1. 8. 1944: Von der noch unbeschädigten Kierbedzia-Brücke aus hat man den Blick auf die Altstadt (rechts)*

Nachdem das Gebäude des Appellationsgerichts auf dem Krasinski-Platz sich in den Händen der AK befindet, ist die Altstadt fast vollständig von den Aufständischen besetzt. Die Deutschen halten noch die Staatliche Münze (WPW) in der Sanguszki-, Ecke Zakroczymska-Straße und das im Schulgebäude befindliche Lazarett in der Barokowa-Straße.

Die Abteilungen der AK haben sich inzwischen bis zu den Ausfallstraßen der Altstadt am Burg-Platz vorgekämpft und den Ausgang der Miodowa-Straße zur Krakowskie Przedmiescie, der Krakauer Vorstadt, blokkiert. Die Krakauer Vorstadt, eines der wichtigsten Einfalltore Warschaus, kann den Deutschen nicht entrissen werden. Der Stadtteil Powisle, das Weichselviertel, dagegen steht seit Einnahme des E-Werkes ganz unter Kontrolle der Aufständischen.

Dagegen müssen sich die Abteilungen unter Hauptmann Krybar, angesetzt auf das im Stadtzentrum liegende Präsidium des Ministerrates sowie auf den Komplex der Universitätsbauten und den Sitz der Polizeikommandantur, verlustreich zurückziehen.

*Deutsche Panzer und Kettenfahrzeuge rollen der Infanterie voraus (links)*

*Mit dem feuerbereiten MG 42 nehmen die Infanteristen ihr Ziel ins Visier (unten)*

Die Aufständischen in Okecie, der südwestlich von Warschau gelegenen Vorstadt, sollen den Flugplatz und die Flugzeugwerke erobern, dann die Verteidigung organisieren und den Flugplatz für die Landung der alliierten Flugzeuge vorbereiten. Die nur schwach bewaffneten Abteilungen sind diesem äußerst wichtigen Vorhaben jedoch nicht gewachsen. Ein Befehl, der diesen hoffnungslosen Angriff stoppen soll, trifft erst nach Zerschlagung des Regiments ein: Der nicht rechtzeitig darüber informierte Oberleutnant Kuba ist bereits mit seiner Abteilung in Richtung Flughafen vorgerückt. Er gerät hier in deutsches MG-Feuer, wird gleichzeitig von Panzerwagen angegriffen und verliert ungefähr Dreiviertel seiner Mannschaft. Der Flugplatz, den das deutsche Bodenpersonal hartnäckig verteidigt, ist von allen Seiten mit Drahtverhauen und Schützengräben abgeschirmt.

Der zweite Luftstützpunkt nahe Warschau ist während des Krieges bei Bielany errichtet worden. Dieser strategisch äußerst wichtige Punkt am nördlichen Stadtrand soll von Zoliborz aus in den frühen Morgenstunden des 2. August 1944 angegriffen werden. Die Konzentration der polnischen Kräfte erfolgt in der Nacht zuvor. Nach Erkenntnissen des polnischen Nachrichtendienstes befinden sich auf dem Flugplatz Bielany rund 700 Soldaten. Außerdem ist das Gelände durch Stacheldrahtsper-

ren mit schweren MG und leichten Geschützen gesichert. Und im nahegelegenen Boernerowo sollen Einheiten der Panzerdivision »Hermann Göring« in Stärke von 40 Panzern stehen.
Auch östlich der Weichsel, in der Vorstadt Praga, haben um 17 Uhr etwa 3000 AK-Soldaten den Aufstand begonnen. Es gelingt ihnen, trotz mangelhafter Ausrüstung, die Vorstädte Targowek und Brodno zu besetzen, in Grochow die Gleise in Richtung Otwock zu unterbrechen, den Wilna-Bahnhof stillzulegen und eine Reihe deutscher Stellungen unter Beschuß zu halten. Die Angriffe auf die Kierbedzia- und Poniatowski-Brücke sind allerdings erfolglos.
Gegen 19 Uhr haben die Deutschen im südlichen Teil der Innenstadt den Angriff einiger Züge der Abteilung »Jelen« auf die Gebäude der Gestapo-Zentrale in der Szuch-Allee blutig zurückgeschlagen. Die Verluste der Aufständischen betragen hier über 50 Prozent. Zwischen der Jerozolimskie-Allee und dem Zbawiciel-Platz behalten die Abteilungen der AK die Oberhand.
Nachdem der Ansturm auf den Sitz der Gestapo in der Szuch-Allee abgewehrt worden ist, fordert SS-Brigadeführer Geibel bei General Stahel umgehend Verstärkung an, denn er muß mit erneuten Überfällen der Aufständischen rechnen. Geibel erhält eine Kompanie Soldaten und eine Kompanie Panzerwagen der SS-Division »Wiking«, so daß er sich noch während der Nacht auf den nächsten Angriff vorbereiten kann. Erst in den späten Abendstunden berichtet General Stahel dem Oberbefehlshaber der Heeresgruppe Nordukraine, Generalfeldmarschall Model, über die jüngsten Ereignisse, dem in Warschau um 17 Uhr begonnenen Aufstand der polnischen Widerstandsbewegung.
Gegen Abend stellt Oberst Grzymala fest, daß die Anzahl der Aufständischen in Ochota nicht ausreicht, um diesen Stadtteil zu besetzen. Es gibt weder eine Kommunikationsmöglichkeit über die Jerozolimskie-Allee nach Wola noch eine Verbindung zur Stadtmitte. Angesichts dieser äußerst schwierigen und unübersichtlichen Lage zieht sich Oberst Grzymala in der Nacht vom 1./2. August 1944 mit 700 AK-Soldaten aus Ochota in die etwa 15 Kilometer südwestlich von Warschau liegenden Chojnow-Wälder zurück. Nur einzelne kleine Gruppen, die man nicht rechtzeitig verständigen kann, verbleiben in Ochota.
Ab 23 Uhr findet in Skierniewice beim Stab des Oberbe-

*General Stahel gibt der Besatzung einer Ju 52 die letzten Anweisungen vor dem Start*

fehlshabers der deutschen 9. Armee, General von Vormann, aufgrund der veränderten Situation eine Besprechung statt, die bis zum Morgen andauert. Es wird die Lage der Armee in Verbindung mit dem Ausbruch des Warschauer Aufstandes erörtert und als sehr »kritisch« beurteilt.

In dieser Nacht können sich in Praga am östlichen Weichselufer stärkere Gruppen der AK auf dem Gelände des städtischen Schlachthauses und der Eisenbahndirektion sowie in einem Teil der Vorstadt Brodno behaupten.

Zur selben Zeit ordnet der Bezirkskommandant des Stadtteils Zoliborz, Oberst Zywiciel, den Abmarsch aller Abteilungen zur etwa 15 Kilometer nordwestlich liegenden Kampinos-Heide an. Eine Gruppe der übriggebliebenen Aufständischen in Zoliborz unter Führung von Rittmeister Zmija konzentriert sich jetzt um den Wilson-Platz. Ebenfalls bei Nacht kann Oberst Radoslaw mit seinen Abteilungen die Deutschen zurückdrängen, die den Sitz des Hauptquartiers der AK von der nahen Hülsenfabrik aus bedrohen. Damit wird die für mehrere Stunden abgeschnittene Führung wieder befreit.

Hauptmann Niebora: »Das war eine schwere Nacht. Hier und da glimmten noch Brände, aber ein Nieselregen ließ sie versiegen. Hin und wieder zerrissen Schüsse die Stille, zuweilen wurde der dunkle Himmel ohne Sterne von einer deutschen Leuchtrakete erhellt, die langsam zu Boden fiel und die auf dem Pflaster liegenden Leichen der Aufständischen beleuchtete. Während die einen Abteilungen der AK ihre eroberten Stellungen verstärkten und oft sogar verbreiterten, verließen andere nach dramatischen Streitgesprächen ihren Kommandeur und setzten sich mit den ihnen unterstellten Offizieren und Soldaten aus der Stadt ab... Von allen Seiten ließ sich das Getöse des Artilleriefeuers vernehmen. In der Nähe des Westbahnhofs brannten Treibstofflager, und die Holzbaracken am Hauptbahnhof standen immer noch in Flammen.«

Nach den ersten 24 Stunden betragen die Verluste der Aufständischen über 2000 Menschen. Auf der Gegenseite sind es nach deutschen Quellen mindestens 500 Tote und Verwundete sowie mehrere hundert Gefangene. Das Ausmaß des Aufstandes, dazu die verhältnismäßig hohen und unerwarteten Verluste verursachen unter den Besatzern ein Sinken der Kampfmoral. Dage-

*Voller Stolz zeigt Major Okon die erste Kriegsbeute, eine deutsche Fahne mit dem Hakenkreuz*

gen verbessert sich die Stimmung der Aufständischen sowie der Bevölkerung – trotz mancher Mißerfolge in den Vorstädten – von Stunde zu Stunde. Die Einwohner beteiligen sich spontan an allen Aktionen. Sie bemühen sich um die Versorgung der Soldaten, holen Informationen ein und beginnen bei Dunkelheit mit dem Bau der ersten Barrikaden.
Am Mittwoch, dem 2. August 1944, gehen im Morgengrauen die Soldaten der Gruppe Kampinos zum Angriff

Kampinos-Heide zurückgezogen haben, kehren jetzt auf Befehl von Oberst Monter um. Sie bemühen sich erneut, über Bielany nach Zoliborz durchzukommen. Die schweren Panzerwagen vom Typ »Panther«, die aus der Powazkowska-Straße in die Okopowa einbiegen, stoßen hier auf den Gegenangriff des Bataillons »Zoska«. Die Aufständischen haben sich hinter der Friedhofsmauer versteckt, bewaffnet mit Handgranaten und Brennstoff-Flaschen, und warten voller Spannung

*Einer der wenigen AK-Soldaten, die über einen Karabiner verfügen*

*Deutsche Panzerwagen sichern den Flughafen Bielany im Norden der Hauptstadt*

auf den im Norden der Stadt liegenden Flugplatz Bielany über. Da Regen und Nebel die Sicht verringern, ist es schwer zu erkennen, woher das feindliche Feuer kommt, das auf die anstürmenden Aufständischen niedergeht. Als die Deutschen jetzt Schützenpanzerwagen einsetzen, bricht der Angriff blutig zusammen. Leutnant Dolina, der plötzlich rote Raketen bemerkt, die das Anrücken der feindlichen Panzerwagen signalisieren, ordnet den Rückzug an. Damit ist die Chance einer Luftversorgung über die beiden Flugplätze Okecie und Bielany unwiederbringlich vertan. Dies hätte die Lage der Aufständischen wesentlich verändert. Nun starten von Okecie aus die Staffeln der Stukas und laden ungehindert ihre Bomben über der Stadt ab.
Die Abteilungen unter Oberst Zywiciel, die sich in der vorangegangenen Nacht von Zoliborz aus in Richtung

den günstigsten Augenblick ab. Im Einfahrtstor wurde von ihnen eine britische Panzerfaust »PIAT« postiert. Der erste Panzerwagen, von einem Bündel Handgranaten hinten am Turm getroffen, stoppt seine Fahrt. Der zweite »Panther« reißt mit den Raupenketten das Pflaster auf und rollt weiter, aber auch ihn treffen Handgranaten und behindern seine Weiterfahrt.
Der Panzer dreht zur Seite und gerät gegen einen Eisenmast der Straßenbahn. Jetzt umhüllen ihn dichte schwarze Rauchwolken. Kurz danach schiebt sich aus der Turmöffnung eine Hand mit einem weißen Tuch. Der erbeutete Panzerwagen läßt sich nicht mehr in Bewegung setzen, obwohl die deutschen Gefangenen mithelfen, ihn wieder in Gang zu bringen. Trotz des feindlichen Feuers versucht ein polnischer Mechaniker, den Motor zu reparieren.

*Hinter einem Trümmerberg verschanzen sich junge Aufständische mit zwei panzerbrechenden PIAT (oben)*

*Ein einziges PIAT-Geschoß hat diesen Panzer außer Gefecht gesetzt (unten)*

*2. 8. 1944: Den Aufständischen ist es gelungen, das wichtigste Gebäude, das E-Werk, zu besetzen*

In der von Aufständischen befreiten Altstadt beginnt neues Leben zu pulsieren. Es fehlt jedoch der Bezirkskommandant Major Róg, den man vorübergehend von diesem Stadtteil abgeschnitten hat. Die ersten Granaten der deutschen Artillerie aus Praga schlagen rings um die Kathedrale ein und entfachen einen Brand in der Kanoniastraße. Das Elektrizitätswerk und auch die Wasserwerke sind wieder in Betrieb, so kann die Stadt mit Licht und Wasser versorgt werden.

Der deutsche und polnische Teil Warschaus ist durch Barrikaden voneinander abgegrenzt. Die Deutschen haben im Stadtbereich Spione und Diversanten eingesetzt. Manche Straßen werden von deutschen Scharfschützen, im Volksmund »Golembiarze« – Taubenzüchter – genannt, unter Beschuß genommen. Die meist in Zivilkleidung sich unter den Dächern von Warschau versteckt haltenden Schützen wollen mit gezielten Schüssen die Bevölkerung beunruhigen. Sie selbst können aber nicht gefaßt werden.

In diesen Tagen erscheint in der Altstadt eine Gruppe von Mitgliedern der »Zydowska Organizacja Bojowa« (ZOB), der jüdischen Kampforganisation. In der Mehrzahl sind es Teilnehmer des Ghetto-Aufstandes von Warschau im April und Mai 1943. Die Soldaten der ZOB, die den Wunsch haben, am Kampf gegen die deutschen Besatzer teilzunehmen, schließen sich den Abteilungen der moskautreuen kommunistischen Volksarmee (AL) an. Ähnlich wie in der Altstadt kommt es jetzt auch in der Stadtmitte an verschiedenen Stellen zu Zusammenstößen zwischen Deutschen und Polen, die jedoch für die Aufständischen überwiegend günstig ausgehen. Dabei zeigt sich, daß die Panzerwagen in den engen Straßen keine allzu große Gefahr bedeuten: Sie sind dort leicht zu bekämpfen.

Die Deutschen verstärken ihre Widerstandspunkte und versuchen, die Initiative des Kampfes an sich zu reißen. Inzwischen ist sich der polnische Bezirkskommandant darüber im klaren, daß die Stadtmitte nicht ganz erobert werden kann, denn die Deutschen haben ihre Stellungen gut befestigt und beherrschen die wichtigsten Straßenkreuzungen sowie ganze Straßenzüge. Es gelingt zwar den AK-Abteilungen unter Führung von Oberst Daniel, ihre Kräfte im eroberten Stadtteil von Mokotow zu verstärken, doch jeder, der dort in die Hände der deutschen Polizei gerät, wird in der SS-Staufenkaserne in der

*Spezialeinheiten befassen sich mit dem Aufspüren der meist auf Dächern postierten deutschen Heckenschützen (rechts oben)*

*Ein deutscher Beutepanzer, dessen Besatzung aussteigen und in Gefangenschaft gehen mußte (rechts unten)*

2. 8. 1944: Wolska-Straße:
Die Bevölkerung des Stadtteils
Wola wird zum Erschießungsstand geführt

*In einem deutschen MG-Nest hinter einer aus Steinen gestapelten Schutzmauer*

Rakowiecka-Straße oder in der Szuch-Allee, dem Hauptsitz der Gestapo, abgeliefert und erschossen. Allein im Mokotow-Gefängnis werden am 2. August 1944 über 600 Gefangene von der SS ermordet.

Unterdessen umgehen mehrere Abteilungen der AK den Stadtteil Ochota, aus dem sie sich nach dem mißlungenen ersten Angriff gegen das Akademiker-Haus zurückgezogen haben, und marschieren in Richtung Südwesten zu den Wäldern um Chojny. In den Morgenstunden stößt diese Abteilung nahe dem Gut Pecice auf eine Einheit der Wehrmacht. Die Aufständischen verlieren in dem Gefecht 91 Soldaten, der Rest gerät in Gefangenschaft und wird von den Deutschen erschossen.

Bereits am Vormittag des 2. August 1944 erkennt Oberstleutnant Bober, Kommandant der AK in Praga am östlichen Weichselufer, die Hoffnungslosigkeit weiterer Aktionen. Er faßt den Entschluß, seine Soldaten freizustellen, um einzeln unterzutauchen. In den nachfolgenden Tagen gelingt es mehreren, sich auf die Westseite der Weichsel und zum unteren Mokotow durchzuschlagen.

Die Waffen und Munition der Aufständischen reichen kaum für ein paar Tage, oft nur für Stunden. Wirkungsvolle Angriffe erfordern panzerbrechende Waffen und all jene Kampfmittel, mit denen eine Infanterie normalerweise ausgerüstet ist, vor allem den Einsatz von Artillerie.

Was soll weiter geschehen? – lautet die Frage. Einer der Gründe für den Mißerfolg der Aufständischen ist das Fehlen des Überraschungseffekts. Der Ausbruch des Aufstandes hat die Deutschen nicht überrascht, sondern lediglich der nicht vorhersehbare Zeitpunkt und das Ausmaß der polnischen Aktionen sowie die Anfangserfolge der Aufständischen. Das deutsche Befehlskommando hat keinen ausgearbeiteten Plan zur Bekämpfung eines Aufstandes und besitzt daher auch keine dafür vorgesehenen Einsatzreserven. So muß es sich anfangs – bis zum Eintreffen der Hilfe von außen – passiv verhalten.

*Am Morgen des 2.8.1944 herrscht geschäftiges Treiben auf den Straßen. Jeder will beim Barrikadenbau helfen (rechts)*

*Ein Wachposten an der jeweiligen Barrikade muß die Personalpapiere der Passanten kontrollieren*

Die Situation der Stadt ist verzweifelt. Aus den dürftigen Meldungen, die das Hauptkommando der AK erreichen, zeigt sich, daß der Sturm der Aufständischen in der Stunde »W« keine zufriedenstellenden Resultate erbracht hat. Wenigstens entstehen durch die massierte Beteiligung der gesamten Bevölkerung ungezählte Barrikaden und Panzergräben. Sie sollen einen provisorischen Schutz vor den deutschen Angriffen bieten. In dieser Zeit sind die Einwohner von Warschau zu jeder Hilfeleistung bereit: Sie stöbern Waffen und militärische Ausrüstungsgegenstände auf, verpflegen die Aufständischen und versorgen mit enormer Aufopferung die Verwundeten.

Aus dem Chaos der ersten Stunden entwickeln sich ungeahnte Kräfte, die die Grundlagen der Organisation bilden und den ganzen Aufstand hindurch anhalten. Es herrschen bald Disziplin und militärische Strenge, so daß die Deutschen schon nach kurzer Zeit einer geschlossenen Einheit gegenüberstehen. Schlimm ist es jedoch um die Ausrüstung bestellt: Nur jeder fünfte oder sechste Aufständische trägt eine Waffe, sofern man Handgranaten als solche bezeichnen kann, nur jeder

*2. 8. 1944: Extrablatt, das die Bevölkerung über den Ausbruch des Aufstandes informiert*

*Ein fingiertes, von den Deutschen abgeworfenes Flugblatt zur Desinformation der Aufständischen*

*SS-Gruppenführer Heinz Reinefarth (Mitte) bei einer Lagebesprechung im Stadtteil Wola*

zwanzigste hat eine Maschinenpistole, auf eine Abteilung kommen höchstens fünf oder sechs MG.
Bereits am Morgen des 2. August 1944 erscheint in der Stadtmitte eine Zeitung der Aufständischen unter dem Titel »Warschau kämpft«, daneben auch die erste Nummer des Zentralorgans der AK »Biuletyn Informacyjny«. Am gleichen Tag tauchen über der Stadt die ersten deutschen Flugzeuge auf und werfen auf Wola sowie eine Reihe polnischer Befestigungspunkte Bomben ab. Sie nehmen auch die Menschen auf der Straße mit ihren Bordwaffen unter Beschuß.
Von deutscher Seite zieht man zunächst Truppenteile aus der Umgebung Warschaus zusammen. Unterdessen fliegt Himmler nach Posen und organisiert einen Entsatz aus den lokalen Polizeieinheiten. Er beordert zwei Regimenter nach Warschau, die sich aus 16 Kompanien zusammensetzen, dazu zwei Kompanien, die mit neuen Flammenwerfern ausgerüstet sind, sowie ein kombiniertes Bataillon aus SS-Leuten und Wehrmachtangehörigen. Die Führung dieser Gruppe übernimmt Generalleutnant der Waffen-SS und der Polizei im Warthegau Heinz Reinefahrth.

Gleichzeitig verlegt Himmler das SS-Regiment »Dirlewanger« sowie die Brigade »Rona« unter dem Waffen-Brigadeführer Mieczyslaw Kaminski in die polnische Hauptstadt. Himmler empfiehlt allen diesen Einheiten, erbarmungslos mit den Aufständischen und der Bevölkerung von Warschau zu verfahren. SS-Obergruppenführer (General) Erich von dem Bach-Zelewski, dessen Aufgabe die Bekämpfung der Partisanentätigkeit im deutschen rückwärtigen Frontgebiet ist, befindet sich zur Stunde in Zoppot bei Danzig, um die Stellungsbauten an der Weichsel zu inspizieren.

Am Donnerstag, dem 3. August 1944, sind die Abteilungen von Oberst Zywiciel in der Vorstadt Bielany bereits seit den frühen Morgenstunden in schwere Kämpfe verwickelt. Die aus Richtung Fort Bema unter dem Feuerschutz schwerer Artillerie vorrückenden deutschen Panzer werden zwar zurückgedrängt, aber die Aufständischen erleiden dabei hohe Verluste. Schließlich kann eine Gruppe von etwa 350 AK-Soldaten, zusammen mit einigen Abteilungen von Oberst Zywiciel, den Stadtteil Zoliborz erreichen.

*Soldaten der Kompanie »Anna« vom Bataillon »Gustaw« sammeln sich nach Überführung zur Stadtmitte*

Innerhalb der ersten drei Tage verstärkt sich fast stündlich die Zahl der Aufständischen, denn viele haben den Einberufungsbefehl erst verspätet erhalten. Nach dem mißlungenen Versuch, schlagartig alle wichtigen Militärobjekte wie die Weichselbrücken, Bahnhöfe, die beiden Flugplätze, dazu zahlreiche deutsche Kasernenunterkünfte zu besetzen, steht für die AK-Führung fest, daß keine reelle Chance besteht, mit den nur geringen Waffen- und Munitionsvorräten die Deutschen aus Warschau zu verjagen. Es muß Hilfe von außen kommen. Das Hauptkommando der AK appelliert wiederholt per Funkspruch an die Exilregierung in London, durch Containerabwürfe die Aufständischen mit Waffen zu versorgen.

Unterdessen erreichen die von Himmler angeforderten Verbände die vorgesehenen Standorte in Warschau. In Ochota geht die berüchtigte SS-Sturmbrigade, eine Einheit russischer Überläufer, unter SS-Brigadeführer Kaminski in Stellung, und in Wola treffen Polizei- und Ersatzeinheiten unter General Reinefarth ein, ebenso das SS-Regiment »Dirlewanger«, eine zur Frontbewährung abgestellte Einheit von Kriminellen. Den Oberbefehl aller deutschen Kräfte, die zur Niederwerfung des Aufstandes nach Warschau verlegt worden sind, übernimmt General von dem Bach-Zelewski.

*Männer vom 36. SS-Regiment »Dirlewanger« beim Stellungswechsel*

Die westlichen Stadtteile und Vororte Powazki, Wola und Ochota bilden in den ersten Tagen des Aufstandes das Zentrum der Kampfhandlungen. Von der Verteidigung dieser Stadtviertel hängt auch das Los aller anderen ab und in gewisser Weise das Gelingen der ganzen Aktion. Diese Vororte bilden aber zusammengenommen ein operatives Problem. Wola und Ochota haben eigene Bezirkskommandanten, während Powazki dem Kommandanten von Zoliborz untersteht. Es wird leider der Verteidigung und Kontrolle der maßgeblichen Straßenkreuzungen aller großen Verkehrsadern nicht die erforderliche Wichtigkeit beigemessen.

Den militärischen Plan des Aufstandes hat man weder nach operativen noch nach taktischen Gesichtspunkten erarbeitet, was die schwerwiegenden Verluste der Abteilungen zur Stunde »W« zeigen. Die westlichen Stadtviertel dienen gewissermaßen als Barriere, die die Stadtmitte von den Einheiten der deutschen 9. Armee und deren Verstärkungen abgrenzt. Dahin hätte man die ersten Angriffe gegen den Feind richten sollen. Powazki und Wola haben sich nur halten können, weil Oberstleutnant Radoslaw mit seiner bewährten Kampfgruppe »Kedyw« von Mokotow aus dorthin verlegt worden ist.

In Ochota sind beide AK-Gruppen, die in der Nacht vom 1. zum 2. August 1944 den Bezirk nicht verlassen haben, weiterhin in Kämpfe verwickelt. Sie befinden sich jetzt in einer kritischen Situation, da die inzwischen

*Das letzte, was man für einen toten Kameraden tun kann*

eingetroffene SS-Brigade »Kaminski« den Auftrag hat, Ochota zu erobern. Diese aus dem Osten kommende SS-Formation zeichnet sich durch besondere Grausamkeit gegenüber der Bevölkerung aus. Sie plündert, vergewaltigt Frauen und minderjährige Mädchen, mordet und schont nicht einmal die Kranken in den Spitälern. Die Häuser werden nach dem Plündern niedergebrannt und die Bewohner auf dem Gelände des Gemüsegroßmarktes »Zieleniak« zusammengetrieben. Unter unvorstellbaren Bedingungen, ohne Nahrung oder Trinkwasser, sind die Menschen der Willkür dieser Soldaten ausgeliefert und müssen unter freiem Himmel bei sengender Hitze auf den Abtransport warten.

In den von Aufständischen besetzten Stadtteilen nimmt die polnische Zivilverwaltung ihren Dienstbetrieb wieder auf. Die Brandbekämpfung wird von Tag zu Tag effektiver gehandhabt, die Fürsorge der Geschädigten und der Flüchtlinge verstärkt, die Verwundetenhilfe intensiviert und die Beisetzung der Gefallenen durchgeführt. Es gibt kaum ein Haus, in dem man keinen Altar eingerichtet hat. Häufig lesen dort Priester mit der weißroten Armbinde die Heilige Messe.

Trotz der Kampfhandlungen erscheinen nach kurzer Unterbrechung diverse Presseorgane, darunter Schriften der verschiedensten politischen und militärischen Gruppierungen, noch dazu ohne jede Pressezensur. Es gibt während des Aufstandes sage und schreibe 136 Zeitungen, Zeitschriften und Periodika sowie reich illustrierte Wandzeitungen. Diese zahlreichen Publikationen verschlingen allerdings Arbeitskräfte und Rohstoffe, die anderweitig so dringend benötigt werden.

In Srodmiescie, dem Stadtzentrum, hat man die Versorgung der Bevölkerung mit Grundnahrungsmitteln den Hauskomitees sowie Rayon-Delegierten der Regierung anvertraut. Eine Reihe von Richtlinien sorgen für die Aufrechterhaltung der Ordnung, für sanitäre Belange, Brandverhütung und regeln die Unterkunftsmöglichkeiten. Dabei wird die während der Besatzungszeit entstandene Aufteilung in Haus-, Block- und Stadtteilgemeinschaften des Luftschutzes (OPL) übernommen. Am dritten Tag ergeht vom Hauptkommando die Anordnung, sparsam mit der Munition umzugehen. Dieser Befehl bewirkt allerdings, daß die Aufständischen nun mit Offensivaktionen noch zurückhaltender sind.

Auf großen, in Srodmiescie an den Häuserwänden klebenden Plakaten steht: »Jeder Schuß – ein Deutscher«. Aber nicht nur die polnischen Berufsoffiziere wissen, daß eine solche Forderung absurd ist. Gerade in den ersten Tagen hat der mangelnde Munitionsvorrat über den Fortgang des Aufstandes entschieden, er bleibt weiterhin die Hauptsorge der Kämpfenden. In der westlichen Umgebung von Warschau gibt es außer der Kam-

*Die Mordkommandos der SS-Brigade »Kaminski« zeichnen sich durch besondere Grausamkeiten aus*

*Eine Auswahl der während des Warschauer Aufstandes in der polnischen Hauptstadt erschienenen Zeitungen*

*Alle Pressemitteilungen werden von den Bewohnern intensiv studiert*

pinos-Heide keine größeren Wälder, die sich für Partisanenaktionen eignen. Durch die Zweige der mächtigen Kiefern schimmert die Sonne, vereinzelt blüht schon das Heidekraut, die Waldlichtungen sind mit Gras überwuchert. Die AK-Gruppe »Kampinos« ist hier von den Ereignissen abgeschnitten, und nur in der Ferne sieht man den Feuerschein der brennenden Hauptstadt.
Ebenfalls am 3. August 1944 teilt der Chef des Generalstabs des Heeres, Generaloberst Guderian, dem Generalgouverneur Dr. Hans Frank telefonisch mit, daß der Führer entschlossen sei, den Aufstand in Warschau mit allen nur denkbaren Mitteln zu zerschlagen. Es kommt jetzt wiederholt vor, daß die Panzerbesatzungen Angehörige der Zivilbevölkerung als Schutzwall vor sich hertreiben. Sie werden aus ihren Häusern gezerrt und müssen gegen die Stellungen der Aufständischen den Panzern voranlaufen. Auf diese Weise versuchen die Deutschen, in die von Polen besetzten Hauptausfallstraßen einzudringen. Erst danach folgt die Infanterie.
Die Panzerkolonne zerschlägt die Barrikade in der Wolska-Straße, überwindet auch die nächste an der Kreuzung Chlodna- und Karolkowa-Straße und rollt dann weiter durch die Towarowa-Straße zur Jerozolim-

*Ein Plakat der Aufständischen: »Jede Kugel – ein Deutscher!« (rechts)*

*Nach Entwürfen von Stanislaw Miedza-Tomaszewski und Marian Sigmund: Briefmarken der Aufständischen-Post*

skie-Allee. Daher ist es für die Aufständischen besonders schwierig, ihre Brennstoff-Flaschen und Handgranaten auf die Panzer zu schleudern, ohne von der mindestens 300 Personen zählenden Gruppe, die den Deutschen als lebender Schutzschild dient, jemanden zu treffen. Als es am Ostbahnhof zu Schießereien kommt, rollt die Panzerkolonne durch die Jerozolimskie-Allee in Richtung Poniatowski-Brücke. Es sind Einheiten der Fallschirm-Panzerdivision »Hermann Göring« auf dem Marsch zur östlichen Seite der Weichsel, wo seit einigen Tagen eine Panzerschlacht tobt.

Am Freitagmorgen, dem 4. August 1944, erfährt General Graf Bor-Komorowski vom Stab des Hauptkommandos der AK, daß man beabsichtige, das Hauptkommando in einen Ort außerhalb der Stadt zu verlegen, um die Hilfe für Warschau besser organisieren zu können. Der Gedanke ist zwar logisch, aber die Aufständischen könnten diese Maßnahme als Flucht ihrer Vorgesetzten auffassen. Im Stadtteil Mokotow sammelt unterdessen Oberst Daniel die in den ersten Tagen versprengten Abteilungen, reorganisiert und verstärkt sie mit neu hinzukommenden Freiwilligen.

*Panzer-Kampfwagen IV mit 7,5 cm Kanone (rechts)*

Am selben Tag bombardieren deutsche Flugzeuge heftig den Stadtteil Wola und werfen Brandbomben auf Wohnhäuser ab. Danach wird Wola wieder von Panzern angegriffen. Als es ihnen nicht gelingt, die Barrikaden zu zerstören, bedienen sie sich auch hier der Zivilbevölkerung: Männer und Frauen werden mit Gewalt vor die Kampfwagen getrieben und müssen die Sperren aus dem Weg räumen. Das sind für die Aufständischen deprimierende Minuten, und so mancher muß sich zusammennehmen, um nicht mit einer Schießerei darauf zu reagieren. Andererseits wollen sie nicht, daß die Barrikaden von den Panzern niedergewalzt werden.

Nachdem Wola in Flammen steht, beginnen deutsche Soldaten und Angehörige der östlichen Hilfsformation, die Zivilbevölkerung systematisch zu ermorden. Sie dringen aber nur in jene Häuser ein, wo sie die Gewißheit haben, nicht von den Aufständischen überrascht zu werden, jagen dann die Bewohner auf die Straße, stellen sie an die Wand, und kurz danach hört man die Salven. Es ist ihnen egal, ob jemand am Aufstand teilnimmt oder nicht, sie bringen alle Einwohner um, die ihnen in die Hände fallen, und setzen danach ihre Häuser in Brand. Viele Menschen flüchten in ihrer Angst vor den Exekutionen dorthin, wo Aufständische das Gebiet besetzt halten.

Jan Napiorkowskiego berichtet von der Flucht aus den Fängen eines SD-Erschießungs-Kommandos:
«... Nach ungefähr 500 Metern wurden wir in eine Werkhalle geführt, die von der Straße durch einen umzäunten Hof getrennt war. Auf den Hof gelangte man durch ein Tor, neben dem sich ein Wärterhäuschen befand... Die Halle war sehr geräumig, zwei Türen führten zu anderen Nebenräumen. Wie ich beobachten konnte, waren in einem nur Frauen und Kinder, die zusammen mit uns das Krankenhaus verlassen hatten. Wir, das Krankenhauspersonal, und die Kranken wurden in der ersten Halle zurückgehalten, in der sich an der rechten Wand irgendwelche mechanischen Werkbänke befanden. Im Hof und in der Halle patrouillierten uniformierte SD-Leute mit Maschinenpistolen. Es wurde befohlen, uns auf die Erde zu setzen (es gab keinen Fußboden) – Frauen und Männer getrennt. An allen drei Ausgängen, die nach draußen führten, standen

*Kurz nach dem Bombenangriff: Alle Häuser stehen in Flammen, Qualmwolken verdunkeln den Himmel (unten)*

*Nur wenigen Bewohnern der Stadtteile Ochota und Wola gelingt es, den mordenden Ukrainern zu entkommen (rechts)*

Gestapo-Leute... Etwas später kamen in unsere Halle immer mehr Menschen, darunter meist Frauen mit Kindern. Es wurde eng und enger. In den Gesichtern zeigten sich Angst und Schrecken...

Dann ertönte plötzlich die Stimme des Dolmetschers, der zur Ruhe mahnte und wiederum befahl, sich auf die Erde zu setzen. Nach einer Weile kam der Aufruf, fünf Männer sollten sich für Außenarbeiten freiwillig melden. Nach längerem Zögern gingen fünf Männer hinaus, darunter ein Krankenhausmitarbeiter namens Chorzewski. Es vergingen nur einige Minuten, als wir aus der Ferne Karabinerschüsse vernahmen. Anschließend forderten die Deutschen weitere fünf Freiwillige an, und kurz darauf hörten wir wieder Schüsse. Uns allen lief ein Schauer über den Rücken...

Die Situation verschlimmerte sich zusehends. Die Deutschen begannen jetzt, reihenweise Männer in Gruppen zu 10, 15, 25 und schließlich zu 50 Personen herauszurufen. Die Pausen zwischen dem Aufrufen und den Schußserien wurden immer länger. Der unter uns weilende Geistliche Stefan Chwilczynski erteilte den Hinausgehenden die Absolution articulo mortis. Schließlich leerte sich die Halle. Alle Männer einschließlich der Krankenpfleger und Kranken mußten hinaus. Von den Männern blieben nur wir Ärzte und einige Schwerkranke auf Tragen zurück...

*Die ersten AK-Abteilungen, die Warschau vorübergehend verlassen. Im Hintergrund das Polytechnikum*

Es waren schon etwa 300 Personen weniger. Die Anspannung wuchs ins Uferlose. Kurz darauf ertönte die Stimme – ›jetzt die Ärzte‹. Der Pfarrer erteilte uns die letzte Absolution. Wir verabschiedeten uns mit dem Zeichen des Heiligen Kreuzes und gingen zum Ausgang. Der Hof war voller Männer, in Dreierreihen aufgestellt. Unter ihnen befanden sich unsere Sanitäter mit ihren weißen Krankenhauskitteln und viele Kranke... darunter ein Vater mit seinem kleinen verängstigten Kind auf dem Arm, das sich fest an ihn schmiegte.

Rundherum hantierten die SD-Männer mit ihren Gewehren, nahmen uns die Uhren ab, rissen die Pelze an sich, zogen den Menschen die Ringe vom Finger und beschlagnahmten sämtliche Schmucksachen... Nach genauer Leibesvisitation mußten alle Männer der Reihe nach in Gruppen zu 15–20 Personen auf die Straße...

Von weitem hörte man aus der Górczewska-Straße eine Vielzahl von Gewehrschüssen. Aufgrund meiner deutschen Sprachkenntnisse wagte ich es, den neben mir stehenden Deutschen anzusprechen: ›Darf ich Sie etwas fragen?‹ – ›Jawohl‹ – ›Wohin gehen wir?‹ – ›Nach einem Sommerlager‹ – ›Was bedeuten diese Schüsse? Werden wir erschossen?‹ – ›Oh nein! Hier gibt es viele Partisanen‹...

Wir gingen. Unter Bewachung gelangten wir in die Moczydlo-Straße und weiter in die Górczewska-Straße. Direkt vor der Górczewska-Straße stoppte die Kolonne für eine Weile. Wieder erschallte eine Reihe von Schüssen und dann Stille. Der Deutsche machte eine Handbewegung, und wir mußten weitergehen. Die Situation war nun für uns klar. Sie bedeutete den Weg in den Tod... Der Kollege Mikulski brach zusammen. Er begann zu schreien: ›Wofür soll ich sterben, Gott‹. Ich rüttelte ihn am Arm und beruhigte ihn so gut ich konnte. Das half zwar nicht viel. Ich selbst war völlig aufgewühlt und betete inbrünstig...

Vor meinen Augen huschten die Bilder aus meinem Leben vorbei. Ich sah Vater und Mutter. Als einziges Kind kam mir zum Bewußtsein, daß das Leben ohne mich für sie keinen Sinn hat. Dann eine Weile des Nachdenkens. Wofür sollte ich sterben? Ich hatte doch keinen einzigen Deutschen umgebracht. Plötzlich erfaßte mich ein eigenartiges Gefühl, ich beneidete andere Kollegen, die mit der Waffe in der Hand ihr Leben verlieren konnten, während ich hier wie ein Schaf zur Schlachtbank geführt wurde.

Sie brachten uns in einen kleinen Hof, der von Holzhäuschen umgeben war. Wir hielten an. Vor uns in einer Entfernung von vielleicht 20 Metern stand ein weißes gemauertes, dreistöckiges Haus, das mit der Frontseite zur Zagloba-Straße Ecke Górczewska-Straße lag. Vor diesem Haus sahen wir einen ca. einen Meter hohen Wall von Toten liegen. Menschliche Körper, teils in weiße Kittel gehüllt oder in Krankenhaus-Schlafröcken, teils in Zivilkleidung – alle blutbesudelt. Vor dem Leichenhaufen postierten zwei Reihen Soldaten mit dem

*Anfang August 1944: Einige der in Wola zu Tausenden ermordeten Zivilisten*

SD-Abzeichen, zu viert in einer Reihe mit schußbereiten Gewehren. Sie hatten sich so aufgestellt, daß sie eine Gasse bildeten, durch die wir gehen sollten...
Wir standen eine Weile wie völlig betäubt. Die Schinder luden die Gewehre. Es war ein herrlicher Sonnenuntergang im August, der Sonnenball verschwand hinter den Dächern der Stadt. Ich nahm gedankenverloren Abschied von meinem Leben; Mikulski weinte, der Rest schwieg. Erschrecken war nicht zu bemerken, eher Bedauern, riesengroßes Bedauern, das Leben zu verlieren. Einer der Schießwütigen gab ein Zeichen mit der Hand, jetzt vorzutreten. Und plötzlich bäumte sich in mir etwas auf. Ich gehorche dir nicht – schrie mein Inneres – ich gehe nicht dorthin. Tötet mich im Weglaufen, auf der Flucht. Es konnte mir sowieso nichts anderes mehr passieren.
Eine Sekunde des Zögerns, dann duckte ich mich und begann zu laufen. Ich rannte in Richtung Hausecke an der Zagloba-Straße. Bis dorthin waren es vielleicht 30 Meter. Auf dem Platz herrschte Stille. Plötzlich die Stimme: ›Einer flüchtet, einer flüchtet!‹ Es fiel ein Schuß. Ich rannte weiter. Kurz vor der ersehnten Hausecke stolperte ich und fiel hin. Dies rettete mir das Leben, denn im selben Augenblick hörte ich das Pfeifen einer Kugel, die in der Mauer steckenblieb. Ich erhob mich merkwürdig ruhig und lief hinaus auf die Zagloba-Straße. Auf den Eisenbahnschienen vermutete ich Posten und sah schon mein Ende vor Augen, denn ich mußte durch die Straße parallel zum Schienenstrang. Doch es schoß niemand. Ich rannte so schnell ich konnte in Richtung Siedlung Kolo. Dort sah ich die offene Pforte und schlüpfte hindurch.
Zum Glück waren die Häuschen unbewohnt und mit Durchgängen untereinander verbunden. Während der Flucht hatte ich im Laufen den weißen Kittel weggeworfen. Hier draußen blieb ich in den Tomatenstauden hängen, die auf Feldern angepflanzt waren. Ich spürte plötzlich eine fürchterliche Trockenheit im Mund und Schwindel im Kopf, die Muskeln zitterten wie in einem Fieberanfall. Von weitem hörte ich Gewehrfeuer.

Sanitäterinnen der VI. Gruppe »Golski«. In der Mitte Oberlt. »Dorota Nowina«, die spätere Mrs. O. B. Kasprowicz, Kommandantin aller AK-Frauen im 3. Pz. Bataillon. Neben ihr E. Zawadska und die Schwestern Gologowski (oben).

Abwurf deutscher Flugblätter aus einer JU 52 (unten)

Mußte daran denken, daß jetzt meine Kollegen erschossen wurden. Sehr langsam gewann ich meine Beherrschung wieder und das Bewußtsein, daß mich niemand mehr jagt. Ich lebte! Ich war gerettet! Die Freude darüber war unbeschreiblich.

Aber wie weiter? Ich befand mich doch kaum 500 Meter vom Ort der Exekution entfernt. Ich schaute mich um und hob den Kopf vorsichtig über die Tomatenstauden. Etwas weiter sah ich eine Gruppe von Leuten vorübergehen. Ich lief zu ihnen und erzählte, wenn auch etwas verworren, was sich nicht weit von hier abspielte. Sie schauten mich wie einen Geistesgestörten an und begannen, auf die Aufständischen zu schimpfen.«

Am gleichen Morgen werfen deutsche Flugzeuge tonnenweise Flugblätter ab mit der ultimativen Aufforderung an die Bevölkerung, die Stadt »mit weißen Tüchern in der Hand in Richtung Westen« zu verlassen. Gleichzeitig müßten alle aufrührerischen Aktivitäten eingestellt werden. Das Presseorgan der AK »Biuletyn Informacyjny« warnt dagegen die Bevölkerung in seiner Nachmittags-Sonderausgabe vor dieser deutschen Provokation.

*Polnische Soldaten fangen mitten auf der Straße einen per Fallschirm abgeworfenen Container*

Die Altstadt steht jetzt vollständig unter Kontrolle der Aufständischen, ebenso ein recht breites Vorfeld sowie jene Stadtteile, die an den historischen Stadtkern angrenzen. Hier formieren sich an diesem Tag die Abteilungen der moskautreuen Volksarmee (AL), die jetzt operativ dem Befehlshaber der AK unterstehen. Die AL-Leute übernehmen die Verteidigung einiger Barrikaden.

In der Stadtmitte beherrschen die Aufständischen inzwischen ein ausgedehntes Gebiet: von der Krolewska-Straße im Norden bis zum Zbawiciel-Platz im Süden und von der Towarowa-Straße sowie Zelazna-Straße im Westen bis zum Weichselufer. Es gelingt auch, mehrere deutsche Widerstandsnester auszuheben, darunter die Hauptpost am Napoleon-Platz, wo Waffen erbeutet und Gefangene gemacht werden, ebenso das große Gebäude des Arbeitsamtes, den ganzen Komplex des Elektrizitätswerkes mit Fabrikgebäuden und Büros, die Schule in der Sniadecki-Straße, den Busbahnhof, die Gebäude des Militärischen Geographischen Instituts und das Haus der Touristik in der Jerozolimskie-Allee gegenüber dem Postbahnhof sowie einen Teil des Geländes vom Polytechnikum.

In der Nacht vom 4./5. August 1944 erscheinen erstmals über Warschau alliierte Flugzeuge, die über Wola, der Altstadt und dem Stadtzentrum Container mit Waffen und Munition abwerfen.

Jadwiga Ostrowska: »Gegen Mitternacht war das Motorengeräusch von Flugzeugen zu hören, alle liefen auf die Straße und entzündeten Feuerstellen. Die Deutschen begannen daraufhin mit einer wahnwitzigen Kanonade, der dunkle Himmel wurde von Leuchtspurstrahlen erhellt.« Die Aufständischen reißen sich die Waffen aus den Händen und küssen vor lauter Glück und Freude die Container.

Am Morgen des 5. August 1944 erteilt General von Vormann, Oberbefehlshaber der 9. Armee, General Reinefarth den Befehl, über die Wolska- und Chlodna-Straße, am Saski-Garten entlang bis zum Brühl-Palast durchzubrechen, um die dort eingeschlossenen Generale Stahel und Rohr sowie den Gouverneur Dr. Fischer zu befreien. Die gleiche Aufgabe erhält auch das SS-Regiment »Dirlewanger«. Die Koordinierung der gesamten Aktion leitet Major Völkel, der Ia-Stabsoffizier der 9. Armee. Der deutsche Angriff mit den Polizeikräften unter General Reinefarth, dem Strafgefangenenbataillon »Dirlewanger«, dazu eine Panzerkompanie der Division »Hermann Göring« und dem Panzerzug Nr. 75, der auf dem Viadukt nahe der Wolska-Straße steht, wird durch Artillerie und schweres MG-Feuer sowie durch rollende Luftangriffe unterstützt.

Das Vorgehen der beiden Gruppen in Wola sowie der Brigade »Kaminski« in Ochota sind für die deutsche Überlegenheit in Warschau ausschlaggebend: Abgesehen von der Ausstattung, Bewaffnung oder Unterstützung aus dem Hinterland, sind die Kräfte auf beiden Seiten bis zum gegenwärtigen Zeitpunkt ausgeglichen. Doch am 5. August läßt sich bereits voraussagen, daß dem Aufstand kein bleibender Erfolg beschieden ist. Von jetzt an wirken sich die äußeren Geschehnisse nachteilig auf die Aktionen der polnischen Kräfte aus.

Der Vorstoß nach Wola und Ochota zeigt deutlich, daß die Deutschen bei Bedarf ausreichende Verstärkungen nach Warschau heranholen können. Die Verteidiger der Stadt fühlen sich alleingelassen, das einzige, was sie hochhält, ist die Hoffnung, daß ihnen die Alliierten doch noch zu Hilfe kommen.

Major Leszczynski: »Allerdings begannen wir, uns die

*Die Powozkowska-Straße im Friedhofsviertel wird von den Deutschen erobert (oben)*

*Auch ein schwerbewaffneter Panzerzug wird nach Warschau verlegt, um in die Kämpfe einzugreifen (links)*

*Dem Bataillon »Zoska« gelingt es, etwa 350 Juden aus den Ruinen des ehemaligen Ghettos zu befreien (rechts)*

Frage zu stellen, die uns alle bewegte, vom Schützen bis zum höheren Offizier, warum kommt keine Hilfe aus der Luft? Warum schweigt die sowjetische Artillerie am östlichen Weichselufer?«

Die Abteilungen von Oberst Radoslaw führen auf dem rechten Flügel verbissene Kämpfe um den Friedhofsbereich. Doch die Lage erfordert es, sich gleichzeitig in Richtung Stawki-Straße abzusetzen. An diesem Tag befreit das Bataillon »Zoska« rund 350 Juden, größtenteils aus den Balkanländern, die von den Deutschen in einem Arbeitslager in den Ruinen des ehemaligen Ghettos gefangengehalten wurden. Die Juden ziehen sich später zusammen mit den Aufständischen in die Altstadt zurück. Deutsche Infanterie greift jetzt die Abteilung »Radoslaw« von allen Seiten an und nähert sich auf Sturmentfernung. Zum ersten Mal müssen die polnischen Soldaten sich gegen eine derartige Übermacht zur Wehr setzen.

Panzer, Flugzeuge und Sturmgeschütze halten die Stellungen der Aufständischen ständig unter Beschuß. Der ganze Westabschnitt der Altstadtverteidigung befindet sich in Reichweite des deutschen Angriffs. Um ein Vordringen der Deutschen in Richtung Chlodna-Straße zu verhindern, was den Zusammenbruch der Front bedeutet hätte, unternehmen die Aufständischen einen Gegenangriff. Der rechte Flügel unter dem Befehl von Major Bolek stößt westlich des evangelischen Friedhofs vor.

Nach Zerschlagung der Vorhuten und der feindlichen Sicherungen müssen sich die Deutschen zurückziehen. Doch in der Gegend des Opolski-Platzes werden die Aufständischen von überlegenen deutschen Kräften aus schweren Maschinengewehren unter Feuer genommen, so daß eine Fortsetzung des Gegenangriffs nicht mehr möglich ist.

Bereits ab Mittag beginnt nach Eroberung des Stadtviertels Wola die Hinrichtung der Zivilbevölkerung und das systematische Niederbrennen der Häuser. Gegen 14 Uhr dringen SS-Leute in das Spital in der Plocka-Straße ein. Sie erschießen das Personal und die Kranken. Es kommen etwa 60 Ärzte und Helfer sowie 300 Verwundete und Kranke ums Leben. Ein anderer Ort des Grauens ist die Fabrik »Pranaszek« in der Wolska-Straße.

Gegen 20 Uhr spielt sich ein ähnliches Massaker im Krankenhaus »Heiliger Lazarus« in der Leszno-Straße ab: Weder das Personal noch die Kranken sowie die dort Schutz suchende Bevölkerung bleiben davon verschont. Hier haben die SS-Chargen rund 1000 Personen erschossen. Allein in Wola sind im Verlauf des 5. August 1944 etwa 20000 Bewohner ermordet worden.

Auf dem Platz am Sowinski-Park nimmt die SS sogar

*Der Bodenwart weist gerade eine Ju 87 (Stuka) ein. Eine andere Maschine wird mit Bomben beladen (links)*

*Der Einsatz von Flammenwerfern dient dem systematischen »Ausräuchern« von Widerstandsnestern (rechts)*

*Im Schutz der Vierlingsflak auf Selbstfahrlafette folgt die Infanterie (unten)*

Massenexekutionen vor. Die Menschen müssen sich gruppenweise aufstellen und werden mit Maschinengewehren zusammengeschossen. Nach Hinrichtung einer jeden Gruppe wird von Soldaten der Wehrmacht, von Ostformationen oder SS-Männern überprüft, wer noch am Leben ist, um ihnen einzeln den Todesstoß zu versetzen. Anschließend hat man die Leichen verbrannt.

Die Grausamkeiten dieses 5. August 1944 spornen die Polen an, mit noch größerer Verzweiflung und bis zur letzten Patrone zu kämpfen. Obwohl die Soldaten unter Oberst Radoslaw, ebenso die Abteilungen des Bezirks Wola viele erfolgreiche lokale Gegenangriffe geführt haben, ist es ihnen trotz der erbeuteten Waffen und Munition sowie Vernichtung zahlreicher feindlicher Panzerwagen nicht gelungen, die Deutschen daran zu hindern, am Abend des 5. August den Kercelego-Platz zu erreichen.

Gegen 19 Uhr trifft SS-Obergruppenführer Erich von dem Bach-Zelewski in Wola ein. Sein Stab wird in Sochaczew untergebracht. Noch vor Sonnenuntergang erscheint er im Befehlsstand von General Reinefarth am Eisenbahnviadukt in der Wolska-Straße. »Als ich ankam und mich mit dem Verlauf der Kämpfe bekanntmachte, stellte ich eine große Verwirrung fest. Jede Einheit schoß in eine andere Richtung, niemand wußte, wohin er schießen sollte, und die ganze Situation schien vom militärischen Standpunkt betrachtet schwierig zu lösen« – bekannte von dem Bach im Nürnberger Prozeß. Er fuhr fort: »Auf dem Friedhof sah ich mit eigenen Augen wie eine Gruppe Zivilisten herbeigeführt und auf der Stelle von Angehörigen der Kampfgruppe ›Reinefarth‹ erschossen wurde.« Nachdem sich General von dem Bach einen Überblick über die Lage verschafft hat, ist er ebenso wie General von Vormann der Ansicht, daß die Deutschen sich schnellstens zur Stadtmitte durchschlagen müssen, um zum sogenannten Regierungsviertel zu gelangen, das sich um den Brühl-Palast konzentriert. Er läßt einen neuen Vorstoß gegen die Friedhöfe vorbereiten, um die Polen dort zurückzudrängen.

In der Nacht vom 5./6. August 1944 kann die zwischen Mokotow und der Kommandantur des Rayons Stadtmitte unterbrochene Verbindung wiederhergestellt werden: Die Meldegängerin Ela schafft es, von der Stadtmitte aus durch einen Abwasserkanal nach Mokotow zu gelangen und macht damit den Anfang einer ständigen, sehr ungewöhnlichen Nachrichtenübermittlung zwischen diesen beiden Stadtteilen.

Die am weitesten nach Westen vorgeschobenen Widerstandslinien der Aufständischen, die Stadtteile Wola und Ochota, können trotz der äußerst kritischen Lage auch am 6. August 1944 noch gehalten werden. Genauso wie am Vortag setzen die Formationen von Reinefarth und Dirlewanger das Gemetzel unter der Bevölkerung und in den Krankenhäusern fort. Vorab suchen sie sich gesunde und kräftige Männer aus, die unter dem Feuer ihrer Landsleute die Barrikaden auseinandernehmen müssen. Andere Polen werden gezwungen, die Leichen der Erschossenen zu verbrennen. An beiden Tagen, dem 5. und 6. August 1944, wächst die Zahl der im Stadtteil Wola ermordeten Einwohner auf 40000. Die Salven der Erschießungskommandos gehen im Widerhall der Kämpfe unter.

In Wola flammen erneut Brände auf. Den von Wola aus in Richtung Chlodna-Straße rollenden deutschen Panzern folgt die angreifende Infanterie. So müssen sich die nur schwach besetzten polnischen Wachposten in die Nebenstraßen zurückziehen. Die von den Aufständischen in den Ruinen errichteten Barrikaden werden von Panzern zerschossen. Dem Feind fällt zuerst der kalvinistische und anschließend der evangelische Friedhof in die Hände. Den Männern der Kompanie »Zoska« gelingt es jedoch, unterstützt durch zwei erbeutete Panzer vom Typ »Panther«, gegen Abend beide Friedhöfe wieder zu besetzen. Die überraschten Deutschen lassen zahlreiche Waffen, darunter auch ein schweres MG, zurück. Das Hauptquartier der AK befindet sich jetzt in der ersten Frontlinie, und General Bor-Komorowski faßt den Entschluß, mit seinem Stab in die Altstadt überzuwechseln.

*Durch Trümmer und brennende Häuser kämpft sich die Infanterie an den Feind heran*

*Infanteristen durchkämmen einen in Schutt und Asche gelegten Straßenzug (rechts oben)*

*Die AK-Männer von Oberst Radoslaw untersuchen einen erbeuteten deutschen Panzerwagen »Panther« (rechts unten)*

*Eine Abteilung von Aufständischen hat der Kameramann S. Baginski vor der Garnisonskirche fotografiert (oben)*

*Nach dem Gottesdienst in der Garnisonskirche: Parade vor dem Führerstab der Altstadt (rechts)*

Am Nachmittag besichtigt General von dem Bach das riesige Sammellager auf dem Gemüsegroßmarkt Zieleniak, wo man die Einwohner des Stadtviertels Ochota und der benachbarten Straßen zusammengetrieben hat. Täglich wird unnachsichtig die »Befriedung« einzelner Stadtteile vorgenommen, verbunden mit Mord, Plünderung und Gewalttätigkeiten. Die mehrtägigen blutigen Kämpfe in Stawki, wo einzelne Bauten mehrmals den Besitzer wechseln, halten die deutschen Kräfte im Vorfeld der Altstadt zurück. Dies ermöglicht den Polen, die restlichen Abteilungen von Wola zu reorganisieren und die Verteidigung der Altstadt vorzubereiten.

Inzwischen schlägt sich ein Teil des Regiments »Dirlewanger« in schweren Kämpfen durch die Chlodna- und Elektoralna-Straße in Richtung Zalazna-Brama-Platz und erreicht in den Nachmittagsstunden den Brühl-Platz. Hier hat nach wie vor der Wehrmachtkommandant von Warschau, General Stahel, seinen Sitz.

Seitdem die Deutschen sich einen Zugang zum Regierungsviertel nahe dem Brühl-Palast erkämpft haben, sind die Verbindungen der Aufständischen zwischen Altstadt und Stadtmitte unterbrochen. Zwischen diesen beiden, kaum 500 Meter voneinander entfernten Stadtteilen liegen der Theaterplatz, Pilsudski-Platz und Saski-Garten. An der Krolewska-Straße wird die Front von den AK-Abteilungen der Stadtmitte gehalten.

In der Altstadt ist von der drohenden Gefahr kaum etwas zu spüren. Trotz der durch Rauch verdunkelten Sonne geht das Leben weiter. Aus dem vorhandenen großen Weinbestand läßt man teilweise Limonade herstellen. Und die riesigen deutschen Lebensmitteldepots in der Stawki-Straße und in der Notenbank (WPW) sorgen für eine ausreichende Verpflegung.

An diesem Sonntag ist es in der Altstadt noch relativ ruhig, so daß viele die Garnisonskirche in der Dluga-Straße besuchen. Dort werden die Freiwilligen – jeweils fünf in einer Gruppe – vereidigt. Anschließend führt Hauptmann Ognisty die Soldaten zum Aufmarschplatz, wo der Bataillonsstab die Defilade unter den Ovationen der Zivilbevölkerung entgegennimmt. Die AK-Männer marschieren durch die Dluga-Straße, deren Häuser mit den Nationalfahnen beflaggt sind.

Am selben Tag wird in Pruszkow, etwa 30 Kilometer westlich von Warschau, auf dem Gelände der geräum-

ten Eisenbahn-Reparaturwerkstatt, das berüchtigte »Durchgangslager 121« (Dulag 121) errichtet. Hier befinden sich die zwangsweise aus Warschau evakuierten Einwohner. Den meisten Einfluß, wenn nicht sogar den entscheidenden, auf das weitere Schicksal der Lagerinsassen haben die Behörden der SS, obwohl das Lager der »Obhut« sowohl der Wehrmacht als auch des Arbeitsamtes untersteht. Durch dieses Lager in Pruszkow haben die Deutschen über 650 000 Menschen aus Warschau und Umgebung geschleust, davon 150 000 zur Zwangsarbeit oder in KZ-Lager nach Deutschland.

Erst durch Berichte von Geflohenen aus dem »Dulag 121« erfährt man in Warschau von den schweren Lebensbedingungen der Evakuierten und der ständigen Gefahr einer Selektion. Im Lager soll die SS bestimmte Männer aussuchen und sie Transporten zuteilen, die zur Vernichtung in den Konzentrationslagern bestimmt sind.

*Im Durchgangslager von Pruszkow werden die evakuierten Bewohner von Warschau notdürftig versorgt (rechts)*

# 2. Woche
## 7.–13. August 1944

7. August 1944, Warschau
Aus dem *Hauptquartier der polnischen Heimatarmee* (AK):
*Die Dauer der Kämpfe sowie der völlige Mangel an Unterstützung von außen bewirkten, daß unsere Situation immer schwieriger wird. Der Feind ist weiterhin entlang den Straßen Wolska Leszno in Richtung Kierbedzia-Brücke aktiv und erzielt Fortschritte. Auf diese Weise wird die Stadt in einzelne Kampfgebiete aufgeteilt. Daher haben wir die Befehlsgewalt reorganisiert, was uns ermöglicht, den Kampf weiter fortzuführen. Die Deutschen versuchen, Warschau zu Lande und aus der Luft her zu zerstören. Täglich gibt es mindestens drei Luftangriffe ohne eine Gegenaktion der Bolschewiken. An der sowjetischen Front – Totenstille.*

*Lawina*
*[Bor-Komorowski]*

Polnische Kampfparolen
7. August 1944, Warschau
Aus der Zeitschrift *Armia Ludowa* (AL) Nr. 11:
*»Alle Kräfte für den Kampf!« Diese Parole bedeutet, daß jeder mit dem Karabiner an der Barrikade stehen oder sich mit der Flasche an die Panzer heranschleichen soll. Heute wird der Krieg nicht nur in den Stellungen geführt, sondern er verlangt eine flexible Anpassung an die Erfordernisse im wirtschaftlichen, gesellschaftlichen und kulturellen Lebensbereich...*
*Der kämpfende Soldat muß ausreichende Verpflegung erhalten, Hilfeleistung nach einer Verwundung, saubere Wäsche, heile Stiefel und eine Uniform. Heute schon können Granaten, Brennstoffflaschen, Sprengstoffmaterial produziert werden. Die erbeuteten Waffen bedürfen häufig nur einer Instandsetzung. Dies sind zum Beispiel hervorzuhebende handwerkliche Betriebe, von deren Leistungsfähigkeit der Sieg abhängt...*

Bericht zur Lage
Geheim-Fernschreiben – KR vom 9.8.44, 14.00 Uhr
An Führung Heeresgruppe »Mitte«
*Der Widerstand in Warschau verstärkt sich. Der anfänglich improvisierte Aufstand ist jetzt straff militärisch geleitet. Die zur Verfügung stehenden Kräfte können den Aufstand nicht in einer vorausbestimmbaren Zeit niederwerfen. Die Gefahr, daß deshalb die Bewegung anwächst und das ganze Land erfaßt, nimmt infolgedessen zu.*
*Bei den im Gang befindlichen Kämpfen handelt es sich um Straßenkämpfe in einer Großstadt im härtesten Sinne des Wortes. Die eigenen Verluste sind hoch. Die augenblickliche Lage ist auf längere Sicht für die ostwärts der Weichsel kämpfenden Einheiten untragbar. Die auf dem umständlichen Wege über Modlin geleistete Versorgung kann ebenfalls jederzeit durch die Aufständischen unterbrochen werden, weil es an Kräften mangelt, sie zu schützen. Es muß auf die Gefahr hingewiesen werden, der die Besatzung des Brückenkopfes im Falle eines Mißerfolges ausgesetzt ist.*
*Der SS-Obergruppenführer v. d. Bach hat dies dem Reichsführer SS selbst gemeldet. Um die Lage zu klären, ist eine vollwertige, reichlich mit schweren Waffen ausgestattete Division erforderlich.*

*gez.: von Vormann*
*Führer 9. Armee Ia Nr. 3861/44 geh.*

Versorgung der Bevölkerung
9. August 1944, Warschau
Aus dem *Biuletyn Informacyjny* (Nr. 46):
*Zu den vordringlichen Aufgaben zählt:*
*1) Das Organisieren und Verteilen von Lebensmitteln; in erster Linie die Beschaffung und Ausgabe von Brotrationen, die wenigstens für einen Tag ausreichen.*
*2) Die Einrichtung von Küchen für jene Menschen, die ihr Hab und Gut verloren haben.*
*3) Die Betreuung der Leute, die kein Dach über dem Kopf haben...*

»Partisanenkämpfe« in Warschau
Donnerstag, 10. August 1944
*Berliner Kommentar* zum Tagesbericht des OKW:
*Vom Oberkommando der Wehrmacht werden zum erstenmal Partisanenkämpfe in Warschau erwähnt. Es wird zugegeben, daß polnische Aufständische zwar anfänglich Erfolg gehabt hätten, daß aber ihre Widerstandsbewegung in der alten polnischen Hauptstadt inzwischen niedergeschlagen wurde. Die Stadt wäre wieder fest in deutscher Hand.*
*Als auffallend wird hervorgehoben, daß sich die Sowjets an diesen polnischen Partisanenkämpfen desinteressiert gezeigt hätten. In Übereinstimmung mit dieser Feststellung wird heute offiziös in Berlin gemeldet, daß gestern folgender Funkspruch des polnischen Senders in Bari aufgefangen wurde: »Wir sind von den Russen entwaffnet. Das ist das Ende der polnischen Armee. Es lebe Polen!«*
*In der Berliner Abendpresse wird zwischen diesem Vorgang und den Meldungen über den wahrscheinlichen Abbruch der Besprechungen des Ministerpräsidenten der polnischen Exilregierung mit der russischen Regierung in Moskau ein Zusammenhang hergestellt.*
*Man zieht daraus Schlüsse auf die Absichten des Kreml in der weiteren Behandlung der polnischen Frage, deren Lösung unserer Ansicht nach nur auf die Einverleibung des polnischen Gebietes in die Union der Sowjetrepubliken hinauslaufen würde.*

Freitag, 11. August 1944
Aus dem *Hauptquartier der polnischen Heimatarmee* (AK):
*Nach dem gestrigen Störfeuer der Artillerie sind heute von 3.30 bis 14 Uhr konzentrische Angriffe auf Stare Miasto (Altstadt) und Stawki zu melden. Die Angriffe werden durch Artilleriefeuer der Eisenbahnpanzerzüge, Mörser, Granatwerfer und Panzerabwehrkanonen unterstützt,*

eine riesige und verheerende Übermacht der feindlichen Feuerkraft. Durch unseren Gegenangriff konnte der Feind zurückgeschlagen und der verlorengegangene Bezirk Stawki wieder eingenommen werden. Verluste an Toten und Verwundeten. Eine Panzerabwehrkanone und Munition wurde erobert. In Zoliborz gab es weitere Fortschritte. Feindliche Flugzeuge beschossen die Stadt mit Bordwaffen.

*Lawina*
*[Bor-Komorowski]*

W. Churchill an J. W. Stalin
12. August 1944
*Ich habe von den Warschauer Polen, deren Stadt jetzt nach zehntägigem Kampf gegen beträchtliche deutsche Streitkräfte in drei Teile aufgespalten ist, folgende niederschmetternde Botschaft erhalten:*
*»... Zehnter Tag. Wir stehen in blutigem Kampf. Drei Straßenzüge durchschneiden die Stadt... Diese Straßenzüge sind von deutschen Panzern stark besetzt, und sie zu überqueren ist äußerst schwierig (alle an ihnen liegenden Häuser sind ausgebrannt). Artillerie aus Praga und zwei Panzerzüge auf der Strecke vom Bahnhof Gdansk zum Westbahnhof beschießen beständig die Stadt und werden außerdem von Fliegern unterstützt.*
*Das sind die Umstände, unter denen wir kämpfen. Ein einziges Mal haben wir von Ihnen einen kleinen Materialabwurf erhalten. An der deutsch-russischen Front herrscht seit dem 3. August Stille. Wir sind daher ohne jede materielle und moralische Unterstützung... Soldaten und Bevölkerung der Hauptstadt blicken verzweifelt zum Himmel und warten auf alliierte Hilfe. Aber nur deutsche Maschinen zeichnen sich gegen den rauchgeschwängerten Himmel ab. Unsere Leute sind erstaunt, niedergeschlagen und beginnen zu murren.*
*Wir sind so gut wie ohne Nachricht von Ihnen, haben keine Informationen über die politische Lage, keinen Rat und keine Weisung. Haben Sie in Moskau über die Hilfe für Warschau gesprochen? Ich wiederhole mit allem Nachdruck, daß unser Kampf in wenigen Tagen zusammenbrechen muß, wenn wir nicht sofortigen Beistand erhalten, das heißt wenn man nicht Waffen und Munition für uns abwirft, von den Deutschen gehaltene Objekte bombardiert und Landungen aus der Luft vornimmt.*
*Mit dieser Hilfe werden wir den Kampf fortsetzen. Ich rechne mit Ihren stärksten Bemühungen in dieser Hinsicht.«*
*Die Polen ersuchen dringend um Maschinengewehre und Munition. Können Sie nicht einigen Beistand leisten, da die Entfernung von Italien so sehr groß ist?*

13. August 1944, Warschau
Aus dem *Hauptquartier der polnischen Heimatarmee (AK)*:
*Der Feind stößt weiterhin gegen den Bezirk Stare Miasto (Altstadt) vor, unterstützt durch gewaltiges Artilleriefeuer. Stawki, jetzt in feindlicher Hand, steht in Flammen. Durch die gestrigen Versorgungsabwürfe haben wir die Situation wieder in den Griff bekommen. In Srodmiescie (Stadtzentrum) wird den ganzen Tag über gekämpft. An den übrigen Abschnitten nur lokale Aktionen. Der Feind führt Salvengeschütze und »Goliath« heran. Nach starkem vorbereitendem Feuer beginnt der Sturmangriff. Erhebliche Verluste in den Abteilungen, besonders bei den Einheiten in Stare Miasto zahlreiche Verwundete. Der Feind verliert viele Panzerfahrzeuge und artilleristisches Gerät. Vom Ufer in Praga aus wird von einem Kanonenboot das Weichselufer beschossen. Richtung Stare Miasto und Powisle.*

*Lawina*
*[Bor-Komorowski]*

Moskauer Dementis
13. August 1944, Moskau
Die *Agentur TASS* gibt bekannt:
*Zur Lage in Warschau stellen wir die in den letzten Tagen in der ausländischen Presse verbreiteten Meldungen über ein Zusammenwirken einer polnischen Untergrund-Armee in Warschau mit dem Oberkommando der Roten Armee, das angeblich die aufständischen Polen im Stich gelassen habe, kategorisch in Abrede.*
*Alle diese Meldungen müssen entweder auf einem Mißverständnis über die Kampflage an der deutsch-sowjetischen Front beruhen oder bezwecken, das Verhalten des Kommandos der Weißrussischen Front in den Kämpfen in Polen anzuschwärzen. Auf Befehl »polnischer Emigranten« in London sind in Warschau tatsächlich Kämpfe entbrannt, die von einer »unverantwortlichen Bande« geführt werden. Die Verantwortung für diese Kämpfe tragen die »polnischen Emigranten« in London.*
*In einer weiteren Meldung hieß es, daß die von General Sosnkowski an einen angeblichen General Bor erteilten Befehle, den Aufstand in Warschau zu beginnen, ein politisches Spiel der »polnischen Emigranten« in London darstellt. General Sosnkowski, der ein Faschist ist, hat nach seiner Rückkehr aus Rom diese Befehle erteilt, ohne vorher das sowjetische, englische oder amerikanische Kommando davon zu benachrichtigen.*

Chaos in Warschau
13. August 1944, London
*United Press* berichtet:
*Die polnische Exilregierung hat eine Meldung des Oberbefehlshabers der in Warschau kämpfenden polnischen Untergrundarmee erhalten, wonach es den Deutschen mit Unterstützung schwerer Artillerie gelungen ist, einen Teil der Warschauer Altstadt zu besetzen. Polnische Truppen sind daraufhin zum Gegenangriff übergegangen und haben den Stadtteil zurückerobert. Auch in der Vorstadt Zoliborz konnten die Polen Erfolge erzielen. Die von den Polen besetzten Stadtteile sind jetzt heftigen deutschen Luftangriffen ausgesetzt.*

Am Montag, dem 7. August 1944, muß sich die Kompanie »Zoska« aus dem hartnäckig verteidigten, in Brand geschossenen Häuserblock nahe dem evangelischen Friedhof zurückziehen. Auf dem Weg durch das Trümmerfeld des ehemaligen Ghettos sehen die Aufständischen hinter sich das nun auf die Fabrik Pfeiffer übergehende Flammenmeer. Leutnant Morro überprüft den Bestand seiner Soldaten. »Sind das alle?« – fragt er besorgt, als er die Reste des 3. Zuges sieht. Endlich erblicken sie die ersten Häuser der Altstadt. Die Sonne spiegelt sich in den noch nicht zerbrochenen Scheiben, und die Straßen sind mit weiß-roten Fahnen dekoriert.

Trotz der Erschöpfung durch die schweren, andauernden Kämpfe marschieren die Soldaten der Abteilung »Radoslaw« in Viererreihen und im Gleichschritt in die Altstadt ein, und irgendeiner der Männer beginnt ein Lied, in das die ganze Kolonne einstimmt. Seit dem Verlust von Wola und der Unterbrechung der Verbindungen zwischen Altstadt und Stadtmitte beherrschen die Deutschen die Linie Wola – Saski-Garten – Krakauer Vorstadt – Kierbedzia-Brücke.

Die Aufständischen konzentrieren ihre Aktivitäten jetzt auf drei große Zentren, die nur lose miteinander verbunden sind: die Stadtmitte einschließlich der Randbezirke Powisle und Czerniakow sowie Mokotow und die Altstadt. Nach dem 8. August lautet die militärische Bezeichnung: Gruppe Nord (Polnoc). Dazu gehören auch die Abteilungen in Zoliborz und der Kampinos-Heide. Befehlshaber der Gruppe Nord, die unmittelbar dem Hauptkommando der AK untersteht, ist Oberst Ziemski Wachnowski.

In diesen Tagen wird das Hauptquartier der AK von Wola in die Altstadt verlegt, da es dort verhältnismäßig ruhig ist. Es gibt zwar ab und zu lokale Schießereien, aber die deutschen Hauptkräfte sind noch in Wola beschäftigt. Oberst Wachnowski will die künftigen Aktionen mit den Gruppen der Aufständischen aus Zoliborz und der Kampinos-Heide koordinieren. Er beabsichtigt, eine aktive Verteidigung des Altstadtviertels zu organisieren, die den Feind daran hindern soll, das Gelände des ehemaligen Ghettos und des Krasinski-Gartens zu besetzen, denn sonst besteht die Gefahr, an das Ufer der Weichsel gedrängt zu werden.

In der Altstadt wird die gesamte Zivilbevölkerung aufgerufen, sich unverzüglich an allen erforderlichen Arbeiten zu beteiligen. Vorgesehen sind unter anderem:

*Vor dem HQ der AK in Wola: Gen. Bor-Komorowski (2. v. l.) im Gespräch mit Oberst Radoslaw (l.) und Oberst Rzepecki (links)*

*Da es zunehmend an Wasser mangelt, müssen dringend neue Zapfstellen angelegt werden (rechts oben innen)*

*Vor der »Heilig-Kreuz«-Kirche liegt die heruntergestürzte Christus-Skulptur (rechts oben außen)*

*Sanitäterinnen aus dem Bezirk Stadtmitte bringen einen Schwerverletzten in das nächstgelegene Hospital (rechts unten)*

Wiederinbetriebnahme von Lebensmittelgeschäften, Bäckereien, Apotheken und dergleichen, die Errichtung und Ausbesserung von Barrikaden, Übernahme von Küchen zur Verpflegung der Soldaten und Obdachlosen, Betreuung von Verwundeten und Ausgebombten, Trümmerbeseitigung für benötigte Durchgänge, Notdienst bei Brandgefahr, Beerdigung von Gefallenen sowie der Vertrieb polnischer Zeitungen und Zeitschriften.

Jetzt gelingt es den aufständischen Abteilungen, in der Stadtmitte immer mehr Straßenzüge in ihre Hand zu bekommen. Zu den wichtigsten deutschen Widerstandspunkten gehören: die Polizeikommandantur in der Straße Krakowskie Przedmiescie, die »Heilig-Kreuz«-Kirche mit der gegenüberliegenden Universität, der gewaltige Bau der Landeswirtschaftsbank in der Jerozolimskie-Allee, das bunkerartige Gebäude der Telefonverwaltung »PASTA« in der Dzielna-Straße, die Telefonzentrale in der Piekna-Straße, das Telegraphenamt in der Poznanska-Straße und der Gebäudekomplex der Gestapo in der Szuch-Allee.

Obwohl es den Aufständischen wegen der fehlenden schweren Waffen und der weitaus stärkeren Feuerkraft des Gegners kaum möglich ist, diese Objekte zu erobern, versuchen sie alles, um in das noch von Deutschen besetzte Gebiet in der Stadtmitte einzudringen. In der Jerozolimskie-Allee finden seit einigen Tagen erbitterte Kämpfe statt. Die Deutschen unternehmen alle Anstrengungen, um diese Verkehrsader zu beherrschen, denn damit wäre der einzige Verbindungsweg zwischen dem nördlichen und dem südlichen Teil der Stadtmitte unterbrochen.

Die aufständischen Abteilungen halten hier alle Positionen und lassen in der Nacht vom 7./8. August 1944 von Pionieren eine widerstandsfähige Barrikade über die Jerozolimskie-Allee errichten. Sie bildet bis zum Ende des Aufstandes einen Schutzwall für ungezählte Menschen, die diese Trasse passieren müssen. Aus Wola treffen inzwischen Tausende von Flüchtlingen in der Stadtmitte ein, denen es gelungen ist, den SS-Abteilungen und den Ostformationen zu entwischen.

Am Dienstag, dem 8. August 1944, kommt es im nordwestlichen Teil des Stadtzentrums zu drei Tage dauernden schweren Kämpfen. Die starken Angriffe der Deutschen in der Ciepla- und Grzybowska-Straße können jedoch zurückgeschlagen werden. Unterdessen verläuft im Vorort Powisle der Alltag einigermaßen normal.

*Überall liegen Tote: Aufständische in der Jerozolimskie-Allee (links oben)*

*Ein schweres deutsches Ferngeschütz (links Mitte)*

*An der Kreuzung Grzybowska-/Ecke Walicy-Straße: Deutsche Infanterie beim Sturmangriff (links unten)*

*Der ferngelenkte Kleinpanzer »Goliath« besitzt eine derartige Sprengkraft, daß ganze Häuser einstürzen (rechts)*

Seinen Bewohnern bleibt bis jetzt die gefährliche Situation wie in Wola oder auch in Ochota erspart. Die AK-Abteilungen erringen hier eine Reihe lokaler Erfolge.
Um die Stromversorgung für die Stadt aufrechtzuerhalten, muß ein Teil der Belegschaft des E-Werkes unter Hauptmann Cubryna die ausgefallenen Hebekräne der Kessel durch Muskelkraft ersetzen. Und die anderen Männer verteidigen unterdessen das umliegende Gebiet entlang der Weichsel-Promenade. Die deutsche leichte Artillerie nimmt das E-Werk wiederholt unter Beschuß. Seit diesem Tag liegt das Gebiet der Altstadt unter starkem Artilleriefeuer. Deutsche Flugzeuge, die die Altstadt bombardieren, werfen gleichzeitig Brandbomben auf den Nordteil der Stadtmitte. Inzwischen dringen die Deutschen in Randbezirke vor, die an die Altstadt grenzen, stecken dort Häuser in Brand und treiben die Bevölkerung in Richtung Opernplatz.
Die Männer werden erschossen, die Frauen für den Barrikadenbau oder als Vorhut der angreifenden Truppen eingesetzt. Die Häuser in der Straße Krakowskie Przedmiescie, angefangen vom Schloß bis zur Karowa-Straße, gehen in Flammen auf.
In dem von Aufständischen besetzten Zoliborz werden die meisten Wohnblocks als Stellungen befestigt. Die Bevölkerung hilft unermüdlich beim Bau von Barrikaden und dem Ausheben von Panzersperrgräben. Die Deutschen halten dagegen den Danziger Bahnhof besetzt, ebenso das Hochhaus des Chemischen Instituts sowie die Zitadelle. Seit Bildung der Kampfgruppe Nord unterstehen alle aufständischen Abteilungen in Zoliborz und in der Kampinos-Heide Oberst Wachnowski. Beide haben Kontakt untereinander. Die Verbindung zur Altstadt dagegen kann nur durch die Kanalisation aufrechterhalten werden.
Durch den hartnäckigen Widerstand der beiden verhältnismäßig schwachen AK-Abteilungen in Ochota sind weiterhin die Kräfte der SS-Brigade »Kaminski« gebunden. Dies verzögert deren anderweitige Verwendung und erschwert den Deutschen die ungehinderte Benutzung der Grojecka-Allee.
Während für die deutschen Truppen an der Front, die in aussichtslosem Kampf gegen die überwältigende Rote Armee stehen, der Nachschubmangel immer spürbarer wird, setzt die deutsche Führung die besten und neuesten Waffen, über die sie verfügt, gegen die Aufständischen von Warschau ein, so zum Beispiel den »Goliath«, einen 67 cm hohen, ferngelenkten Kleinpanzer mit 90 kg Sprengladung, der zur Vernichtung von Barrikaden, Häusern und Aufständischen-Stützpunkten dient.
Auch die neueste Ausführung des Panzers IV, der 45 Tonnen schwere »Panther«, ist hier im Einsatz, ebenso der beste deutsche Panzer »Tiger«, der Jagdpanzer »Elefant«, der neue Sturmpanzer, mehrere Typen

*Das Riesengeschütz, der 61-cm-Mörser »Karl«, soll Warschau in Schutt und Asche legen*

*Die von den Aufständischen selbstgefertigten Brandflaschen werden zur Panzerbekämpfung eingesetzt*

*Der Inhalt eines solchen Blindgängers vom Mörser »Karl« dient zur Herstellung von Handgranaten*

Schützenpanzer, ein Panzerzug, ein Eisenbahngeschütz, Kanonenboote auf der Weichsel, das berühmte 8,8-cm-Flak-Geschütz und schwere, raketengetriebene Werfergeschosse, mit Sprengstoff oder Flammöl gefüllt. Sie werden direkt aus ihrer Verpackung abgeschossen. Durch die hohe Druckwirkung bringt schon eine Salve dieser Geschosse ein großes Gebäude zum Einsturz.

Der Mörser »Karl«, Kaliber 61,5 cm, der mit seinen 2200 kg schweren Geschossen die Wohnhäuser von Warschau dem Erdboden gleichmacht, wurde erstmalig bei der Vernichtung der Festung Sewastopol, der Welt stärkster Befestigung, eingesetzt. Die Stukas, die sich über der Ostfront jetzt nur noch selten zeigen, führen Tag für Tag rollende Angriffe auf die wehrlose polnische Hauptstadt. Hier herrscht weder Mangel an Treibstoff noch an Bomben.

Dagegen müssen die Polen, um in den Besitz von Waffen zu gelangen, sie entweder von den Deutschen erbeuten, auf Abwürfe der Alliierten warten oder sie selber herstellen, denn das größte Handicap ist weiterhin ihre völlig unzureichende Bewaffnung. Nur jeder fünfte Mann hat jetzt einen Karabiner oder eine Maschinenpistole. In den Werkstätten der Büchsenmacher werden die erbeuteten Waffen hergerichtet oder nach Heimwerkermanier die in Gebrauch und Konstruktion einfachen Maschinenpistolen »Blyskawica« (Blitz) fabriziert.

Das wirksamste und am meisten verwendete Kampfmittel ist die mit großem Erfolg gegen deutsche Panzerfahrzeuge angewendete Brandflasche. Die zur Herstellung dieser Waffe benötigten Mittel sind einfach und in fast jeder Apotheke zu finden. Eine Flasche wird mit Benzin oder Dieselöl gefüllt, dazu ein paar Löffel Schwefelsäure, dann eine kleine Menge Kaliumchlorat an der Flaschenwand mit Papierstreifen befestigt. In dem Augenblick, wo die Flasche zerbricht, verbindet sich das Gemisch mit dem Kaliumchlorat und zündet dabei von selbst. Aus Autofedern werden Schleudern für diese Brandflaschen gefertigt und Gartenspritzen zu Flammenwerfern umgebaut.

Eine weitere Waffe der Aufständischen sind die selbstgemachten Handgranaten, für deren Herstellung die Blindgänger der schweren Geschosse des Mörsers »Karl« tonnenweise das Pulver liefern. Nach den Putzmitteldosen, die mit dem Pulver gefüllt und mit Zündern versehen als Granaten dienen, wird diese Waffe »Sidolki« genannt. Das sind keine leicht zu bedienenden Handgranaten, sie erfordern Mut und richtigen Umgang. Nicht wenige Aufständische werden Opfer dieser primitiven Waffe, die ihnen andererseits aber, wenigstens vom Aussehen her, ein Gefühl der Sicherheit gibt.

In der Nacht vom 8./9. August 1944 werden zum ersten Mal seit Ausbruch des Aufstandes über Mokotow Versorgungscontainer abgeworfen.

*So manche Gartenspritze wird zum Flammenwerfer umfunktioniert*

Am Mittwoch, dem 9. August 1944, wird eine Organisation zur Verteidigung der Altstadt ins Leben gerufen, nachdem der Feind damit begonnen hat, diesen Stadtteil vom östlichen Weichselufer aus mit Geschützen unter Feuer zu nehmen und auch immer öfter Bombenflugzeuge einzusetzen. Am selben Tag kann der deutsche Angriff aus der Richtung Kierbedzia-Brücke bereits auf dem Schloßplatz und in der Miodowa-Straße aufgehalten werden. Die Kampfgruppe unter Major Rog hat sich hinter den Mauern des Schlosses verschanzt und behindert durch ihr Feuer den Verkehr deutscher Fahrzeuge durch die Straße Nowy Zjazd und über die Kierbedzia-Brücke sowie entlang der Weichsel.

Obwohl die Durchgangsstraße im Gefahrenbereich liegt, verläßt der Gouverneur Dr. Fischer das ehemalige Regierungsviertel am Schloß Brühl und begibt sich unter dem Schutz von Panzern nach Wola. Unterwegs wird er jedoch von polnischen Scharfschützen verwundet und sein Stellvertreter Dr. Hümmel tödlich getroffen.

In Ochota können die Aufständischen nicht rechtzeitig den einen der erbeuteten Panzerwagen in Sicherheit bringen, so wird er von den Deutschen mit Hilfe eines ferngelenkten »Goliath« vernichtet. Der Abteilung gelingt es allerdings, sich in einer Blitzaktion von den Kaminski-Truppen, die an den Abenden meist Zechgelage veranstalteten, einige Waffen und Munition zu besorgen. Trotz aller Bemühungen der Aufständischen geht in Ochota die Munition zu Ende, und die Hoffnung auf eine Hilfe von alliierter Seite erweist sich als trügerisch.

In dieser Situation beschließt Leutnant Gustaw, sich mit seiner Abteilung von Ochota zur Stadtmitte durchzuschlagen. Am nächsten würde der von Leutnant Zdunin und seiner Abteilung verteidigte Postbahnhof liegen, doch in Ochota weiß man nichts davon, da es keine Verbindung gibt. Als der Durchbruchsversuch zur Stadtmitte in der regennassen Nacht vom 9./10. August 1944 fehlschlägt, verläßt die Gruppe »Gustaw« Warschau in Richtung Süden, schlägt sich bis Piastow durch und gelangt von dort in die Chojnow-Wälder. Hier schließt sich ihr die Kampfgruppe von Oberst Grzymala an.

Der Verlust von Ochota und Wola verändert die Situation der Aufständischen in Warschau. Der vorgeschobenste Posten im Westen ist jetzt der Postbahnhof in der Stadtmitte. Vom Festhalten dieser Stellung hängt das Los des ganzen Stadtviertels ab.

Der deutsche Generalstab betrachtet die Lage in Warschau als sehr ernst. Seiner Meinung nach hat man den Aufstand anfangs improvisiert, ihn aber sehr bald nach strengen militärischen Regeln geleitet. Ein Telefongespräch zwischen dem Stabschef der Heeresgruppe Mitte, General Krebs, und dem Kommandeur der 9. Armee, General von Vormann, das beide an diesem Tag um 11.30 Uhr geführt haben, beweist dies am besten.

General von Vormann: »Ich werde mit Warschau nicht fertig. Kräfte reichen nicht. Sind nun mal 1,5 Millionen... Von dem Bach kann es nicht. Er meldet es auch,

daß Aufgabe unlösbar ... 3–4000 Mann gegen 1,5 Millionen. Von 10000 Mann ist nicht die Rede ...«
General Krebs: »Der Reichsführer SS hat das übernommen und wird Obergruppenführer von dem Bach auch die Mittel geben.« Die Deutschen übertreiben die Stärke der Aufständischen. Auch General Stahel fordert zusätzlich eine Division in voller Kampfstärke mit einer großen Anzahl schwerer Waffen.
Die Verbindung zwischen den einzelnen polnischen Abteilungen läßt anfangs zu wünschen übrig, denn die telefonischen Schaltzentralen können während der ersten Aktionen noch nicht eingenommen werden. Das Gebäude der Telefonverwaltung »PASTA« in der Zielna-Straße befindet sich noch immer in deutscher Hand, daher läßt man während der Kämpfe 70 Prozent aller Nachrichten durch Meldeläufer übermitteln, meist Jungen und Mädchen im Alter von 11 bis 14 Jahren, alles Freiwillige, von denen viele ums Leben kommen.
Bisher spielten diese Kinder noch auf den Höfen und bekamen von den Eltern Schelte, wenn sie zu viel Lärm machten. Plötzlich sind sie Soldaten, halten in den Stellungen mit bewundernswerter Aufopferung aus und nehmen Schwierigkeiten auf sich, die oft über ihre Kräfte hinausgehen. Sie organisieren die Postverteilung der Aufständischen, tragen das Pressematerial aus, übernehmen die Funktion von Ordonnanzen, reinigen Waffen, jagen mit Meldungen und Befehlen durch die Gegend, und setzen sich, wenn es erforderlich ist, sogar mutig bei den Angriffen ein.
Nach fünfjähriger Unterbrechung nimmt Radio Polskie am 9. August 1944 seine Tätigkeit in Warschau wieder auf. Die Rundfunkstation arbeitet am Dabrowski-Platz und übermittelt 12mal täglich zwischen 8 und 24 Uhr auf Kurzwelle 43,4 m-Band Nachrichten von der kämpfenden Stadt. Wegen der fehlenden Rundfunkgeräte, die von den Deutschen bereits im Oktober 1939 konfisziert wurden, hat man im Stadtzentrum eine Anzahl Lautsprecher in offenen Fenstern installiert.
Am Donnerstag, dem 10. August 1944, ist in der Altstadt bereits die Hölle los. Den ganzen Tag hindurch hört man die Geschoßgarben der feindlichen schweren Maschinengewehre, das Heulen der Stukas und Hunderte von explodierenden Artilleriegranaten. Am Nachmittag werfen deutsche Flugzeuge riesige Mengen von Flugblättern über der Stadt ab. Sie enthalten ein Ultimatum an die Bevölkerung von Warschau: Die Bewohner werden aufgefordert, die Stadt mit weißen Tüchern in der Hand zu verlassen. Die »Deutsche Hauptbefehlsstelle« übernimmt die Garantie, daß keinem Bewohner von Warschau, der freiwillig die Stadt verläßt, irgendein Leid geschehen wird.
Im Verlauf des 10. August 1944 übergibt Stalin dem amerikanischen Vertreter in Moskau, Harriman, eine Protestnote.

*Voller Stolz helfen die Schüler den AK-Soldaten: Sie sind die besten Boten und Nachrichtenübermittler (links außen)*

*Er zählt zu den jüngsten Beteiligten des Aufstandes (links innen)*

*Radio Polskie sendet jetzt täglich 12mal Nachrichten. Lautsprecher ersetzen die fehlenden Rundfunkgeräte (rechts)*

»Die Sowjetunion verbietet den alliierten Streitkräften das Überfliegen der von der sowjetischen Armee besetzten polnischen Gebiete zur Versorgung Warschaus. Wir dulden nicht und untersagen hiermit kategorisch die Benutzung unserer Flugplätze – auch den zur Notlandung gezwungenen alliierten Flugzeugen.«

Der britische Rundfunk verbreitet am 10. und 11. August 1944 mehrmals eine Warnung in deutscher, polnischer, französischer und englischer Sprache an die Adresse der deutschen Besatzungstruppen in Warschau. In dieser Warnung heißt es, daß alle militärischen und zivilen Personen, die sich gemäß der Haager Konvention durch Anordnung oder Ausführung verbrecherischer Ausschreitungen gegenüber der polnischen Bevölkerung und den polnischen Soldaten schuldig machen, zur Rechenschaft gezogen und nach dem Sieg der Alliierten entsprechend bestraft werden. Gleichzeitig müssen sich die deutschen Militärbehörden im Bereich der Kriegshandlungen für die Verbrechen an der Bevölkerung und die Behandlung der Kriegsgefangenen verantworten.

In den Morgenstunden des 11. August 1944 konzentrieren sich die feindlichen Angriffe ausschließlich auf die Altstadt. Die Deutschen wollen mit aller Gewalt einen Weg in Richtung Kierbedzia-Brücke freikämpfen. Die beiden Hauptbrücken in Warschau sind zwar in ihrer Hand, aber die Durchgangsstraßen befinden sich noch immer in der Reichweite polnischer Waffen. Aus diesem Grund beschließt General von dem Bach, die Verteidiger der Altstadt, die seinen Truppen den Weg zur Weichsel versperren, mit allen Mitteln zu zerschlagen. Immer mehr verengt sich der Ring um das Altstadtviertel, obwohl die Aufständischen ihre Stellungen in der Stawki-Straße weiterhin halten.

Durch den gleichzeitigen deutschen Vorstoß vom Schloßplatz und vom Theaterplatz aus kommt es zu erbitterten Gefechten neben der Redoute und der Bank Polski. An diesem Tag findet im überfüllten Saal des Konservatoriums ein Konzert unter Mitwirkung bedeutender Künstler statt. Das Programm enthält auch Werke, die von den Deutschen verboten sind.

Ebenfalls am 11. August 1944 meldet der deutsche Rundfunk zum erstenmal, daß der Aufstand in Warschau bereits zusammengebrochen sei. In der darauffolgenden Nacht schießt die deutsche Flugabwehr über Warschau eines der alliierten Flugzuge ab, die durch den Abwurf von Versorgungscontainern den Kampf der Aufständischen unterstützen. Die brennende Maschine stürzt auf das Weichselufer in Praga, nahe der Pumpenstation Goledzinowo.

Am Sonnabend, dem 12. August 1944, können in Mokotow die Aufständischen nach 12 Tagen das von ihnen besetzte Gebiet zwar ausdehnen, doch die wiederholten Angriffe der Abteilung »Baszta« auf den von Deutschen

*Mit Straßenschotter und Gehwegplatten haben sich die Aufständischen verschanzt*

gehaltenen Wohnblock in der Pulawska-Straße brechen nach schweren Verlusten zusammen. Im südlichen Verteidigungsabschnitt von Mokotow dagegen, in der Woronicz-Straße, fügen die Polen dem Feind erhebliche Verluste zu. Die schwersten Kämpfe allerdings werden am Rand der Altstadt geführt, besonders in der Stawki-Straße, die schließlich von den Deutschen eingenommen wird.

Die Nächte bieten den Aufständischen einen weitaus größeren Vorteil. Da in den Straßen der Altstadt bereits hohe Trümmerberge die Fahrwege versperren und weitere Gefahren durch einstürzende Häuserfassaden drohen, bevorzugt man den Schutz der Dunkelheit, um überfallartige Blitzaktionen zu unternehmen.

*Kurz vor dem Abflug der polnischen Versorgungsmaschinen für Warschau noch schnell ein Foto (rechts oben)*

*Hier werden die Gewehre und andere Versorgungsgüter gezählt und in die Container verstaut (rechts unten)*

Auch die alliierten Flugzeuge nutzen die wenigen Nachtstunden für die Versorgung der polnischen Hauptstadt. Der bisher größte Abwurf seit Beginn des Aufstandes erfolgt in der Nacht vom 12./13. August 1944. An vielen Punkten Warschaus, vor allem im Stadtzentrum, schweben zahlreiche Container mit Waffen und Munition an Fallschirmen herab. Die meisten Bewohner der Altstadt springen aus den Kellern, um von der Straße aus die mit Sehnsucht erwartete Hilfsaktion zu beobachten. Riesige Scheinwerfer erleuchten den Himmel, und die Menschen können die silberglänzenden Leiber der »Halifax«-Bomber sehen, dazu die langsam herabsinkenden Container.

Plötzlich verliert eines der Flugzeuge an Höhe, als wenn es auf den Dächern aufsetzen will, fängt an zu brennen und stürzt wie ein großer Feuerball ab. Die Flugzeugtrümmer fallen auf die Miodowa-Straße unweit einer Barrikade. Viele Einwohner rennen zur Absturzstelle, um die Besatzung vielleicht noch retten zu können, aber es ist keiner mehr am Leben. In dieser Nacht sind es besonders viele Maschinen, die nicht zu ihrem Flugstützpunkt in Italien zurückkehren. Die Versorgungsabwürfe werden trotz aller Verluste auch in den nachfolgenden beiden Nächten fortgesetzt.

Die vom italienischen Stützpunkt Bari startenden Maschinen fliegen meistens RAF-Piloten, die entweder aus Polen, Kanada, Australien, Neuseeland oder Südafrika stammen und die ihre Container nachts im Tiefflug über den von Aufständischen gehaltenen Stadtteilen abwerfen. Ihre Flüge sind die verlustreichsten des ganzen Krieges, denn selbst beschädigte Maschinen dürfen auf Stalins Geheiß nicht auf den bereits sowjetisch-besetzten Flugplätzen östlich der Weichsel notlanden.

Mr. R. G. Chmiel, ehemaliger Wing-Leader der RAF, berichtet: »Wir kamen in der Nacht vom 12./13. August 1944 mit unserer Maschine über Piaseczno und Wilanow nach Warschau. Unweit der Rennbahn in Sluzewiec erblickten wir das im Mondlicht glänzende Band der Weichsel. Von hier aus konnten wir deutlich die polnische Hauptstadt sehen. Viele Gebäude standen in Flammen. Nur vereinzelt sah man dunkle Flecken jener Rayons, die von den Deutschen besetzt waren. Ein schrecklicher Anblick, wirklich schrecklich.

Wir gingen tiefer, um dem Feuer der Flak und MG auszuweichen. Wir konnten sehen, wie die Geschoßbahnen der Leuchtspurmunition über unserem Flugzeug zusammentrafen. Die Scheinwerfer aus Praga und Mokotow behielten uns in ihrem Lichtkegel. Wir flogen über der Weichsel unterhalb Brückenhöhe, über die unser Pilot die Maschine kurz hochzog und sie gleich wieder nach unten drückte. Die Behälter mit Waffen

*Gespenstisch wirken die nächtlichen Brände oder auch die an Fallschirmen herabschwebenden Leuchtkörper*

und Lebensmitteln mußten wir über dem Krasinski-Platz abwerfen.

Durch die Rauchschwaden hindurch konnte ich die Straßenzüge erkennen. Hinter der Kierbedzia-Brücke drehten wir nach links, und der Pilot hob sofort die Maschine. Die Behälter waren mit einem Fallschirm versehen, der sich nur in einer bestimmten Höhe entfalten konnte. Es gelang uns, die erforderliche Höhe zu erreichen. In dem Moment, als wir uns dem Krasinski-Platz näherten, stand die ganze Südseite der Häuserzeile in Flammen, dadurch war der Platz hell erleuchtet.

Die Flakgranaten explodierten dicht neben uns. Brandgeruch drang in die Kabine, es war fast unerträglich heiß von den Stichflammen, die aus den Dächern vieler Häuser in die Höhe schossen. Danach flogen wir entlang der Eisenbahnstrecke in Richtung Pruszkow und Skiernewice... Dieses Mal waren sechs Maschinen mit Versorgungscontainern für die Aufständischen nach Warschau geflogen, doch nur eine Besatzung kehrte zurück.«

In Warschau hofft man sehr, daß dieser Sonntag, der 13. August 1944, ein etwas ruhigerer Tag wird. Von der Weichsel her zieht Morgennebel auf, der schönes Wet-

*Nicht immer landen die Fallschirme mit den Containern auf der Erde, vielfach bleiben sie in Bäumen hängen (links)*

105

*Granatwerfer werden für den Abschuß vorbereitet*

*Zwei Beobachtungsposten haben sich im Kirchturm der Kathedrale des »Heiligen Johannes« versteckt*

ter ankündigt. Doch die von den Kämpfen ermüdeten Abteilungen täuschen sich, wenn sie glauben, etwas aufatmen zu können. Nach dem Verlust der Stawki-Straße schließen die Deutschen den Ring um das etwa zehn Quadratkilometer große Gebiet der Altstadt. General von dem Bach ordnet jetzt der 8000 Mann starken Kampfgruppe »Reinefarth« an, zusammen mit der Garnison unter General Stahel den Widerstand der Aufständischen in diesem Stadtteil endgültig zu brechen.

Bereits seit dem Morgen ist ununterbrochen deutsches Artilleriefeuer zu hören. Auch der am Danziger Bahnhof auf einem Gleis stehende Panzerzug beschießt die Altstadt. Beteiligt sind ebenso die in der Zitadelle nahe der Weichsel befindlichen deutschen Geschütze. Unter den Bäumen im Saski-Garten stehen Salvenmörser, die mit ihren Granaten viele Häuser der Altstadt zerstören. Auch gegen die Stawki-, Muranowska- und Nalewki-Straße sowie den Krasinski-Garten richtet sich das Granatwerferfeuer.

Um 10 Uhr zeigt es sich, daß das Artilleriefeuer zur Vorbereitung eines übermächtigen Angriffs auf den Westabschnitt, von der Stawki-Straße bis zum Theaterplatz, dienen soll. Jetzt greifen die Deutschen in der Bolesc-Straße vom Danziger Ufer her an. Die Lagerräume in der Stawki-Straße stehen inzwischen in Flammen. Der Kampf dauert in diesem Bezirk drei Stunden, bis es den Aufständischen endlich gelingt, den Feind zu stoppen. Der Angriff auf den Krasinski-Garten kann durch einen Gegenangriff des Bataillons »Parasol« abgewehrt werden. Das konzentrierte Feuer der deutschen Artillerie richtet allerdings in der Altstadt großen Schaden an.

Obwohl die Deutschen aus zwei Richtungen gleichzeitig, vom Danziger Bahnhof und von der Stawki-Straße

*Dieser mit Sprengstoff beladene Panzerwagen wurde den Polen zum Verhängnis: Etwa 250 Menschen kamen um*

aus angreifen, schaffen sie es nicht, die Aufständischen zu überrumpeln und in die Altstadt einzudringen. Anders dagegen verläuft in der Stadtmitte ein Angriff der Polen auf die Hale Mirowskie. Er bleibt wegen der fehlenden Unterstützung seitens der Altstadt-Soldaten, auf die sie mehrere Stunden vergeblich gewartet haben, stecken. So muß sich die Abteilung in die Ausgangsposition zurückziehen, ohne zur Gruppe Nord vorstoßen zu können. Dies ist einer der wenigen Versuche, eine Verbindung zwischen Stadtmitte und Altstadt herzustellen. Das gemeinsame Unternehmen ist zu spät angesetzt worden, denn die Aufständischen der Altstadt haben zwischenzeitlich ihren Standort gewechselt. Der Einkesselungsring, den der Feind um die Altstadt gelegt hat, erweist sich stärker als vermutet. Im Verlauf des Tages werden auch schwere Kämpfe um das Schloß ausgetragen. Trotz empfindlicher Verluste besetzen die Deutschen einen Schloßflügel von Nowy Zjazd aus. Die polnische Besatzung zieht sich daraufhin in die Kathedrale des »Heiligen Johannes« zurück, die ihr jetzt als Bastion in der ersten Verteidigungslinie dient, zusammen mit den Barrikaden an der Swietojanska und Piwna-Straße.

Am Nachmittag herrscht in der Altstadt ungewohnte Ruhe, und niemand ahnt, daß sich in Kürze etwas Unvorhergesehenes abspielen wird. Zu dieser Zeit rollen einige Soldaten des Bataillons »Gustaw« mit einem erbeuteten Panzer, den die deutsche Besatzung auf dem Schloßplatz stehenließ, in die Kilinski-Straße. Dieser Panzer erweist sich jedoch als Falle: Mit Sprengstoff gefüllt, explodiert er plötzlich. Durch die gewaltige Detonation kommen beinahe 300 Personen, darunter Soldaten und Zivilisten, ums Leben. Unter den Verwundeten befindet sich auch General Bor-Komorowski.

# 3. Woche
## 14.–20. August 1944

14. August 1944, Warschau
Aus dem *Hauptquartier der polnischen Heimatarmee* (AK):
*Der Kampf um Warschau zieht sich in die Länge. Er wird gegen eine große Übermacht des Feindes geführt. Die Lage erfordert den unverzüglichen Vormarsch, um der Hauptstadt zu Hilfe zu kommen. Ich befehle allen verfügbaren und gut bewaffneten Einheiten, sich sofort in Eilmarschtempo in Bewegung zu setzen, die feindlichen Kräfte an den Peripherien und in den Vororten von Warschau zu schlagen und in die Kämpfe innerhalb der Stadt einzugreifen.*

*Bor*
*[Bor-Komorowski]*

Bericht zur Lage
14. August 1944
Aus dem *Kriegstagebuch (KTB) der 9. Armee*:
*... In Warschau nähern sich die im Nordteil der Stadt angreifenden eigenen Kräfte allmählich der Stadtbrücke. Auch die Angriffe zur Herstellung einer gesicherten Verbindung zwischen der Gruppe Kaminski und den am Hauptbahnhof stehenden eigenen Kräften sind im langsamen Fortschreiten. Von 15 englischen Flugzeugen, die in der Nacht Versorgungsbomben über der Stadt abwarfen, sind zwei abgeschossen worden. Eine größere Anzahl der Bomben wird von der eigenen Truppe geborgen ...*
*Ein heute ergehender Armeebefehl legt fest, daß dem SS-Obergruppenführer v. d. Bach alle in Warschau eingesetzten Verbände und Dienststellen, auch der Wehrmachtkommandant, ohne jegliche Einschränkung unterstellt werden. SS-Obergruppenführer v. d. Bach hat zur Niederschlagung des Aufstandes Sonderauftrag des Führers ...*

Dringender Appell an die Bewohner
14. August 1944, Warschau
Anordnung der *Wydzial Opieki i Zdrowia Okregowej Delegatury Rzadu*:
*In Verbindung mit der Explosion des Panzers in der Kilinski und Podwale-Straße wird den Kampfstellungen der OPL und den Bewohnern der angrenzenden Häuser nahegelegt, im Umkreis des Geschehens alle Plätze, Schutthaufen, Höfe, Dächer usw. zu durchsuchen, um Überreste von Leichenteilen zu beseitigen, die dort eventuell noch nicht gefunden und beseitigt worden sind. Es wird darauf hingewiesen, daß eine genaue Durchführung der obigen Anordnung unerläßlich ist, damit es nicht zu Verwesungen kommt, die möglicherweise eine Epidemie hervorrufen könnten.*

Bericht zur Lage an die Heeresgruppe Mitte
15. August 1944
General *Vormann* an GenOberst *Reinhardt*:
*Die Lage in Warschau ist durch wachsenden Widerstand der nationalen Banden gekennzeichnet, denen man nur hohe Verluste durch schweres Artilleriefeuer zufügen kann ... und auch durch Anwendung ganz spezieller Kampfmittel. Die eintreffenden deutschen und fremdvölkischen Abteilungen sind für einen solchen Einsatz schlecht vorbereitet, denn sie sind altersmäßig zu jung, und die Führer dieser Einheiten besitzen trotz aller Tapferkeit nicht die notwendige taktische Erfahrung.*

Aufruf zur Ordnung und Sauberkeit
15. August 1944, Warschau
Aus dem *Biuletyn Informacyjny* (Nr. 52):
*Achten wir auf Reinlichkeit unserer Häuser und der Stadt. Viele Straßen zeigen das Abbild von Schmutz und Vernichtung. Frauen! Nehmt den Besen in die Hände und reinigt die Fahrbahnen und Gehsteige. Vergessen wir bitte nicht, daß es sich um polnische Straßen handelt, unter unserer Verwaltung. Und außerdem: »Ordnung in der Stadt, das ist Ordnung im Aufstand.« Frauen! Die Häuser des befreiten Polen sollen sauber sein! ...*

J. W. Stalin an W. Churchill
16. August 1944
*... Nach einer Unterredung mit Herrn Mikolajczyk habe ich dem Oberkommando der Roten Armee Anweisung gegeben, im Raum von Warschau intensiv Waffen abzuwerfen. Ein Verbindungsoffizier wurde mit dem Fallschirm abgesetzt, aber wie das Oberkommando berichtet, konnte er seinen Auftrag nicht erfüllen, da er von den Deutschen getötet wurde.*
*Nachdem ich die Warschauer Angelegenheit eingehender untersucht habe, bin ich zu dem Schluß gekommen, daß die Warschauer Aktion ein leichtsinniges, furchtbares Wagnis darstellt, das die Bevölkerung große Opfer kostet. Dazu wäre es nicht gekommen, wenn das sowjetische Oberkommando vor Beginn der Warschauer Aktion informiert worden wäre und die Polen mit ihm Verbindung unterhalten hätten.*
*Wie die Dinge jetzt stehen, hat das sowjetische Oberkommando beschlossen, sich von dem Warschauer Abenteuer zu distanzieren, da es weder eine direkte noch indirekte Verantwortung für diese Aktion übernehmen kann ...*

17. August 1944, Warschau
Aus dem *Hauptquartier der polnischen Heimatarmee (AK)*:
*Die Kämpfe im Rayon von Stare Miasto haben an Intensität nachgelassen. Unser nächtlicher Ausfall in Stawki ist gelungen. Gegenwärtig richtet der Feind seine größten Anstrengungen gegen Srodmiescie (Stadtzentrum), besonders im Bereich der Chlodna-Straße in Richtung Grzybowski-Platz, Kazimierz sowie im Rayon der Hale Mirowskie. Einige Widerstandspunkte und Barrikaden wechselten mehrmals den Verteidiger. Der bisherige Besitzstand wurde gehalten. In anderen Bezirken sind Kämpfe lokaler Bedeutung. Auf dem gesamten Stadtgebiet liegt ein terrorisierender Beschuß von Brandsalven der Mörser und Artillerie. Große Brände. In den Kämpfen seit dem 3. August erlitt das feindliche 494. Inf.-Bataillon aus Zegrze etwa 50 Prozent Verluste. Ein Zug des Inf.-Rgt. Ostpreußen ergab sich in voller Stärke. Mehrere Panzer und gepanzerte Kraftwagen konnten vernichtet werden.*
*Lawina*
*[Bor-Komorowski]*

## Bericht zur Lage
17. August 1944
Aus dem *Kriegstagebuch (KTB) der 9. Armee*:
*...Auch für die in Warschau eingesetzten Heeres-, SS- und Polizeiverbände beantragt das Armeeoberkommando (AOK) Ersatz und Verstärkungen, da infolge der hohen Verluste die Stoßkraft dieser Verbände immer mehr abnimmt. Die Niederschlagung des Aufstandes, für die Armee eine Lebensfrage und auch politisch von größter Wichtigkeit, stockt nach den anfänglichen Erfolgen immer mehr; auch heute sind die Kampfgruppen nicht viel weiter vorangekommen. Die auf Umwegen vorhandene Ost-West-Verbindung zur Stadtbrücke, die an zwei Stellen noch unter geringem feindlichen Feuer liegt, ist inzwischen durch Richtungsschilder gekennzeichnet worden, um ein Falschfahren von Fahrzeugen zu verhindern. Die Wehrmachtskommandantur meldet, daß die Fernsprechleitungen innerhalb der Stadt nunmehr fast restlos ausgefallen seien...*

## »Wir müssen den Soldaten beistehen«
17. August 1944, Warschau
Aus dem *Biuletyn Okregu IV PPS Warszawa-Polnoc* (Nr. 14):
*In der Nacht vom 15. zum 16. August trafen auf Anforderung von General Bor in Zoliborz einige größere Gruppen AK-Soldaten aus den Kampinos-Wäldern ein. Viele unter ihnen haben weder Schuhe, Strümpfe noch Wäsche u. ä. Für andere wäre es dringend notwendig, ihnen die Wäsche zu waschen und die Bekleidung auszubessern. So, wie sie unserem Aufruf sofort gefolgt sind, um Warschau zu helfen, so dürfen wir jetzt nicht zögern, sie tatkräftig zu unterstützen.*

18. August 1944, Warschau
Aus dem *Hauptquartier der polnischen Heimatarmee (AK)*:
*Die feindlichen Angriffe konzentrierten sich vor allem in Srodmiescie in der Gegend der Towarowa, Wronia, Grzybowska und Sienna-Straße. Die Angriffe wurden abgewehrt. Seit einigen Tagen stehen der Rayon Polna, das Polytechnikum und Wspolna im Mittelpunkt der Kämpfe. Die Besatzung unserer Stellungen Ecke Zelazna und Al. Sikorskiego hat sich hervorragend verteidigt. Auf den anderen Abschnitten sind keine Aktionen oder besonderen Ereignisse erfolgt. Während des ganzen Tages führte der Feind Störaktionen durch Luftangriffe, Mörser- und Artilleriebeschuß durch. Immer öfter setzt der Feind »Goliath«-Panzer zur Zerstörung der Häuser ein. Die früher schon angeforderten Bombardierungen sind unerläßlich, denn anders können wir die gefährlichsten Feuerquellen des Feindes nicht bekämpfen.*
*Lawina*
*[Bor-Komorowski]*

## Wiedergeburt der Nation?
19. August 1944, Warschau
Aus dem *Kurier Stoleczny* (Nr. 10):
*Aus den Ruinen Warschaus erwächst neues Leben. Alles Herkömmliche, alle alten Gewohnheiten und Fehler zerfallen wie Asche. Diejenigen, die übrigbleiben, werden verändert sein. In dieser Minute gibt es keine wirtschaftlichen oder materiellen Ansprüche. Es schwinden die Privilegien, ebenso jede Bevorzugung und soziale Ungerechtigkeit. Vielleicht hat es Gott so gewollt? Und vielleicht ist das unsere letzte Lektion vor der endgültigen Wiedergeburt der Nation? Wir werden anders sein, weil heute alle im gleichen Maße leiden und kämpfen. Alle bringen ihr Opfer, alle hungern. Auf der Straße, auf den Barrikaden und in den Schutzräumen findet eine große Verbrüderung und der Ausgleich aller sozialen Unterschiede statt...*

## F. Roosevelt und W. Churchill an J. W. Stalin
20. August 1944
*...Wir machen uns Sorgen um die Weltöffentlichkeit, falls die Nazigegner in Warschau wirklich im Stich gelassen werden. Wir glauben, daß wir alle drei das Äußerste tun sollten, um so viele der dortigen Patrioten wie nur möglich zu retten. Wir hoffen, daß Sie die unmittelbar erforderlichen Versorgungsgüter und Kriegsmaterialien für die patriotischen Polen in Warschau abwerfen werden, oder wären Sie gewillt, unseren Flugzeugen zu helfen, dies schnellstens zu tun? Wir hoffen, Sie werden zustimmen. Der Zeitfaktor ist von äußerster Wichtigkeit...*

*Ein durch einen Stuka-Angriff völlig zerstörtes Haus: Suche nach Überlebenden*

Die Verteidiger der Altstadt können am Montag, dem 14. August 1944, nur unter allergrößten Schwierigkeiten die bisherigen Stellungen halten. Der mächtige Angriff des Gegners mit Sturmgeschützen, Mörsern und Granatwerfern, unterstützt durch das Artilleriefeuer eines Panzerzuges, richtet sich gegen den gesamten nördlichen und westlichen Abschnitt der Altstadt. Während der Kämpfe im südwestlichen Vorfeld vertreiben die Deutschen alle Kranken sowie das Personal des Malteser-Spitals in der Senatorska-Straße. Sie lassen es jedoch zu, daß die Patienten durch den Saski-Garten zu den polnischen Stellungen in der Krolewska-Straße transportiert werden.
Unterdessen erbeutet im Stadtteil Powisle die Abteilung des Hauptmanns Krybar einen Schützenpanzerwagen, der nun unter dem Namen »Jas« auf polnischer Seite im Einsatz ist. Am selben Tag sperren die Deutschen im gesamten Stadtgebiet das Wasser ab. Oberst Monter ordnet daraufhin an, mit dem Wasserverbrauch äußerst sparsam zu sein, und läßt sofort mit dem Brunnenbau beginnen.

Von den alliierten Flugzeugen, die in der Nacht vom 14./15. August 1944 Warschau anfliegen, um Versorgungsgüter abzuwerfen, schießt die deutsche Flak drei Maschinen ab: Eine davon stürzt brennend auf die Miodowa-Straße. Aus den Trümmern können nur noch die verkohlten Überreste der kanadischen Flieger geborgen werden.
Am Dienstag, dem 15. August 1944, liegen der Nord- und Südteil des Stadtzentrums unter dem schweren Feuer der Artillerie, Mörser, von Minen- und Granatwerfern, hinzu kommen die wiederholten Bombenangriffe. Besonders erbitterte Kämpfe spielen sich im Nordwesten des Stadtzentrums ab.
Hier büßen die Deutschen 100 Tote und mehrere Dutzend Gefangene ein. Sowohl der Postbahnhof im westlichen Verteidigungsabschnitt als auch die Linie Krolewska-Straße am Saski-Garten widerstehen bis jetzt den nicht enden wollenden deutschen Angriffen. Immer wieder versuchen deutsche Stoßtrupps, das Gelände des Polytechnikums sowie dessen nähere Umgebung zu erstürmen.

*Endlich ist wieder Nachschub eingetroffen: AK-Soldaten in Powisle mit neuen englischen PIAT (rechts)*

Im gesamten Bereich der Stadtmitte sind Regierungsbeauftragte als Geschäftsträger der Zivilverwaltung eingesetzt. Der leitende Direktor für »Innere Angelegenheiten« verkündet die allgemeine Arbeitspflicht und beauftragt die Bürger, für jedes Haus ein Hilfskomitee zu bilden. Jeder Stadtteil hat für seine Bewohner irgendetwas Besonderes: die Altstadt zum Beispiel den in Depots gelagerten Rotwein unter der Bezeichnung »Krzywa Latarnia« (Krumme Laterne), außerdem Würfelzucker aus Stawki und Pumpernickel in Cellophan aus dem Magazin der Notenbank. In Powisle bilden Schokoladenriegel der bekannten Fabrik »Fuchs und Söhne« die Verpflegungsgrundlage, dazu Makkaroni und Marmelade aus den Lagervorräten der Firma »Spolem«. Inzwischen erscheinen in Mokotow und Sadyba Verstärkungen aus der Umgebung von Warschau. Die Kampfgruppe unter Oberst Daniel, die sich als Entsatz aus dem Kabacki-Wald in Richtung Sadyba durch Wilanow schlagen soll, wird während des Angriffs auf den Wilanow-Palast teilweise aufgerieben. Oberst Grzymala findet dabei den Tod.

Um 20 Uhr gibt der deutsche Rundfunk eine Nachricht über die Ereignisse in Warschau bekannt: Dem Kommuniqué des DNB zufolge heißt es, die Niederschlagung des Aufstandes sei bereits abgeschlossen.
Am Mittwoch, dem 16. August 1944, wird die Altstadt erstmalig mit Granaten vom größten Kaliber (60 cm Durchmesser) beschossen. Die Zahl der Aufständischen in der Altstadt beträgt jetzt etwa 5000 Soldaten, zusammengedrängt auf ein Gebiet von kaum 10 Quadratkilometern, das ununterbrochen dem Feuer der Artillerie, der schweren Mörser und Minenwerfer ausgesetzt ist. Die Besatzung der Notenbank unter Major Pelka kann die wiederholten Angriffe mutig abwehren. Auch der deutsche Sturm auf die Barrikaden und die Zufahrtsstraßen zum Schloßplatz bricht zusammen.

*Das Heranschaffen von Lebensmitteln gehört zum Tagesablauf, denn Tausende müssen verpflegt werden (unten)*

*Deutsche Infanteristen mit aufgepflanztem Seitengewehr im unübersichtlichen Häuserkampf (rechts)*

*SS-Gruppenführer und Generalleutnant der Polizei Heinz Reinefarth gibt seine Anweisungen*

SS-Gruppenführer und Generalleutnant der Polizei Reinefarth leitet die Operation: »... Nun erhob sich für uns die Frage, mit welchen Mitteln ein Kampf in einer Stadt geführt werden konnte. Die Mittel, die früher im wesentlichen mit großem Erfolg angewandt wurden, nämlich unsere Panzer, erwiesen sich schon nach kurzer Zeit bei der Bekämpfung einer Stadt als durchaus ungeeignet. Die Polen stellten sich sofort auf Panzerangriffe ein, sie haben die Panzer mit Molotow-Cocktails überschüttet, so daß diese brannten, die Besatzungen kaum aussteigen konnten. Die Panzer konnten in den Straßen, die auch schon mit Trümmern bedeckt waren, nicht wenden. Außerdem waren die Panzer viel zu breit und unbeweglich.

Wir mußten jetzt jedenfalls zu einer anderen Kampfesart übergehen: Die Angriffe wurden vorbereitet durch Artillerie und Stukas. Anschließend ging dann die Infanterie zusammen mit Flammenwerfern vor. Es folgten dann Kämpfe von Haus zu Haus, ja von Stockwerk zu Stockwerk, und es wußte in manchen Fällen der eine von dem einen Stockwerk nicht, in wessen Besitz sich das andere Stockwerk befand. Die Kämpfe wurden dadurch schwerer und schwerer, daß sich jede Seite immer mehr der Kampfesweise der anderen Seite anpaßte.

Allmählich erwiesen sich die Polen als besonders geschickte Taktiker. Sie ließen die deutschen Truppen, die rechts und links an den Straßenfronten eng an die Häuser angepreßt vorgingen, zunächst ohne Widerstand dicht an sich herankommen, und dann trat einer der gefürchtetsten Gegner in unseren Augen auf, der polnische Scharfschütze. Zurückkehrende Truppen berichteten durchweg, daß die meisten ihrer Kameraden durch gut gezielte Schüsse von Scharfschützen gefallen waren. Allmählich wurde auch dieses Problem überwunden.«

Am Donnerstag, dem 17. August 1944, werden von den 1,5 Tonnen schweren Geschossen ganze Häuser in Schutt und Asche gelegt. Und die Bevölkerung hat immer mehr Tote zu beklagen. Endlich treffen die Verstärkungen aus der Kampinos-Heide ein. Die Abteilung unter Major Serb erreicht an diesem Tag Zoliborz, andere Abteilungen befinden sich bereits im Stadtteil Powazki. Diese Zugänge können Zoliborz und Powazki erheblich mit Nachschub an Waffen und Munition versorgen. Als die Deutschen am Abend im Schutz der vor sich hergetriebenen polnischen Frauen die Barrikaden in der Leszno-Straße angreifen wollen, müssen sie sich schnell wieder zurückziehen, da sie von den neueingetroffenen Aufständischen aus dem Hinterhalt überrascht werden. So können die Frauen die Flucht ergreifen und sich auf die polnische Seite hinüberretten.

Der nordöstliche Teil des Stadtviertels Zoliborz, das Gelände am Weichselufer, ist nicht besetzt, wird aber von der Kampfgruppe »Zmija« vom Wilson-Platz aus beobachtet.

In der Nacht vom 17./18. August 1944 dringen Abteilungen aus Mokotow in den östlich angrenzenden Stadtteil

Sielce ein und besetzen die Bruhn-Werke in der Belwederska-Straße, ebenso einen Teil von Czerniakow und Sadyba. Dieses Gebiet ist zwar bisher von beiden Seiten überwacht, aber noch nicht vereinnahmt worden.

Seit den frühen Morgenstunden des 18. August 1944 werfen deutsche Sturzkampfflieger Spreng- und Brandbomben auf die Altstadt. Der Artillerie- und Mörserbeschuß konzentriert sich auf den nördlichen Abschnitt und verursacht unzählige Opfer unter der Bevölkerung und den Soldaten. Auch das Gebiet um den Schloßplatz erzittert unter dem Feuer der Artillerie und Mörser. Viele Häuser gehen in Flammen auf. In der Umgebung der Kathedrale setzen sich die Aufständischen den ganzen Tag über mit Handgranaten, benzingefüllten Flaschen und Flammenwerfern zur Wehr. Das eingekesselte Stadtviertel verwandelt sich allmählich in eine Hölle.

Granaten zerstören ein Haus nach dem anderen, Bomben mit Zeitzünder durchschlagen die Dachstühle und

*16.8.1944: Erstmalig wird nun auch die Altstadt vom Mörser »Karl« beschossen (rechts)*

*Die Kanoniere des schweren Mörsers im Einsatz (unten)*

detonieren erst in den Kellern. Ungezählte Menschen liegen unter den Trümmern, für sie gibt es keine Rettung mehr. Die Deutschen greifen jetzt gleichzeitig vom Burgplatz, vom Theaterplatz und vom Danziger Ufer an. Sie stürmen in Richtung Saski-Garten zum Mostowski-Palast und zu den Barrikaden an der Leszno-Straße. Die Polen geben aber nicht auf, sie wehren nicht nur alle Angriffe ab, sondern versuchen immer wieder, mit Gegenangriffen darauf zu reagieren. Viele Offiziere und Soldaten der Aufständischen sind gefallen, es lichten sich in erschreckendem Maße die Reihen. In den brennenden Straßen tanzen plötzlich mehrere Geisteskranke, die man aus dem Krankenhaus in der Bonifraterska-Straße entlassen hat. Im Umkreis der Altstadt sind wieder deutsche Mordkommandos unterwegs. Sie zerren unter anderem die Wissenschaftler aus dem Haus der Professoren in den Nowy Zjazd und erschießen eine Reihe namhafter Dozenten.

Bei den neuen Angriffen gegen die Altstadt sollen laut Generalleutnant Reinefarth besonders die schweren Waffen eingesetzt werden. Die Zahl der bewaffneten Aufständischen in der Altstadt beträgt zur Stunde lediglich 1357 Mann, die anderen 4953 sind unbewaffnet. Den Soldaten der AK und anderer Formationen stehen hier nur 4 schwere MG, 52 leichte MG, 249 Maschinenpistolen, 35 Flammenwerfer, 6 PIAT, 1 Artilleriegeschütz und 1 Mörser zur Verfügung.

An diesem Tag fordern die Deutschen zum erstenmal das Hauptkommando der AK schriftlich zur Kapitulation auf. Ihr Schreiben wird jedoch nicht beantwortet. Während sich rings um die Altstadt die deutschen Kräfte umgruppieren und auf den Angriffsbefehl zur entscheidenden Aktion warten, verändert sich im Stadtzentrum der Besitzstand beider Seiten. Im Verlauf von mehrtägigen schweren Kämpfen wechseln verschiedene Objekte wiederholt den Besitzer.

In der Nacht vom 18./19. August 1944 beginnt Rittmeister Garda im Stadtviertel Mokotow seinen Angriff auf die deutschen Verteidigungspunkte. Er unterstützt gleichzeitig das Vorgehen der Entsatzabteilungen, die sich aus den Wäldern um Chojny und Kabaty, südlich von Warschau, nach Mokotow durchgeschlagen haben. Am Vortag des deutschen Generalangriffs auf die Altstadt beschließt man im Hauptquartier der AK, einen Versuch zu unternehmen, den feindlichen Sperriegel zwischen der Altstadt und Zoliborz, der nur einige hundert Meter beträgt und sich entlang der Eisenbahngleise durch den Danziger Bahnhof hinzieht, zu durchbrechen.

Die Herstellung dieser Verbindung zwischen der Altstadt und Zoliborz hat eine vorrangige Bedeutung für den Fortgang des Aufstandes in Warschau: Hier verläuft nämlich die Ausfallstraße zur Kampinos-Heide, deren Wälder ein Sammelpunkt für Menschen, Versorgung

*Bomben und Granaten zerstören ein Haus nach dem anderen, Brände schwelen, Menschen sind verschüttet (links)*

*Immer aufmerksam und kampfbereit – Aufständische in Erwartung des Feindes (rechts oben)*

*Die panzerbrechende PIAT verleiht den Aufständischen ein Gefühl der Sicherheit (rechts unten)*

und Bewaffnung sind. Sie können eventuell auch für die kämpfenden Abteilungen in Warschau als günstiges Evakuierungsgebiet dienen. Während des Tages zwingen starke deutsche Kräfte die in einen Teil von Sielce und Czerniakow eingesickerten AK-Abteilungen zum Rückzug. Nur in Sadyba hält Rittmeister Garda mit seinen Männern stand.

Am Sonnabendmorgen, dem 19. August 1944, beginnt die Kampfgruppe »Reinefarth« mit Unterstützung der Luftwaffe und Flakartillerie sowie Einheiten der Wehrmacht den Generalangriff auf die Altstadt. Man beabsichtigt, den Widerstand der aufständischen Abteilungen mit allen Mitteln niederzuzwingen. Von jetzt an wollen die Deutschen ohne Unterbrechung bis zum 1. September 1944 gegen die Barrikaden der Altstadt anstürmen, um so das Gebiet der Aufständischen immer mehr einzuengen.

Reinefarth, »ein guter Polizist, aber niemals ein General«, wie Guderian ihn bezeichnet, erhält von General von dem Bach den Befehl, für die Eroberung der Altstadt mindestens 10 seiner 20 Infanteriebataillone und zwei Pionierbataillone in den Kampf zu schicken. Feuerunterstützung erhalten die Deutschen von der schweren Artillerie und vom Eisenbahnpanzerzug Nr. 75. Ferner werden eingesetzt: eine Kompanie schwerer Panzer (9 »Tiger«), 37 Sturmgeschütze, 4 Salvenmörser, 1 Zug Minenwerfer, 1 Mörser »Karl«, Kaliber 60 cm (das Geschoß 1,5 t schwer), 50 »Goliath« sowie Fliegerkräfte. Insgesamt stehen Generalleutnant Reinefarth rund 8000 Mann zur Verfügung, darunter auch die »Bewährungskompanie« von SS-Oberführer Dirlewanger, die bereits bei den Kämpfen in der Altstadt erhebliche Verluste erlitten hat. Wenn man noch die Besatzungen in Zoliborz, in der Zitadelle, im Regierungsviertel und der Stadtmitte hinzurechnet, sind es insgesamt rund 13 000 Mann, die jetzt die Altstadt stürmen sollen.

Seit dem frühen Morgen haben Flugzeuge, dazu Artillerie aus Burakow, von der Zitadelle und aus Praga, ebenso ein Eisenbahnpanzerzug, ein Kanonenboot auf der Weichsel und die Salvenmörser am Danziger Bahnhof ihr mörderisches Feuer eröffnet. Die Häuser können dem Beschuß nicht standhalten, sie stürzen zusammen und begraben Hunderte von Aufständischen und Zivilisten. Fast jeder sucht Schutz im nächstgelegenen Keller. Auf den Straßen liegen viele Leichen von Meldeläuferinnen, die auf ihrem Weg von Granatsplittern getroffen worden sind. Es gibt keinen Straßenabschnitt ohne Tote und Verwundete. Die Deutschen verfolgen nur das eine

*18.8.1944: Sturzkampfflieger werfen seit diesem Tag fast ununterbrochen Spreng- und Brandbomben über der Altstadt ab (links)*

*Auf den Straßen der Altstadt: Meist jugendliche Boten und Meldegängerinnen werden durch Granatsplitter getötet (rechts)*

Ziel, die Altstadt um jeden Preis und so schnell wie möglich zu erobern. Die sich in den Trümmerbergen oder Ruinen aufhaltenden Aufständischen laufen ständig Gefahr, entweder von Bodentruppen oder aus der Luft angegriffen zu werden. Das Gebäude des Justizministeriums, in dem sich das Hauptquartier der AK befindet, liegt unter besonders intensivem Beschuß.

Ab 14 Uhr verwandelt sich das niedergehende Feuer der Artillerie und der Mörser zeitweise in orkanartigen Geschoßhagel, dazu die jetzt halbstündlich sich wiederholenden intensiven Luftangriffe. Die Stukas werfen erst im Tiefflug ihre Bombenlast ab und beschießen anschließend die Straßen und Häuser mit Bordwaffen.

Die polnischen Abteilungen in der Bonifraterska-Straße, an der Bielanska-Straße und auf dem Theaterplatz wehren einen Ansturm nach dem anderen ab. Die Weiterleitung einer noch so kurzen Funkmeldung dauert bis zu vier Stunden, weil die Antennen immer wieder zerstört werden. Außerdem ist von den vier Funkstationen nur noch eine einzige voll betriebsbereit, und man befürchtet, daß auch diese ausfallen könnte.

In der Altstadt verbreiten sich die Feuersbrünste zusehends, denn der Artilleriebeschuß und Wassermangel erschweren die Lösch- und Rettungsaktionen. Ganze Straßenzüge sind bereits vernichtet, und es fehlen sichere Unterkünfte für Brandgeschädigte sowie für Verwundete und Kranke. Die AK-Soldaten müssen in ihren Kampfstellungen manchmal tagelang ohne Ablösung und ohne Schlaf auskommen. Sie erhalten kein Brot, und mit Wasser wird es seit der Vernichtung vieler Brunnen immer schwieriger. Die Verteidigung und das Ausharren in den Stellungen erfordern übermenschliche Entschlossenheit und Tapferkeit. Das Leben der Menschen spielt sich fast ausschließlich in Kellern und unterirdischen Schutzräumen ab, wo Frauen, Kinder, Greise und Kranke entsetzliche Not leiden.

Im Verlauf des 19. August 1944 gelingt es schließlich der Einheit von Major Rohr, zusammen mit einigen Kräften der Kampfgruppe »Reinefarth«, trotz erbitterten Widerstandes auf polnischer Seite das Gelände des Polytechnikums im Süden der Stadtmitte zu erobern. In allen anderen Abschnitten des Stadtzentrums wiederum können die Aufständischen Vorstöße durchführen und dem Feind Verluste zufügen. So wird zum Beispiel in den Gebäuden der Frontleitstelle Jerozolimskie-Allee eine siebzehnköpfige deutsche Stützpunktmannschaft ausgehoben, dazu ein Waffen- und Munitionslager erbeutet.

An diesem Tag erreichen die polnischen Kampfgruppen

*An der neuerrichteten Zapfstelle versucht jeder, noch schnell einen Eimer mit Wasser zu ergattern (links)*

*20.8.1944: Die Aufständischen dringen in die Telefonzentrale »PASTA« ein (unten)*

*Das Gebäude der Warschauer Telefonzentrale an der Zielna-Straße steht in Flammen (rechts)*

»Krawiec« und »Gustaw« sowie Teile des Bataillons unter Hauptmann Korwin – gesamt etwa 370 Mann – den südlichen Stadtteil von Sadyba. Diese verhältnismäßig gut ausgerüsteten Soldaten können sofort nach Eintreffen einen durch Artilleriefeuer unterstützten feindlichen Ansturm auf Sadyba abwehren. Den ganzen Tag über wird um die in der Nacht zuvor von der Gruppe »Granat« besetzten Bruhn-Werke und um die Grottger-Straße gekämpft, anschließend werden die Aufständischen bis in die Nachtstunden hinein von den Deutschen umlagert.

In derselben Nacht vom 19./20. August 1944 erringen die Aufständischen einen ihrer spektakulärsten Erfolge: Das Gebäude der Warschauer Telefonzentrale »PASTA« gehört zu den deutschen Hauptstützpunkten im Stadtzentrum in der Zielna-Straße. Die Besatzung dieses acht Stockwerke hohen, massiven Eisenbetongebäudes – 7 Offiziere und 157 Soldaten, darunter ukrainische Hilfsverbände, ausgerüstet mit Maschinenwaffen und einer Panzerabwehrkanone – hält zahlreiche umliegende Straßen unter ständigem Beschuß.

Nachdem sie die Strom- und Wasserzufuhr unterbrochen sowie die Telefonkabel zum Gebäude gekappt haben, besetzen rund 250 Aufständische ihre Angriffspositionen. Sie versuchen mit Hilfe von Leitern und Sprengladungen das Gebäude zu stürmen. Es kommt zu einem stundenlangen Feuergefecht, das von Raum zu

Raum geht. Als es den Polen endlich gelungen ist, den stark umkämpften Haupteingang zu sprengen, schleppen sie eine Pumpe heran, mit der sie Benzin in die oberen Stockwerke spritzen. Das Feuer greift um sich, die Deutschen hissen zum Zeichen größter Not die gelbe Fahne. Um 10 Uhr früh – das Gebäude brennt schon seit zwei Stunden – herrscht plötzlich Stille.

Die Aufständischen nehmen einen fliehenden deutschen Soldaten fest und erfahren, daß seine Kameraden vor dem Brand in das oberste Stockwerk zurückgewichen und von dort durch einen Schacht in den Keller hinuntergeklettert seien, um sich dort weiterzuverteidigen. Sofort sprengen die Polen eines der Kellerfenster und dringen mit Flammenwerfern und Handgranaten ein.

Erst um 17 Uhr erlischt der Widerstand – 125 deutsche Soldaten ergeben sich, 36 sind gefallen und 6 verwundet. Die Angehörigen der SS, der Polizei- und Hilfsverbände werden erschossen, die Wehrmachtangehörigen gehen in Gefangenschaft.

Unter den erbeuteten Waffen sind 50 Maschinenpistolen mit Munition, 1 schweres MG und eine Panzerabwehrkanone. Die Eroberung des seit der Stunde »W« angegriffenen »PASTA«-Gebäudes entfacht unter der Bevölkerung eine Welle der Begeisterung.

An diesem Sonntag, dem 20. August 1944, drängt das Bataillon »Chrobry II« die Deutschen auch aus dem Hartwig-Magazin in der Towarowa-Straße. Inzwischen greifen deutsche Einheiten weiterhin die Altstadt an. Ihre Überlegenheit an Waffen und Soldaten ist riesengroß. Trotzdem äußert sich die Befehlsstelle der Front in ihrem Lagebericht unzufrieden über die Situation: »Die polnischen Banditen in Warschau kämpfen fanatisch und erbittert. Die Ergebnisse unserer eigenen Abteilungen sind nach dreiwöchigen Kämpfen unbedeutend trotz der Unterstützung mit zahlreichen und modernen Kampfmitteln.«

Damit geben die Deutschen selbst zu, daß sie »beinahe um jeden Stein kämpfen müssen«. Ein Kriegsberichterstatter schreibt, daß »keine Stadt eine ähnliche Hölle erfahren hat. Die Aufständischen schlugen sich hervorragend, obwohl zu wenig Waffen vorhanden waren und in jeder Abteilung sechs Mann bis zum Ende des Aufstandes keine Waffe besessen haben. Es schossen demnach ausgesuchte Soldaten und deswegen hatten die Deutschen zweimal mehr Tote als Verwundete, umgekehrt also, als es bei üblichen Kämpfen der Fall ist«. Aus diesem Grund kann man auf deutscher Seite kaum glauben, daß die Aufständischen ständig unter Munitionsmangel leiden.

Die Versorgung der leidgeprüften Menschen in der Altstadt neigt sich dem Ende zu. Es werden Wassersuppen

*Deutsche Soldaten gehen nach beendetem Kampf um das »PASTA«-Gebäude mit erhobenen Händen in Gefangenschaft (links oben)*

*Ein deutscher Wehrmachtoffizier wird in Gegenwart eines Dolmetschers verhört (links unten)*

*Deutsche Infanteristen wechseln in den zerbombten Straßen wiederholt ihre Stellungen (rechts)*

aus verschiedenen Grützen gekocht, und für viele gehört Hundefleisch zu den Leckerbissen. Woran kein Mangel besteht, das sind Wein und Wodka. Die riesigen Fugger-Keller beherbergen unübersehbare Mengen davon.

Ebenfalls am 20. August 1944 können die durch Artillerie und Minenwerfer unterstützten deutschen Vorstöße auf den Stadtteil Sielce abgewehrt werden. Trotz der tapferen Verteidiger ist die Altstadt ohne Hilfe von außen dem Untergang geweiht. Darüber ist sich der Stab von General Bor-Komorowski im klaren und wartet nun voller Ungeduld auf die Nachrichten von Major Okon aus Zoliborz.

Der Angriff auf den Danziger Bahnhof, der mit 750 gut bewaffneten Soldaten in der Nacht vom 20./21. August 1944 unternommen wird, bringt leider keinen Erfolg. Ohne Gefechtsaufklärung und ohne einen ortskundigen Führer stoßen die Waldabteilungen blindlings und ohne Erfahrung im Straßenkampf vor. Die Entfernung von der Zajaczka-Straße in Zoliborz über den Danziger Bahnhof nach Muranow, dem nördlichen Teil der Altstadt, beträgt kaum 800 Meter. Die Abteilung von Major Okon, die sich in der Stadt nicht auskennt, irrt in den Ausgangsstellungen umher. Dies bleibt den Deutschen nicht verborgen, und sie versetzen ihre Soldaten in Alarmbereitschaft. Damit geht der Überraschungseffekt verloren.

Leider ist dieses Unternehmen nicht genügend vorbereitet worden, denn die Abteilung besteht zum größten Teil aus jugendlichen Dorfbewohnern, die aus dem Umkreis der Kampinós-Heide stammen und denen jede Erfahrung im Häuserkampf einer Großstadt fehlt. So bricht der Angriff im Maschinengewehrfeuer der Deutschen zusammen. Die Kompanie von Leutnant Jaskolski erreicht zwar die Eisenbahngleise und erobert dort ein schweres MG, erleidet aber unter dem gezielten deutschen Feuer enorme Verluste. Leutnant Jaskolski sollte im Notfall mit der Leuchtspurpistole ein Zeichen geben, wenn er Hilfe benötigt. Doch der Soldat, der die Leuchtspurrakete bei sich hat, wird von einer Artilleriegranate zerrissen und der zu Major Okon entsandte Verbindungsmann tödlich verwundet.

Ungefähr 100 Gefallene und Verwundete der Aufständischen müssen zwischen der Zajaczka-Straße und der Eisenbahnstrecke zurückgelassen werden. Als sich die Reste der Aufständischen von den Eisenbahngleisen nach Zoliborz zurückziehen, geraten sie wieder unter Artilleriebeschuß, so daß weitere von ihnen ums Leben kommen oder später an den Verwundungen sterben müssen, da niemand zur Hilfe kommen kann. In derselben Nacht besetzen die Deutschen den Stadtteil Muranow und erobern das Gebiet von der Nalewki- bis zur Bonifraterska-Straße.

*Äußerste Wachsamkeit ist geboten, denn überall lauert der Feind (links)*

*Ein MG-Schütze hat sich hinter einem Fensterrahmen versteckt (rechts)*

*Erschossene Widerstandskämpfer in einem der Stadtteile von Warschau, die aufgegeben werden müssen (unten)*

# 4. Woche
## 21.–27. August 1944

22. August 1944, Warschau
Aus dem *Hauptquartier der polnischen Heimatarmee* (AK):
*Die Lage in Stare Miasto (Altstadt) ist beängstigend. Sofortige größere Abwürfe in der Kampinos-Heide können die Lage retten, von dort aus läßt sich Stare Miasto und Zoliborz versorgen.*
Lawina
[Bor-Komorowski]

## J. W. Stalin an F. Roosevelt und W. Churchill
22. August 1944
*Ihre und Herrn Roosevelts Botschaft über Warschau habe ich erhalten. Ich möchte dazu gern meine Ansicht darlegen.*
*Früher oder später wird die Wahrheit über die Handvoll machthungriger Verbrecher, die das Warschauer Abenteuer begonnen haben, bekanntwerden. Diese Elemente haben die Leichtgläubigkeit der Einwohner Warschaus mißbraucht und praktisch unbewaffnete Menschen den deutschen Kanonen, Panzern und Flugzeugen ausgeliefert. Die Folge davon ist, daß jeder neue Tag nicht von den Polen für die Befreiung Warschaus, sondern von den Hitlerfaschisten benutzt wird, um die Zivilbevölkerung Warschaus auf grausame Weise auszurotten.*
*Militärisch gesehen ist die entstandene Situation, die die Aufmerksamkeit der Deutschen auf Warschau lenkt, sowohl für die Rote Armee wie für die Polen außerordentlich ungünstig. Dennoch unternehmen die sowjetischen Truppen, die in letzter Zeit erneut deutschen Gegenangriffen ausgesetzt waren, alles was sie können, um diese Vorstöße der Hitleristen zurückzuschlagen und bei Warschau zu einer neuen großangelegten Offensive überzugehen. Ich kann Ihnen versichern, daß die Rote Armee keine Anstrengungen scheuen wird, um die Deutschen bei Warschau niederzuringen...*

## Unwiederbringliche Werte gehen verloren
22. August 1944, Warschau
Aus der *Warszawianka* (Nr. 15):
*...Der herrliche Palast von Krasinski ist ausgebrannt, einst erbaut von Tylman aus Gameren... ein durch und durch europäisches Monument vom Ende des 17. Jahrhunderts.*
*Er zählt zu den besten Bauwerken Warschaus und ist das Schmuckstück auf einem unserer schönsten Plätze. Das Rathaus zerstört und teilweise ausgebrannt, dient uns im Augenblick als Festung, von hier aus beherrschen unsere Geschütze den Theaterplatz.*
*Trotz Staubwolken und Qualm kann man zeitweise erkennen, daß die ganze Umgebung des Platzes zerstört ist, zumindest so schwer beschädigt wie das Große Theater. Es ist unendlich zu bedauern, diese Baudenkmäler werden wir kaum wieder errichten können. Wieviele dieser zerstörten Bauten sich später rekonstruieren lassen, kann man heute noch nicht sagen. Was allerdings feststeht, vieles ist für immer verlorengegangen...*

## Filmvorführung trotz Bomben und Geschoßhagel
22. August 1944, Warschau
Aus der *Rzeczpospolita Polska* (Nr. 33):
*Mit frohen Augen verfolgen wir die Entleerung der abgeworfenen Container, betrachten die erbeuteten deutschen Kettenpanzer und assistieren bei der Demonstration des polnischen Flammenwerfers aufständischer Produktion. Schließlich ein neuer stürmischer Applaus: der Clou des Programms – eine Aufnahmereihe von der Eroberung der Telefonzentrale PASTA. Nur 24 Stunden sind seitdem vergangen; der Filmreporter hält also das Vorkriegstempo der aktuellen Berichterstattung durch.*

## Bericht zur Lage
23. August 1944
Aus dem *Kriegstagebuch (KTB) der 9. Armee*:
*...In Warschau ist im Südteil der Stadt eine laufende Verstärkung des Gegners festzustellen... Das AOK richtet heute einen Antrag an die Heeresgruppe, der die Frage der Sicherung des rückwärtigen Armeegebietes zum Gegenstand hat und um Vermehrung der Sicherheitskräfte bittet...*
*Als rückwärtige Gebiete größerer Bandenansammlungen sind zu nennen: der Kampinoska-Wald nördlich Blonie, wo sich etwa 5000 Banditen befinden sollen, die laufend Zuzug von Warschauer Flüchtlingen erhalten, und die Wälder südlich Tomaczow, in denen sich etwa 6000 Aufständische zusammengefunden und inzwischen von der Leitung der AK den Befehl erhalten haben sollen, in Richtung Warschau abzuwandern...*
*Bei einer Gesamtzahl der Banditen im Armeebereich von demnach etwa 12 000–13 000 Mann wird man eine laufende weitere Zuspitzung der Sicherheitslage erwarten müssen, wozu die vorhandenen Kräfte bei weitem nicht ausreichen.*

## Präsident Roosevelt an W. Churchill
Donnerstag, 24. August 1944
*Ich danke Ihnen für Ihr Telegramm über das unmenschliche Verhalten der Nazi und die furchtbare Lage der Warschauer Polen. Stalins Antwort auf unseren gemeinsamen Vorschlag, Warschau beizustehen, ist wenig ermutigend.*
*Wie man mir sagt, ist es unmöglich, die Polen in Warschau zu versorgen, wenn es uns nicht gestattet wird, auf sowjetischen Flugplätzen zu landen und zu starten. Zur Zeit haben die russischen Behörden verboten, ihre Landeplätze zur Versorgung Warschaus zu benutzen.*
*Ich weiß nicht, welche weiteren Schritte wir im Moment tun könnten, die Erfolg versprechen.*

Bericht zur Lage
24. August 1944
Aus dem *Kriegstagebuch (KTB) der 9. Armee*:
*... In Warschau gelingt es, durch Inbesitznahme des Weichselufers nördlich der Stadtbrücke die dort abgeschnittenen Teile der Aufständischen einzukesseln und trotz heftiger Gegenangriffe die Südwand des Kessels weiter vorzudrücken. Zur Abschirmung gegen Banditengruppen, die aus dem Kampinoska-Wald in die Stadt einzudringen versuchen, ist nordwestlich Warschau eine Sperrlinie aufgebaut worden...*

25. August 1944, Warschau
Aus dem *Hauptquartier der polnischen Heimatarmee (AK)*:
*Auf den Stadtbezirk Stare Miasto halten die konzentrischen Angriffe des Feindes bei starker Feuerunterstützung weiterhin an. Der Feind wirft neue Einheiten in den Kampf. Trotz der durchgeführten Gegenangriffe bricht der Feind stufenweise und systematisch in unser Verteidigungssystem ein. Die Situation auf diesem Abschnitt wird immer ernster. Es wächst die nervliche und physische Erschöpfung der eigenen Abteilungen. Vom Vorfeld in Praga sind ab 3 Uhr bis zum späten Morgen Geräusche von Artilleriekämpfen zu hören. Die Stimmung der Soldaten und der Zivilbevölkerung hat sich gebessert. In Srodmiescie gibt es lokale Kämpfe zwischen Angriff und Verteidigung. Der Stadtteil Stare Miasto wurde von der Artillerie, Mörsern und Fliegern weniger heimgesucht als in den vergangenen Tagen. Es kann damit gerechnet werden, daß der Feind bemüht ist, unsere Kräfte in Stare Miasto zu liquidieren. Bitte obige Nachrichten nicht durch BBC bekanntgeben.*

*Lawina*
*[Bor Komorowski]*

Hilferuf an den Heiligen Vater
26. August 1944, London
Die *Agentur PAT* meldet:
*Die polnischen Frauen in Warschau haben einen Appell an Papst Pius XII. gerichtet, in dem es heißt: »Durch Patriotismus und Hingabe an unser Vaterland bewegt, kämpfen wir, polnische Frauen, für Warschau und entbehren Nahrung und ärztliche Mittel. Warschau liegt in Trümmern. Niemand hilft uns.*
*Russische Armeen, die seit drei Wochen vor Warschaus Toren stehen, machen keinen Schritt vorwärts. Die Hilfe, die aus England kam, ist ungenügend. Die Welt scheint nichts über unseren Kampf zu wissen. Nur Gott ist mit uns. Heiliger Vater, Vikar Christi auf Erden! Sollte unsere Stimme zu Dir gelangen, wir bitten Dich, segne uns, polnische Frauen, die für die Kirche und die Freiheit kämpfen.*

Appell an das Internationale Rote Kreuz
26. August 1944, London
*Exchange* berichtet:
*Der Sender der polnischen Patrioten in Warschau richtete gestern, am Freitag, einen dringenden Hilferuf an das Internationale Komitee vom Roten Kreuz. Darin wurde auf die erbarmungswürdige Lage hingewiesen, in der sich im Konzentrationslager Pruszkow die dorthin verbrachten Zivilpersonen aus Warschau befinden.*
*Tausende von Männern und Frauen und Kinder stünden vor dem Hungertod. Bereits hätten die Deutschen auch mit Massenerschießungen begonnen. Das Rote Kreuz wird dringend ersucht, sofort Vertreter in dieses Konzentrationslager zu senden.*

27. August 1944, Warschau
Aus dem *Hauptquartier der polnischen Heimatarmee (AK)*:
*Im Bezirk Stare Miasto sind schwere Kämpfe im Gange. Die eigenen Abteilungen befinden sich unter starkem feindlichen Druck. Massiver Beschuß zu Lande und aus der Luft. In Srodmiescie (Stadtzentrum) wurden das Café Club und Fraskati besetzt. Die paarige Seite der Al. Sikorskiego von der Marszalkowska bis Nowy Swiat befindet sich in unserer Hand. Der Feind leitete seinen Verkehr über die Pontonbrücke Siekierka und weiter nach Westen. Auf den übrigen Abschnitten ist eine umfangreiche beiderseitige Aktivität der Nachrichtendienstabteilungen zu beobachten. Srodmiescie wird von Mörsern beschossen und aus der Luft bekämpft.*

*Lawina*
*[Bor-Komorowski]*

Bericht zur Lage
27. August 1944
Aus dem *Kriegstagebuch (KTB) der 9. Armee*:
*... In Warschau sind die Aufständischen an mehreren Stellen zu Gegenangriffen übergegangen. Im Nordteil der Stadt gelingt es ihnen, die Notenbank wiederzubesetzen, im Südteil erzielen sie in den Vororten Sielce und Mokotow mehrere Einbrüche in die eigenen Sicherungslinien, die erst nach erbitterten Häuserkämpfen bis zum Abend wieder bereinigt werden können...*
*Die Abschirmung Warschaus nach Nordwesten gegen den Zuzug von Banden aus der Puszcza Kampinoska gedenkt das AOK offensiv zu führen, und zwar mit dem bisher in der Südstadt eingesetzten Rgt. der Brigade Kaminski, deren Verwendung in Warschau damit endet...*

Am Montag, dem 21. August 1944, werden im Stadtteil Czerniakow zwei aufeinanderfolgende Angriffe deutscher Panzer und Schützenpanzerwagen entlang der Hauptstraße und aus dem Vorort Siekierki von den Aufständischen abgewehrt.

Da es den deutschen Sturmtruppen bisher nicht gelungen ist, das Gebäude des Postbahnhofs im Stadtzentrum zu besetzen, gehen sie heute dazu über, einen neuen Angriff durch die Srebrna-Straße zu versuchen. Sie wollen dadurch den Postbahnhof von der Chmielna-Straße aus abriegeln, wo es keine zweite Verteidigungslinie gibt. Schon seit dem Morgengrauen nehmen Artillerie, Granatwerfer und Mörser die polnischen Stellungen unter Feuer, dann folgen verheerende Luftangriffe. In den Straßen sind nur Trümmerberge und Rauch zu sehen.

Jetzt rollen Panzer über die Towarowa-Straße in die Srebrna-Straße, hinter ihnen die Soldaten der SS-Brigade »Kaminski« (RONA) – ein ganzes Bataillon gegen eine polnische Kompanie. Der Stellvertreter von Kaminski, Major Frolow, befehligt das Bataillon. Er wird während der Kämpfe verwundet und kommt danach in einem der Häuser um, das die Aufständischen in Brand gesetzt haben. Die angreifenden Panzerwagen werden durch Beschuß aus den PIAT unschädlich gemacht. Erst gegen 17 Uhr ziehen sich die SS-Soldaten zurück, nachdem sie bei den Kämpfen über 30 Mann verloren haben. In der Altstadt können die AK-Soldaten auch an diesem Tag dem Druck der Einheiten von Generalleutnant Reinefarth in der Dluga-Straße und an den verbarrikadierten Zufahrten zum Schloßplatz standhalten. Trotz der zweitägigen, immer stärker werdenden Angriffe und Bombardements schaffen es die Deutschen nicht, die Altstadt in breiter Front zu erobern. General von dem Bach entschließt sich, seine Taktik zu ändern und den Stadtteil im Häuserkampf einzunehmen.

Dazu sind allerdings Waffen mit Sprengwirkung erforderlich. Die Infanterie muß sich nun auf einzelne Stellungen konzentrieren, um die Aufständischen zu zermürben. Erst wird das Vorfeld mit Granaten beschossen, ehe die Sturmtrupps sich bis auf Nahkampfentfernung heranwagen. Schutz bietet ihnen der durch intensiven Granatbeschuß entstehende Rauch. Dies führt jedoch letztlich dazu, daß von der Altstadt nur noch Trümmer übrigbleiben.

An diesem Tag erreicht der Stabschef des Hauptkommandos der AK und stellvertretender Befehlshaber General Grzegorz, zusammen mit Oberst Heller, auf dem Weg durch die Kanalisation den benachbarten Stadtteil Zoliborz. Sie wollen mit dem dortigen Distriktkommandanten Oberst Zywiciel einen gleichzeitigen Vorstoß größerer Kräfte aus Zoliborz und den Abteilungen der Altstadt organisieren. Diese Aktion soll schon innerhalb der nächsten Stunden erfolgen, ähnlich dem Angriffsschema der vorangegangenen Nacht, nur in vermehrter Einsatzstärke.

*Dieser 8-cm-Granatwerfer wird von drei Mann bedient (oben)*

*Ein polnischer Scharfschütze nimmt von seinem Deckungsloch aus den Gegner unter Feuer (rechts oben)*

*Aufständische mit den so erfolgreichen englischen Panzerfäusten PIAT (rechts unten)*

Die Führung der AK, die dringend auf Hilfe von außen wartet, versucht unterdessen, die Ungarn als Verbündete zu gewinnen. Zwei ungarische Divisionen unter deutschem Oberbefehl liegen zwischen der polnischen Hauptstadt und der Kampinos-Heide, ebenso bei Wilanow. Der Kommandant des ungarischen II. Korps hat sein Stabsquartier in Grodzisk unweit von Warschau. Vor dem Krieg waren General Vattay und anschließend General Bela Lengyel als ungarischer Militärattaché in Warschau.

Die ungarischen Einheiten sind zwar personell stark, aber nur schwach bewaffnet. Doch für die Aufständischen wäre jeder Karabiner ein großer Gewinn. Trotz aller Sympathien für die Polen wollen sich die Ungarn nicht umstimmen lassen und verstecken sich hinter den Direktiven aus Budapest. Reinefarth, der Wind von den Annäherungsversuchen zwischen Aufständischen und den Ungarn bekommt, gibt in seinem Bericht vom 21. August 1944 an, daß die »ungarischen Einheiten zurückgezogen werden müssen, denn es besteht die Befürchtung der Verbrüderung mit den Polen«.

Das Oberkommando der 9. Armee ist durch die Partisanenabteilungen in der Kampinos-Heide beunruhigt, wenn man auch deren Anzahl und Bewaffnung überschätzt. Es beschließt daher, die ungarischen Einheiten endgültig zurückzuziehen und dafür einen Teil der SS-Brigade »Kaminski« dorthin zu verlegen.

In der Nacht vom 21./22. August 1944 gelingt es mehreren alliierten Flugzeugen, über dem südlichen Teil des Stadtzentrums Versorgungsgüter abzuwerfen. Von den Containern mit Waffen und Munition fallen jedoch einige zwischen die Kampflinien, so daß erbitterte Gefechte um die Beute entstehen.

In derselben Nacht rücken gegen 2 Uhr früh aufständische Abteilungen aus Zoliborz und Entsatzkräfte aus der Kampinos-Heide in breiter Front von der Zitadelle aus zum Chemischen Institut am Grunwaldzki-Platz und gegen die deutschen Batterien in Burakowo vor. Sie sollen anschließend die Eisenbahngleise zwischen Zoliborz und der Altstadt in Besitz nehmen und damit einen Übergang zur Altstadt erzwingen. Den Angriff leitet Oberst Zywiciel.

Das deutsche Abwehrfeuer ist aber derart stark, daß es den Aufständischen fast unmöglich ist, sich in die Nähe der Gleisanlagen des Danziger Bahnhofs heranzurobben. Der Eisenbahnpanzerzug steht nahe der Zitadelle und nimmt von dort aus mit schweren Maschinengewehren und Feldgeschützen die polnischen Angreifer unter Beschuß. Nach erbitterten Kämpfen ziehen sich die AK-Soldaten im Morgengrauen zurück, obwohl Major

*Ein Teil der SS-Brigade »Kaminski« wird zur Partisanenbekämpfung in die Kampinos-Heide verlegt*

*Die schwere Artillerie eröffnet das Feuer*

Okon mit aller Energie versucht, sie davon abzuhalten. Nur einer kleinen Gruppe von Aufständischen gelingt es, sich auf die andere Seite der Eisenbahngleise durchzuschlagen. Damit bricht der polnische Angriff auf der ganzen Linie zusammen.

Unter den beinahe 500 Toten und Verwundeten befinden sich alle Kompanieführer sowie die Mehrzahl der Zugführer. Ebenso hohe Verluste haben auch die Deutschen zu beklagen. Die Offiziere der AK-Führung, die so sehr auf das Gelingen des Entsatzversuchs der Kräfte aus der Kampinos-Heide gehofft haben, glauben jetzt kaum noch an einen Erfolg des Aufstandes.

Nachdem am Dienstag, dem 22. August 1944, der Angriff auf den Danziger Bahnhof mit einer fatalen Niederlage endet, scheint das Schicksal des Aufstandes entschieden zu sein. Von diesem Augenblick an haben alle Aktionen der Aufständischen ausschließlich defensiven Charakter. General Bor-Komorowski zieht daraus die Konsequenz und befiehlt den Rückzug der starken Kampfgruppe unter Oberst Mieczyslaw, die sich von der Pilica aus auf dem Marsch nach Warschau befindet und nur noch etwa 100 Kilometer von der Hauptstadt entfernt ist.

In der Altstadt werden unterdessen Panzerangriffe und ein Sturm deutscher Infanterie auf die Barrikaden, die den Zugang zum Krasinski-Platz sperren, verbissen abgewehrt. Am Abend besetzt dagegen der Feind das historische Gebäude des Arsenals (Zeughaus), aus dem sich die Aufständischen zurückgezogen haben, um neue Stellungen in der Simons-Passage zu besetzen. Die Altstadt verwandelt sich allmählich in eine Steinwüste, und immer häufiger müssen sich die Aufständischen von der Bevölkerung böse Verwünschungen anstatt der bisher aufmunternden Worte anhören. Die Reihen der Soldaten lichten sich zusehends, manche desertieren sogar.

Selbst innerhalb der Eliteabteilungen, wie der Gruppe »Radoslaw«, beginnt die Kampfmoral zu schwinden. Sie haben in Wola viele Waffenkameraden verloren, Tod und Verwüstung kennengelernt. Wie lange kann man derartiges ertragen, besonders da keine Hilfe zu erwarten ist. Das Bewußtsein der Machtlosigkeit gegenüber einer ständigen Bedrohung, dazu Hunger, Auszehrung, Mangel an Schlaf und das aufkommende Gefühl, alle Anstrengungen seien nutzlos, verschlechtern die Lage deutlich.

Ohne die Versorgungsabwürfe aus der Luft hätte die Altstadt längst keine Munition mehr. Es ist die einzige Unterstützung und daher nicht verwunderlich, daß die Aufständischen den Nachthimmel ständig beobachten.

Die Container mit Munition ermöglichen es ihnen oft, die im Laufe des Tages verlorengegangenen Stellungen nachts wieder zurückzuholen. Seit einer Woche jedoch bleiben die alliierten Flugzeuge aus. Die letzten Abwürfe aus 26 Maschinen sind in der Nacht vom 14./15. August erfolgt.

Tagelang warten die polnischen Soldaten ungeduldig auf Nachschub, ohne jedoch zu wissen, daß die verhältnismäßig hohen Verluste an fliegendem Personal die Engländer davon abhalten, weitere Hilfssendungen nach Warschau zu schicken. Die polnischen, englischen und südafrikanischen Fliegerstaffeln büßen bei diesen abenteuerlichen Flügen zahlreiche Maschinen und Besatzungen ein.

Durch das Verlegen einiger deutscher Nachtjagdgeschwader nach Ungarn, Südpolen und in den Raum Warschau werden viele der zurückkehrenden »Liberator« oder »Halifax« abgeschossen. Es gibt Nächte, in denen über 50 Prozent der gestarteten Flugzeuge nicht zurückkehren.

Die Flieger der Versorgungsstaffeln versuchen trotz aller Zurückhaltung der RAF, jede Flugmöglichkeit zu nutzen, vor allem die polnischen Besatzungen. Selbst als ihnen die Flugzeuge fehlen, leihen sie sich die Maschinen von englischen Geschwadern aus. Der britische Luftmarschall Sir John Slessor ist allerdings nicht von der Wirksamkeit dieser Aktionen überzeugt.

Hauptmann Wilhelm Johnen, Gruppenkommandeur der deutschen Nachtjagdgruppe I (NJG I), ist mit seinem Geschwader derzeit in Ungarn stationiert. Seine Einsätze richten sich gegen russische Partisanenflüge und gegen die nach Warschau fliegenden britischen Maschinen: »22. August 1944, 20.00 Uhr. Die Division meldet die Engländer über der Adria mit Kurs Nordost. Meine Besatzungen springen vor Freude: endlich etwas los! Endlich eine Gelegenheit zur Bewährung! Meine Abschüsse haben den Ehrgeiz der Piloten angestachelt, und ich muß die allzu Eifrigen beruhigen, die bereits in voller Montur einsatzbereit dastehen: ›Immer mit der Ruhe, Kameraden, und äußerste Vorsicht! Die Überraschung des Gegners ist der halbe Abschuß!‹

Aber die Burschen sind nicht mehr zu halten. Sie verfolgen genau den Anmarschweg der Pulks, und bei jeder Durchsage, die den Pulk in Richtung auf Belgrad mel-

*Da fast alle Bäckereien außer Betrieb sind, freut man sich über einen trockenen Kanten Brot (links)*

*Auf dem Flughafen Bari/Italien werden die Maschinen für den Flug nach Warschau mit Containern beladen (rechts)*

*Hauptmann Wilhelm Johnen, Gruppenkommandeur der in Ungarn stationierten deutschen Nachtjagdgruppe I (unten)*

det, stimmen sie ein Freudengeheul an. Dann ist es soweit. Mit sechs Maschinen starte ich los, weitere sechs bleiben am Boden als Reserve für die Bekämpfung der Rückflüge in den späten Nachtstunden.

Der englische Bomberverband überfliegt haargenau unsere Jagdräume. Im Funksprechverkehr gebe ich meinen Besatzungen die letzten Befehle und Anweisungen durch. Mein Jagdraum liegt am weitesten südlich, also müssen in meinem Raum die ersten Bomber auftauchen.

Die Bodenstation und Funker Graßhoff suchen den Luftraum ab. Auf dem Braunschen Rohr tauchen die ersten Feindzacken auf. Ich muß möglichst bald abschießen, um meine Besatzungen auf die Fährte zu bringen. Wenige Minuten nach der Erfassung durch das Suchgerät taucht der mächtige Schatten des Bombers aus dem Dunkel auf: eine viermotorige Halifax.

Schon der erste Angriff sitzt, mächtige Flammen schlagen aus den vollen Benzintanks, die Besatzung springt sofort ab und rettet sich mit dem Fallschirm. Noch eine Weile hält sich das brennende Wrack in der Luft, dann kippt der mächtige Kahn mit seinen 44 m langen Tragflä-

*Der zweisitzige Nachtjäger Me 110 wird startklar gemacht*

chen nach vorn ab und stürzt explodierend in die Tiefe...
Das ist das Fanal zum Angriff. Meine Besatzungen stürzen wie die Habichte auf die englischen Bomber, und einer nach dem andern muß zu Boden. Ich zähle feste mit, Nummer eins, zwei, drei, vier, fünf, sechs, – dann Pause. Nummer sieben schieße ich selbst ab, dann folgen Nummer acht und neun. Nach drei Stunden ist der Einsatz beendet. Ich lande als erster und zähle die heimkehrenden Maschinen.
Die Piloten gebärden sich wie verrückt, rasen im halsbrecherischen Tiefflug über den Platz und wackeln mit den Tragflächen. Nacheinander melden sie mir strahlend und voller Stolz ihre Abschüsse. Die Division hängt schon an der Strippe und verlangt meinen Einsatzbericht. Der lautet kurz und bündig: ›6 Maschinen eingesetzt, Einsatzdauer 3 Stunden, 9 Feindbomber abgeschossen, Verluste keine. Zwei Maschinen wegen Beschuß ausgefallen, 10 Maschinen wieder einsatzbereit.‹
... Wieder schrillt das Telefon. Die Engländer kommen zurück. Jetzt hat auch meine zweite Welle Gelegenheit zur Bewährung. Es ist 3.00 Uhr morgens, als die Division den Startbefehl durchgibt. Oberleutnant ›Igen‹ ist mit von der Partie. Ich schaue den startenden Maschinen nach und drücke den Daumen für meine Besatzungen. Auf dem Gefechtsstand hören wir mit Spannung den Boden-Bord-Verkehr der Maschinen ab. Nach langem Warten meldet Feldwebel Hubatsch die erste Feindberührung, dann verstreichen bange Minuten, bis sich Hubatsch wieder meldet... Das ist der zehnte Abschuß in dieser Nacht. Weitere vier folgen.
Ich schätze, daß ungefähr dreißig englische Bomber eingeflogen sind, davon beißen vierzehn ins Gras. Ein schöner Erfolg für meine Staffel! Auch die sechs Besatzungen der zweiten Welle kehren heil zurück. – In den nächsten Nächten kommen wir nicht mehr zur Ruhe, denn ununterbrochen rollt der Nachschub von Italien nach Warschau. Die Engländer lassen sich durch die enormen Verluste nicht beirren. Nacht für Nacht steigen die fliegenden Güterwagen auf, Nacht für Nacht schießen wir die vollgepfropften Kästen vom Himmel. Aber auch eine meiner Besatzungen stürzt nach einem Luftkampf brennend ab.«
Am Mittwoch, dem 23. August 1944, werden die Polizeikommandantur, das Gebäude des ehemaligen Innenmi-

nisteriums und die daran anschließende Heilig-Kreuz-Kirche in der Warschauer Prachtstraße Nowy Swiat von etwa 250 Aufständischen angegriffen, bestehend aus fünf AK-Kompanien unter Oberleutnant Harnas, dazu Pioniertruppen und weibliche Minenpatrouillen. Von hier aus halten sie 160 gut bewaffnete deutsche Soldaten der benachbarten Stadtviertel unter Kontrolle.
Die deutsche MG-Stellung im Einfahrtstor wird durch ein PIAT-Geschoß ausgeschaltet. Danach dringen die Aufständischen in die Kirche ein, wo ein heftiger Kampf entbrennt. Nach wenigen Minuten ist der Widerstand gebrochen, ein Teil der Deutschen flieht hinauf in die Kirchtürme. Die Aufständischen verbarrikadieren den Eingang der Kirche, da von den gegenüberliegenden Universitätsgebäuden, die in deutscher Hand sind, mit Gegenangriffen zu rechnen ist. Tatsächlich gerät die Kirche schon nach kurzer Zeit durch Beschuß von gegenüber in Brand.
Nach mehrstündigen Kämpfen schaffen es die Aufständischen, von der Kirche aus in die anliegenden Gebäude der Polizeikommandantur und des ehemaligen Innenministeriums vorzudringen. Hier erobern sie große Mengen Waffen und Munition. Einigen Deutschen gelingt zwar die Flucht in die benachbarten Gebäude der Uni-

*Zünder der englischen Panzerabwehrwaffe PIAT (oben)*

*Eine der Warschauer Kirchen, die von den nächtlichen Bränden hell erleuchtet werden (unten)*

*Die Dluga-Straße nach ihrer Zerstörung durch Bomben und Granaten*

versität, doch geraten Dutzende von ihnen in polnische Gefangenschaft.
Dieses erfolgreiche Ereignis verbreitet sich im Stadtzentrum wie ein Lauffeuer und hebt die Stimmung der fast schon verzweifelten Bewohner. Als weiterer Erfolg dieses Tages zählt der Abschuß eines Stuka-Flugzeuges, was der Bedienung eines schweren MG aus den Ruinen des Rathauses gelungen ist. Das Flugzeug stürzt auf die Hipoteczna-Straße und geht in Flammen auf.
In der Altstadt werden am Nachmittag feindliche Angriffe von Muranow aus auf die Bonifraterska-Straße, dann vom Weichselufer auf das Gebäude der Notenbank (WPW) sowie auf den Schloßplatz zurückgeschlagen. Die Dluga-Straße kann trotz der Brände in der Simons-Passage, deren Mauern durch Detonation eines »Goliath« zusammengestürzt sind, gehalten werden.
Jetzt herrscht nicht nur tagsüber, sondern auch in den Nächten keine Ruhe mehr. Die mit Trümmern bedeckten Straßen, zusammengestürzte Häuserwände, aufgerissenes Pflaster, alles wirkt wie nach einem Erdbeben. Den dunklen Spätsommerhimmel erhellt zeitweilig eine Leuchtrakete oder die Schußbahn der Leuchtspurgeschosse. Immer wieder erschüttern explodierende Artilleriegranaten die Altstadt, daneben das unheimliche Geräusch der Mörserwerfer.
Die Bevölkerung versteckt sich in den Kellern, doch die zerstörten Häuser bieten kaum noch Schutz. In den Straßen häufen sich die Leichen, es gibt kaum noch einen freien Platz, um sie zu begraben. Die zurückkehrenden Aufständischen sind dermaßen erschöpft, daß manche von ihnen im Stehen einschlafen.
Am Donnerstag, dem 24. August 1944, erobern in der Altstadt deutsche Einheiten unter Oberst Willi Schmidt nach zehnstündigen Kämpfen einen Teil der zerstörten Gebäude des Spitals für Geisteskranke in der Bonifraterska-Straße. Ebenso gehen die Schule in der Rybaki-Straße sowie ein Wohnhaus auf dem Gelände der Notenbank (WPW) in deutsche Hände über. Dagegen können die Aufständischen den vorgeschobenen feindlichen Keil zwischen der Simons-Passage und der Bank Polski wieder besetzen und im Gegenangriff die Deutschen bis zum Radziwill-Palast hinausdrängen und anschließend neue Verteidigungsstellungen beziehen.
Da die Polen über keine Luftabwehr verfügen, wird die Altstadt jetzt pausenlos von der Luftwaffe bombardiert. So liegt auch die Notenbank (WPW) im Bombenhagel. Von hier aus befehligt der schwer verwundete Oberstleutnant Lesnik seine Abteilungen. Allen AK-Einheiten, die ihm nicht unterstehen, ist der Zutritt zu dem Gebäude untersagt, in dem sich ein reichhaltiges deutsches Versorgungslager befindet, sogar Orangen, die die Polen aus der Friedenszeit kaum noch kennen. Auch im

*Hinter einer Hauswand bereiten deutsche Soldaten einen Sprengpanzer »Goliath« für den Einsatz vor*

angrenzenden Nordteil des Stadtzentrums toben schwere deutsche Angriffe gegen die Krolewska-Straße und die Bormann-Fabrik in der Srebrna-Straße, die immer wieder erfolgreich zurückgeschlagen werden.
Am Nachmittag entschließt sich General Bor-Komorowski, sein Hauptquartier von der Altstadt in die Stadtmitte zu verlegen. Dies ist jedoch mit äußersten Schwierigkeiten verbunden: Die zum Stadtzentrum führenden Kanäle sind sehr niedrig, was ein mehrstündiges Laufen in gebückter Haltung durch fürchterlich stinkenden Schlamm bedeutet. Und es ist ungewiß, ob die älteren Leute diesen Kanaldurchgang körperlich durchhalten.
Es werden kurzfristig neue unterirdische Wege erkundet, wobei man allerdings feststellt, daß der Hauptkanal unter den deutschen Stellungen und auch unter vielen zerstörten Häusern verläuft, wo sich die Abwässer dermaßen stauen, daß es kein Durchkommen gibt. Erst die Öffnung der zentralen Schleuse durch einen Sondertrupp von AK-Pionieren in der Trasse Zoliborz bewirkt ein Fallen des Abwässerspiegels zwischen der Altstadt und dem Stadtzentrum.
Am Freitag, dem 25. August 1944, erzielen polnische Soldaten in der Stadtmitte einen beachtlichen lokalen Erfolg: Um 5 Uhr morgens stürmt eine Kompanie vom Bataillon »Kilinski« das Cafe »CLUB« gegenüber der

*Ein Soldat der polnischen AK wird von seinen Kameraden aus der Kanalöffnung gezogen (links)*

Bank für Landwirtschaft und überwältigt die Verteidiger. Bei diesem Kampf fallen 18 Deutsche, vier geraten in Gefangenschaft, außerdem können 12 als Geiseln gefangene Polinnen befreit, dazu Waffen und Munition ohne eigene Verluste erbeutet werden. Auf diese Weise gerät die ganze Seite der einstigen Prachtstraße Nowy Swiat mit den geraden Hausnummern in polnische Hände. Zur Zeit ist der feindliche Druck auf das Stadtzentrum etwas schwächer, da in der Altstadt die entscheidenden Kämpfe stattfinden.

An diesem Tag verschärfen sich in der Altstadt die Angriffe auf die polnische Notenbank (WPW), ebenso auf den Gebäudekomplex des Spitals für Geisteskranke, wo die Abteilung »Czata« um jeden einzelnen Saal des Krankenhauses kämpft. Unterdessen explodiert in der Nähe des Schlosses ein ferngelenkter »Goliath« und bringt die Wand des linken Kirchenschiffs der Kathedrale des »Heiligen Johannes« zum Einsturz. Durch den Mauereinbruch zwängt sich jetzt ein »Panther«-Panzer in das Innere des Gotteshauses und dient den nachfolgenden deutschen Grenadieren als Deckung. Durch einen Gegenangriff des Bataillons »Wigry« in die Enge getrieben, ergreifen die Grenadiere mitsamt der Panzerbesatzung die Flucht. Das sofort einsetzende MG-Sperrfeuer verhindert allerdings, daß die Aufständischen den Panzer mit selbstgebastelten Benzinflaschen in die Luft jagen. Die Grenadiere machen plötzlich eine Kehrtwendung, dringen erneut in die Kathedrale ein, setzen den Panzer wieder in Gang und ziehen sich im Schutz des MG-Feuers in den Schloßhof zurück.

Seit dem 25. August 1944 gelangen Verwundete, Nachhuteinheiten und ein Teil der Zivilbevölkerung durch das Kanalsystem von der Altstadt nach Zoliborz, wo die Aufständischen bereits tagelang versuchen, den Feind aus wichtigen Widerstandspunkten, ebenso im benachbarten Marymont, hinauszudrücken. Hier haben die SS- und Ostformationen gewütet, die Häuser systematisch niedergebrannt und die Bewohner mit unbekanntem Ziel abtransportiert.

In der Nacht vom 25./26. August 1944 folgen jene Offiziere dem Hauptkommando der AK, die keine Möglichkeit mehr haben, die Aktionen vom eingekesselten Gebiet der Altstadt aus zu leiten, durch den Kanal zum Stadtzentrum. In der Altstadt verbleiben lediglich der Befehlshaber der Gruppe Nord, Oberst Wachnowski, und sein Stab. Er soll bis zuletzt die Verteidigung der Altstadt führen.

Ungezählte Altstadtbewohner, die das Inferno überlebt haben, strömen jetzt aus allen Richtungen zusammen. Sie rennen durch offenes Gelände und nutzen die kurzen Pausen zwischen dem MG-Sperrfeuer und den Detonationen der Granaten. Unter dem fast ständigen Beschuß versuchen sie, die nächstgelegenen Häuser neben dem Kanaleinstieg zu erreichen. Der Weg dorthin ist durch

*Nur noch einzelne Hausfassaden sind in der Miodowa-Straße/Ecke Krasinski-Platz stehengeblieben (links)*

*Dieser AK-Mann ist irrtümlich auf der »falschen Seite« aus dem Kanal gestiegen (rechts)*

Leichen von Frauen und Kindern gekennzeichnet. Die Menschen sammeln sich auf den Hinterhöfen, in den Ruinen oder Kellerräumen der niedergebrannten Häuser in der Dluga-Straße und am Krasinski-Platz.

Die für den Kanaleinstieg zuständigen Wachposten können diese Menschenlawine nicht aufhalten. Den Vortritt haben Verwundete und AK-Soldaten. Ein flacher Laufgraben führt von den Häusern zum Einstieg, der mit Sandsäcken umlegt ist. Daneben türmen sich die verschiedenartigsten Gepäckstücke, die die Bewohner in letzter Minute zurückgelassen haben. Der Offizier am Kanaleinstieg gibt jeweils ein Zeichen, wann die Aufständischen und Verwundeten heranrobben sollen. Plötzlich tauchen Tiefflieger auf, und alle bleiben wie erstarrt liegen.

Major Sadowski berichtet: »Dumpfes Trommeln war zu hören, dann flogen Steine, Holz- und Eisenstücke durch die Luft. Eine undurchdringliche Wand aus Staub und Rauch verdeckte alles. Die Lungen konnten kaum atmen. Bevor der Staub sich gesetzt hatte, nützte irgendeine Gruppe dies aus, sprang auf und jagte über die Straße. In gebückter Haltung schlüpfte einer nach dem anderen in den Einstieg. Inzwischen war eine Stunde vergangen. Die Abteilungen begannen nun, mit ihren Waffen in den Kanal einzusteigen. In den Stellungen verblieben lediglich Schutzwachen in Stärke von etwa 10–12 Mann.«

Bereits drei Tage und Nächte lang wechseln die Aufständischen durch die Kanalisation ihren Einsatzort. An den Haltegriffen im Einstieg hangeln sie sich nach unten bis auf acht Meter Tiefe. Leutnant Chilecki: »Die Augen vermißten plötzlich das Licht und die Ohren das Geräusch der Waffen, keine Explosionen und Detonationen mehr, die Beine tauchten in die kalte widerwärtige Brühe. Die Vibration der fließenden Abwässer erzeugte eine gewisse Erleichterung. Man hatte das Gefühl, als wäre man nun gerettet. Doch die ungewohnte Stille begann, anstatt zu beruhigen, eine gewisse Furcht vor neuen unbekannten Gefahren zu erzeugen. Einige Tage zuvor stieß nämlich eine Gruppe von Aufständischen in den Kanal Richtung Zoliborz. Durch einen Stau der Abwässer verursachten die Deutschen eine Überflutung der Kanäle. Dadurch fanden alle den Tod. Die starke Strömung riß die Leichen mit und trug sie in die Weichsel.

An einem anderen Tag warfen die Deutschen Karbid in die Kanäle, wiederum ein andermal war es eine ätzende Flüssigkeit oder Benzin. Der brennende Strom im schmalen Kanalbett vernichtete viele Menschen... Plötzlich hörte ich das Ächzen von unterdrücktem Schmerz am Einstiegsloch, das an den Wänden des Kanals wie ein Echo widerhallte. Man hatte soeben einen mit Bandagen zusammengebundenen, fast bewegungslosen Körper eines Schwerverwundeten herabgelassen. Es waren Soldaten, die ihren verwundeten Kommandanten aus der Altstadt wegtragen wollten. Sie hatten selbst Arme und Köpfe bandagiert.

Im Kanal formierten sich die Menschen zu einer langen Schlange. Von vorn kam die Warnung, sich möglichst geräuschlos zu bewegen. Alles hinge davon ab. Immer der Leine nachgehen... Es waren viele Verwundete. Sie konnten sich kaum aus eigener Kraft fortbewegen. Manche gingen wie betrunken, stützten sich mit ausgebreiteten Armen an den schlüpfrigen Kanalwänden, versanken immer wieder oder fielen in die stinkende Jauche. Schweigend tapste auch eine größere Gruppe von deutschen Gefangenen hinter uns. Sie waren sich bewußt, daß sie in der Dunkelheit kein Wort von sich geben durften, denn die Nervenanspannung hätte leicht unsere Gemüter erregen können. Womöglich wären sie in Stücke zerrissen worden, ehe man erfuhr, daß sie Gefangene sind. Ein Beamter der Kanalisations- und Wasserversorgungsverwaltung hatte die Führung dieser Gruppe übernommen. Die Leute waren so erschöpft und geschwächt, daß sie sich an den glatten und klebrigen Kanalwänden stützen mußten.

Die Schlange geriet jetzt wieder in Bewegung und schob sich vorwärts. Die Menschen gingen gebückt, einer nach dem anderen, und hielten sich krampfhaft an der Kleidung, an den Händen oder am Rucksack des Vorangehenden fest. Alle verfolgten aufmerksam das an der Deckenwölbung dahinhuschende Licht des Führers, das wie ein Irrlicht erschien und ab und zu verschwand.

Es war jedoch äußerst schwierig, jedes Geräusch zu vermeiden. Das Wasser reichte bis an die Knie, manchmal auch noch höher. Immer wieder stieß man mit den Füßen an irgendetwas Weiches und Gluckerndes, zurückgelassene Gepäckbündel, Ausrüstungsgegenstände der Aufständischen oder Körper derjenigen, die es nicht geschafft haben. Plötzlich verengte sich der Kanal. Der Schwerverwundete konnte nicht weiter getragen werden. Sie legten ihn auf eine Decke, die jedoch nach kurzer Zeit zerfledderte.

Es blieb nur die Möglichkeit, den Mann auf den Schultern weiterzuschleppen, doch schon bald ließen die Kräfte nach, und sie legten den Verwundeten in den Schlamm. Dadurch mußten alle anhalten, denn der weitere Weg war jetzt versperrt. Die Soldaten baten, es möge ihnen jemand helfen, den Verletzten zu tragen. Da sich niemand meldete, zog einer der Aufständischen seine Pistole und erklärte in seiner Verzweiflung, daß er ohne Pardon schießen werde, falls man ihm die Hilfe versagen würde. Endlich stellten sich mehrer Leute zur Verfügung...

Es vergingen bange Stunden... Plötzlich hörten wir von der Spitze der Kolonne die Warnung. – Achtung, Einstieg! Deutsche! Die Warnung durchlief die ganze Linie. Jetzt mußten wir anhalten, horchen und zurückgehen. Manche Leute rutschten ab, fielen um, verursachten Hindernisse. Auf der Straßenebene über uns befanden sich Deutsche. Am Einstieg hörte man die gemessenen Schritte, das Knirschen der beschlagenen Stiefel, Gespräche und Lachen...

Die Nerven versagten ihren Dienst. Manche Menschen begannen zu schreien. Es kam ihnen so vor, als hätten die Deutschen mit Granaten nach ihnen geworfen. Sie rutschten im Schlamm aus. Keiner konnte sich aus eigener Kraft erheben, es ging weder vor noch zurück. Der Pistolenschuß eines Selbstmörders war zu hören, irgendjemand stürzte. Nach einer Weile gab es von ihm keine Spur mehr. Sobald die Kolonne für Augenblicke anhielt, stützten sich manche an der schmierigen Wand und schliefen sofort ein...

Den am meisten gefährdeten Abschnitt hatten wir glücklicherweise hinter uns. Jetzt war die Stimme des Führers zu hören: – Niedriger Kanal! Die Menschenschlange bewegte sich weiter... Als ein Lichtschein in den Kanal drang, wußten wir, die qualvolle Wanderung ging dem Ende entgegen. Nachdem die Spitze der Kolonne angehalten hatte, konnten sich Grüppchen von 3–4 Personen vorschieben. Es mußte weiterhin größte Stille bewahrt werden. Wieder gingen drei Leute vor, sahen aber noch nichts.

Auf einmal kam irgendein Licht im Gewölbe auf uns zu. Der Kolonne näherte sich eine Gestalt in Uniform und mit deutschem Helm, in der einen Hand einen Revolver, in der anderen eine Laterne. Einer der Aufständischen hob seine Pistole, den Finger am Abzug, dann ein erleichterndes Aufatmen. Es erschien ein Soldat, den uns der Befehlsstab entgegengeschickt hatte, um die Kolonne weiterzulotsen. Nun waren alle dermaßen von dem Ereignis erschöpft, daß die Beine ihnen den Dienst versagten. Wir baten um eine kurze Pause, bevor es nach wenigen Minuten wieder weiterging. Die Menschen waren am Ende ihrer Kräfte. ›Nur noch wenige Schritte bis zum Ausstieg in der Warecka-Straße‹ – sagte der Lotse ...

Ein frischer Luftzug war zu spüren, heller Sonnenschein drang ein. Starke junge Arme ergriffen die Hände der Ankommenden und zogen sie nach oben ... Es schien uns, als kämen wir in eine andere Welt. Hier standen noch unzerstörte Häuser, die meisten Fenster mit Scheiben, außerdem viele Bäume. Der Führer beobachtete uns, wie wir mit größter Anstrengung, mit eingefallenen Wangen und verstörtem Blick herausstiegen, Menschen, an denen der klebrige Schlamm herablief ...«

Am Sonnabend, dem 26. August 1944, erleiden die Einheiten der moskautreuen Volksarmee (AL) während eines intensiven Bombardements auf die Altstadt schwere Verluste: Ein vierstöckiges Wohnhaus auf der Freta-Straße stürzt zusammen und begräbt unter seinen Trümmern den Stab der AL des Distrikts Warschau sowie viele Soldaten und Zivilpersonen.

An diesem Tag können die AK-Abteilungen in der Altstadt sich noch in den Ruinen des Rathauses, in der Bank Polski und in der Simons-Passage halten und gleichzeitig den Angriffen in der Miodowa-, Podwale-, Piwna- und Swietojanska-Straße widerstehen. Im Spital für Geisteskranke dagegen gelingt es den Deutschen, durch Ausheben eines Tunnels in die Kellerräume zu gelangen und von hier aus die Abteilung »Czata« zu verdrängen. Das von den Soldaten der Kampfgruppe Oberst Lesnik besetzte Gebäude der Notenbank (WPW) wird zum Teil von deutschen Sturm- und Pionierabteilungen erobert.

*Auch das Rathaus am Theater-Platz ist nicht verschont geblieben*

*Im Justizgebäude: Links Oberst Lesnik (Jan Szypowski) im Gespräch mit den Männern seiner Abteilung (oben)*

*Raketengetriebene Werfergeschosse, die direkt aus den Verpackungen abgefeuert werden (rechts)*

Die Verteidiger der Kathedrale des »Heiligen Johannes« behaupten weiterhin ihre Stellungen, obwohl sie vor Müdigkeit fast umfallen und weder Verpflegung noch Wasser haben. Die Kämpfe im Innern des Gotteshauses dauern bereits seit einigen Tagen. Deutsche Grenadiere haben sich im großen Mittelschiff verbarrikadiert und halten die Stellung über der Sakristei, am Eingang zum Turm. Einer der Aufständischen versucht, Munition zu organisieren, erhält aber von Major Rog nur vier Granaten. Der Abschnittsführer hat lediglich noch etwa 100 Schuß für Maschinenpistolen und 12 Handgranaten. Es bewahrheiten sich die Worte aus dem Sonderbefehl von Oberst Wachnowski – die Ruinen dienen den Aufständischen als Schanze.

Die Soldaten in der Altstadt kämpfen mit unvorstellbarem Mut und Opferbereitschaft, wenn es auch ab und zu vorkommt, daß der inspizierende Offizier seine zu Tode erschöpften Soldaten in ihren Stellungen schlafend antrifft. Der Dienst rund um die Uhr macht sich bemerkbar. Manche sind außerstande, noch auf feindliche Angriffe zu reagieren oder die über ihren Köpfen heulenden Stukas und detonierenden Granaten wahrzunehmen. Allmählich erlahmt die Widerstandskraft in der Altstadt. Mit jedem Tag verengt sich der ohnehin knappe Raum. Und immer von neuem gehen Bomben und Granaten auf die Trümmer nieder, die zu Staub zermalmt werden. Die Deutschen müssen sich jedes Haus und jeden Trümmerberg einzeln erkämpfen. Die Aufständischen machen es ihnen trotz kräftemäßiger Unterlegenheit nicht leicht, sie unternehmen sogar häufig wirksame Gegenangriffe.

*Aus Sicherheitsgründen dürfen die Einwohner ihr Essen nur auf den Höfen kochen*

Für die Bevölkerung aber, die bisher alle Schwierigkeiten bereitwillig ertragen hat, ist nun die Grenze der Belastbarkeit überschritten. Es fehlt an Brot, selten gibt es einen Teller Suppe. Die Ruhr verbreitet sich aufgrund der fatalen sanitären Verhältnisse. Die Menschen trinken unabgekochtes Wasser aus verunreinigten Brunnen, und die Epidemie erfaßt das ganze Stadtviertel. Die feindlichen Flugzeuge werfen außer Bomben auch Flugblätter ab, in denen im Namen des Generals von dem Bach die Menschen zum Verlassen der Stadt ermuntert werden.

Ein Vertreter der in den Kellern hausenden Bevölkerung sucht daraufhin Major Rog auf, um für die Bewohner die Erlaubnis zum Verlassen des Stadtteils zu erhalten. Rittmeister Zawalicz wirft den Mann jedoch mit der Warnung hinaus, daß auf jeden, der es wagen sollte, das bedrohte Stadtviertel zu verlassen, wie auf einen Verräter geschossen wird.

Die Nachricht von der Verlegung des Hauptkommandos in das Stadtzentrum verbreitet sich trotz der Geheimhaltung unter den Einwohnern der Altstadt wie ein Lauffeuer und trägt zur Panik bei. Die Bevölkerung sieht im Weggang von General Bor-Komorowski und seiner Stabsoffiziere eine Flucht.

Von diesem Augenblick an desertieren viele Soldaten. Einige der Mannschaftsführer melden sich bei Oberst Wachnowski mit dem Vorschlag, sich nach Zoliborz durchzuschlagen, um Waffen und Munition zu holen. Wer die Erlaubnis dazu erhält, kommt allerdings nicht mehr zurück.

Nachdem General Bor-Komorowski die Stadtmitte erreicht hat, richtet er sein Hauptquartier im Gebäude der Bank PKO in der Swietokrzyska-Straße Ecke Jasna-Straße ein. In den Kellern befinden sich gut ausgebaute Luftschutzräume, die man noch vor Kriegsausbruch speziell für diese Zwecke eingerichtet hat. Der General und sein Stellvertreter Grzegorz erhalten ein Zimmer in der 2. Etage und haben endlich nach vier Wochen wieder Gelegenheit, sich zu waschen, saubere Sachen anzuziehen und sich richtig auszuschlafen.

*Die Anwohner der Jasna-Straße versuchen, aus den brennenden Häusern einen Teil ihrer Habe zu retten (rechts)*

In den Abendstunden und in der darauffolgenden Nacht vom 26./27. August 1944 können durch einen Gegenstoß der Abteilungen »Zoska« und »Czata« unter Oberst Radoslaw die unteren Etagen der Notenbank (WPW) den Deutschen wieder abgerungen und der Haupteingang zum Gebäude freigekämpft werden. In derselben Nacht beginnt auch der bereits seit Mitte August vorbereitete Angriff der AK in Czerniakow Richtung Powisle. Im Morgengrauen erobern die Kompanien K1 und B3 vom Regiment »Baszta« das Kloster der Nazarethinnen in der Czerniakowska-Straße, während das Bataillon »Garda« den mittleren Teil der Podchorazy-Straße erreicht.

Die SS-Brigade »Kaminski« zieht man jetzt von der Front in Warschau zurück, aber nicht weil sie raubte, mordete und die Bevölkerung quälte, sondern lediglich wegen ihres zu geringen Kampfwertes. Und Kaminski selbst wird nicht wegen seiner brutalen Methoden gegenüber der polnischen Zivilbevölkerung von einem deutschen Feldgericht zum Tode verurteilt, sondern angeblich wegen persönlicher Bereicherung bei den Plünderungen in Warschau. Es gibt auch noch andere Versionen. Sein Sterbedatum soll in den Personalpapieren der SS unter dem 4. Oktober 1944 vermerkt sein.

Am Sonntag, dem 27. August 1944, ist die gesamte Altstadt bereits seit dem frühen Morgen schweren Luftangriffen sowie dem Artilleriebeschuß ausgesetzt. Trotzdem gelingt es den Polen, einen Angriff vom Weichselufer in Richtung Mostowa-Straße zu stoppen.

Die Abteilungen des Rittmeisters »Boncza« vereiteln unterdessen das deutsche Vorhaben, die Kathedrale des »Heiligen Johannes« in die Luft zu sprengen. Dabei fallen ihnen etwa 100 Kilogramm Sprengstoff in die Hände. Sechs deutsche Panzergrenadiere kostet es das Leben. Die Kathedrale bleibt aber immer noch von einigen Deutschen besetzt.

Nach stundenlangen Kämpfen um die Barrikaden, die die Zufahrten zum Schloßplatz sichern, können die Abteilungen vom Bataillon »Gustaw« ihre Stellungen nur mit äußerster Kraftanstrengung halten. Die Deutschen verlieren hier etwa 40 Tote und Verwundete. Schwere Kämpfe toben auch in der Notenbank (WPW), hier geht es um jedes einzelne Geschoß und jeden Gebäudeteil.

Die ständigen Luftangriffe, dazu der pausenlose Beschuß zeigen ihre Wirkung: Unter den Trümmern liegen Tausende von Toten, und in den noch vorhandenen Kellern verbergen sich die Bewohner und Schwerverletzten, deren Zahl sich auf etwa 7000 beläuft. Seit einer Woche muß ohne Betäubung operiert werden, da keinerlei schmerzstillende Mittel vorhanden sind. Zu allem Übermaß herrscht eine unerträgliche Hitze. Ein Glas mit frischem Wasser kostet 600 Zloty. Die Verschütteten kann niemand mehr bergen. Sie müssen sich, wenn es geht, selbst aus den brennenden Trümmern herausbuddeln, sind vom Rauch und dem Staub geblendet, schwarz vom Ruß und halb bei Besinnung.

In der Nacht vom 27./28. August 1944 beginnt die deutsche Stoßgruppe unter Oberst Schmidt ihre entscheidenden Aktionen, die Eroberung der Notenbank (WPW).

*Kaminski (Mitte) bespricht sich mit den Männern seiner ukrainischen SS-Brigade (links)*

*Das Bataillon »Gustaw« sammelt sich, um nach Anweisung die neuen Stellungen zu beziehen (rechts)*

*Drei deutsche Infanteristen suchen Schutz in einem Erdloch (unten)*

# 5. Woche
**28. August – 3. September 1944**

Bericht zur Lage
28. August 1944
Aus dem *Kriegstagebuch (KTB) der 9. Armee:*
*... In Warschau werden im Zuge der Verengung des Nordkessels wieder einige Häuserblocks genommen, im Südteil der Stadt dagegen verstärkt sich der Feind laufend weiter. Überhaupt erweist sich die Niederschlagung des Aufstandes immer mehr als eine sehr harte Aufgabe, deren baldige erfolgreiche Beendigung von Tag zu Tag fragwürdiger wird, zumal die eigenen Verluste verhältnismäßig hoch sind ...*
*Die Aufständischen, obwohl sie an schweren Waffen unterlegen sind, sind nach den vorliegenden Nachrichten ohne weiteres in der Lage, ihre Verluste durch laufende Rekrutierung aus dem flachen Land immer wieder zu ersetzen, wobei ihnen das weitverzweigte Kanalisations- und Gängesystem unter der Stadt, durch das sie ihre Verstärkungen heranbringen, außerordentlich zu statten kommt ...*

29. August 1944, Warschau
Aus dem *Hauptquartier der polnischen Heimatarmee (AK):*
*Stare Miasto. Der Feind drückt uns weiterhin zusammen und drängt uns von den Brücken und dem Weichselufer zurück. Während des ganzen Tages wird um die Kathedrale Sw.Jana heftig gekämpft, sie wechselte dreimal den Besitzer. Gegend Abend ist die Kathedrale wieder in feindlicher Hand. Nach starker Artillerievorbereitung und Bombardierung aus der Luft wurde heute die PWPW vom Feind erobert. An anderen Frontabschnitten konnten wir durch Gegenangriffe die zeitweilig verlorenen Stellungen zurückgewinnen. Es wurden unter anderem auch 40 Tränengasgranaten erobert. Während der Nacht desertierte der AL-Führungsstab mit den AL-Abteilungen in Stärke von ca. 300 Mann aus diversen Stellungen und aus dem Stadtbezirk Stare Miasto. Der Feind hatte über Lautsprecher aufgefordert, den Kampf einzustellen. Srodmiescie – keine Veränderung der Lage. Der Feind verhielt sich passiv. Auf das Zentrum von Srodmiescie fielen 12 Granaten Kaliber 60 cm. Mokotow – unsere Angriffsaktivitäten wurden fortgesetzt. Der Feind unternahm mehrere Gegenangriffe. Die feindlichen Kräfte im Gebiet der Kasernen und Belwederski-Park betragen etwa drei Inf.-Bataillone mit Panzern. Die ganze Stadt lag unter Störfeuer der Artillerie, Mörser, Granatwerfer und Flieger. Während der Morgenstunden sind Kampfgeräusche der Artillerie aus östlicher Richtung zu hören.*

*Lawina*
*[Bor-Komorowski]*

Britisch-amerikanische Warnung
30. August 1944, London
Erklärung aus dem *Foreign Office:*
*Die britische Regierung hat stets alles in ihrer Macht Stehende getan, um zu erwirken, daß alle Angehörigen von Streitkräften der Mächte, die mit Deutschland Krieg führen, von den deutschen Militärbehörden gemäß den Kriegsgesetzen und -bräuchen behandelt werden. Es sind der britischen Regierung jedoch zahlreiche Berichte zugegangen, aus denen hervorgeht, daß Angehörige der polnischen Heimatarmee, die im Kampf gegen den gemeinsamen Feind in aktiven Operationen steht, von den deutschen Militärbehörden entgegen den Kriegsgesetzen und -bräuchen behandelt werden. Die britische Regierung gibt deshalb folgende formelle Erklärung ab:*
*1. Die polnische Heimatarmee ist eine Kampftruppe, die einen integrierenden Bestandteil der polnischen bewaffneten Streitkräfte bildet.*
*2. Die Angehörigen der polnischen Heimatarmee sind angewiesen, ihre militärischen Operationen gemäß den Kriegsregeln zu führen. Sie tragen ihre Waffen offen gegen den Feind. Sie operieren in Einheiten unter verantwortlichen Kommandanten. Sie sind mit deutlichen Abzeichen versehen oder mit polnischen Uniformen ausgerüstet.*
*3. Unter diesen Umständen stellen Repressalien gegen Angehörige der polnischen Armee eine Verletzung der Kriegsregeln dar, an die Deutschland gebunden ist. Die britische Regierung richtet deshalb die feierliche Warnung an alle Deutschen, die an solchen Verletzungen beteiligt oder dafür verantwortlich sind, daß sie dies auf ihre Gefahr tun und für ihre Verbrechen verantwortlich gemacht werden.*
*Das Statedepartment in Washington hat eine ähnlich lautende Erklärung herausgegeben.*

1. September 1944, Warschau
Aus dem *Hauptquartier der polnischen Heimatarmee (AK):*
*Stare Miasto – die Möglichkeiten, diesen Stadtteil weiterhin zu verteidigen, sind erschöpft. Es fehlt an Munition, Verpflegung, medizinischer Versorgung und sanitären Voraussetzungen. Bei den Soldaten herrscht kämpferische Entschlossenheit, doch bei der Bevölkerung lähmende Verzagtheit. Regelmäßige, sich täglich wiederholende Luftangriffe ganzer Staffeln. Am 31. August betrugen die eigenen Verluste etwa 300 Tote, Schwerverwundete und Verschüttete. In vielen Stadtvierteln fehlt Wasser.*

*Lawina*
*[Bor-Komorowski]*

### An die Freiheitskämpfer in Warschau
2. September 1944, London
Ansprache des *polnischen Ministerpräsidenten* über *BBC*:
*Freiheitskämpfer in Warschau! Ihr hattet allen Grund, Euch zur rechten Zeit zum Kampf zu erheben, womit Ihr auch den heldenhaften, siegreichen Sowjetarmeen in ihrem Kampf Hilfe bringt. Niemals wird die polnische Regierung kapitulieren und die vollen Unabhängigkeits-, Freiheits- und Souveränitätsrechte aufgeben.*
*Ihr Kämpfer in Warschau habt die Euch gebührende Hilfe nicht erhalten. Nur die Euch ergebenen britischen, südafrikanischen und polnischen Flieger brachten Euch Unterstützung. Wir tun alles, was wir können, um Euch rechtzeitig ausreichende Hilfe zu verschaffen.*
*Ich appelliere hiermit nochmals öffentlich an Stalin, Roosevelt und Churchill: Warschau wartet, ganz Polen wartet, die Weltmeinung wartet. Tut alles, was getan werden kann, um den Kämpfern Polens Beistand zu leisten, die bereit sind, für Polen zu sterben, aber es vorziehen, für Polen zu leben.*

### Die Altstadt von »Aufständischen« gesäubert
Sonntag, 3. September 1944
Das *Oberkommando der Wehrmacht* gibt bekannt:
*... An der übrigen Ostfront kam es nur noch nordöstlich Warschau zu größeren Kampfhandlungen. Alle Durchbruchsversuche der Russen wurden hier auch gestern unter Abschuß von 35 feindlichen Panzern vereitelt. Die Altstadt Warschau wurde nach heftigem Kampf von Aufständischen völlig gesäubert...*

3. September 1944, Warschau
Aus dem *Hauptquartier der polnischen Heimatarmee (AK)*:
*Seit 8 Uhr früh wird Srodmiescie mit schwerster Artillerie, Kaliber 38 und 60 cm, von deutscher Seite beschossen und von Stukas durch ständigen Einsatz bombardiert. Die gewaltigen Brände können wegen Wassermangel nicht bekämpft werden. Wahrscheinlich befindet sich Srodmiescie kurz vor der völligen Zerstörung, ähnlich wie das Ghetto und zuletzt Stare Miasto.*
*Beiderseitige lokale Infanterievorstöße. Am 2. September wurde Sadyba vom Feind erobert. In diesem Vorort toben heftige Kämpfe. An den übrigen Abschnitten keine Veränderung. Auf Mokotow liegt Artillerie-Störfeuer, dazu Luftangriffe. Der Feind bemüht sich um die Bereinigung der Kampinos-Wälder. Der erste Vorstoß wurde unter beträchtlichen deutschen Verlusten zurückgeschlagen.*

*Lawina*
*[Bor-Komorowski]*

### Bericht zur Lage
3. September 1944
Aus dem *Kriegstagebuch (KTB) der 9. Armee*:
*... Auch die heutigen Angriffe haben wieder bewiesen, daß die Durchbruchsversuche des Gegners auf Warschau fraglos im engen Zusammenhang mit den Vorgängen in der Stadt stehen. Der erfolgreiche Ausgang des Kampfes um den Altstadtkessel läßt die Hoffnung der Sowjets, auf billige Art und Weise mit einem gelungenen Durchbruch auf Praga gleichzeitig auch Teile des linken Weichselufers in Besitz nehmen zu können, immer geringer werden...*
*Die gestrige Erklärung des Obergruppenführers v. d. Bach gegenüber den Aufständischen, daß er gegebenenfalls zu Kapitulationsverhandlungen bereit sei, hat bisher noch keine praktischen Auswirkungen gehabt. Der Feindwiderstand ist nach wie vor äußerst zäh und verbissen. Es sind jedoch Funksprüche des »Generals Bor« aufgefangen worden, in denen er den polnischen Ministerpräsidenten der Londoner Exilregierung, Mikolajczyk, darum bittet, das sinnlose Blutvergießen einstellen zu lassen...*

### Die ersten polnischen Briefmarken
3. September 1944, Warschau
Aus *Robotnik* (Nr. 41):
*Gestern erschienen die ersten gedruckten Briefmarken der Feldpost, einen Monat später als die ersten Briefe, die ebenso wie die Zeitungen ausgetragen wurden. Dieser zaghafte Versuch, Verbindungen zwischen den einzelnen Stadtvierteln und den oft auseinandergerissenen Familien herzustellen, ist seit dem 4. Tag des Aufstandes den Pfadfindern als geschlossene Postorganisation gelungen. Am 11. August wurde sie in Feldpost umbenannt.*
*Die Feldpost stellte bis zum 1. September 116317 Briefe zu. Das war ein täglicher Durchschnitt von 3000–6000 Stück. Darunter allein am 13. August die Rekordzahl von 10000 Postsendungen. Das Verteilungsgebiet der Post reicht von Srodmiescie, Czerniakow und bis gestern auch nach Stare Miasto. Es kam häufig vor, daß Briefe ebenso in den von Deutschen besetzten Stadtvierteln zugestellt wurden. Es sind insgesamt 40 Briefkästen und 8 Sortierstellen vorhanden. Die Briefe werden zweimal täglich ausgetragen.*
*In Srodmiescie wird ein Brief noch am gleichen Tage zugestellt, nach Mokotow dauert es 2–3 Tage. Das Personal besteht fast ausschließlich aus Pfadfindern. Sie bestreiten sowohl die Zustellung als auch die Sortierung (hier arbeiten jetzt auch einige wenige Fachleute) und die Zensur. Die Briefmarken sind unentgeltlich. Die Motive hat ein Künstler in AK-Uniform namens Miedza gestaltet. Die Briefmarkenherstellung erfolgte in der Druckerei »Wojskowe Zaklady Wydawnicze«. Wenn man bedenkt, daß vor dem Kriege die Briefmarken auf Präzisionsmaschinen und Klischees der »Panstwowa Wytwornia Papierow Wartosciowych« gedruckt worden sind, so wird einem erst bewußt, was den Menschen hier gelungen ist.*

Am Montag, dem 28. August 1944, erstürmen deutsche Kräfte nach schwerem Granatwerfereinsatz um 8.30 Uhr das seit Tagen hart umkämpfte Gebäude der Notenbank (WPW) im Norden der Altstadt. Das in den Kellerräumen provisorisch eingerichtete Feldlazarett wird von den Angreifern nicht verschont. Sie erschießen etwa 50 Verwundete, ebenfalls eine polnische Ärztin, die sich entschlossen hat, das Los der zurückgelassenen Verletzten zu teilen.

Nach dem verlustreichen Rückzug aus der Notenbank beträgt die Zahl der kampffähigen AK-Soldaten in der Altstadt nicht ganz 2000 Mann, die noch dazu am Ende ihrer Kräfte sind. Mindestens genau so viele fallen durch Verwundung aus und liegen zusammen mit über 5000 Schwerverletzten aus der Zivilbevölkerung in verschiedenen, notdürftig als Spital hergerichteten unterirdischen Behausungen.

Zu gleicher Zeit gelingt es einem deutschen Sturmtrupp, die Kathedrale des »Heiligen Johannes« im Süden des Stadtviertels in Besitz zu nehmen. Das in den Händen der Polen noch verbleibende Gebiet hat sich nun erheblich verringert, so daß bei einem weiteren stärkeren Ansturm die Gefahr droht, von den Deutschen überrollt zu werden. General von dem Bach, der beinahe 4000 Offiziere und Soldaten verloren hat, fordert von der Heeresgruppe Mitte dringend Verstärkungen an. Beide Seiten befinden sich an diesem Tag in einer verschärften Krisensituation, mit dem Unterschied jedoch, daß die ausgemergelten Verteidiger der Altstadt nicht mehr mit Hilfe von außen rechnen können, sondern völlig auf sich allein gestellt sind. Dies veranlaßt Oberst Wachnowski, den Durchbruch zur Stadtmitte zu wagen.

Der Krasinski-Garten besteht nur noch aus verkohlten Baumstümpfen, dazwischen die Kreuze ungezählter Gräber. Ein Teil des Gartens wird von den Aufständischen gehalten und bildet einen schmalen Verteidigungsstreifen des Krasinski-Platzes. Hier befindet sich der jetzt für die Altstadt wichtigste Punkt: der rettende Einstieg in den Kanal der Dluga-Straße.

Ebenfalls am 28. August zertrümmern die 1,5 Tonnen schweren Geschosse des Mörsers »Karl« ganze Häuserreihen im Stadtzentrum. Am meisten davon betroffen sind die Twarda-Straße, die Panska-, Sliska- und Sienna-Straße. Die ungezählten Brände können wegen des Wassermangels nicht bekämpft werden. In der Gegend Grzybowska-Straße gelingt es den Aufständischen, verlorenes Gebiet zurückzugewinnen und an der Kreuzung zur Towarowa-Straße einen feindlichen Angriff abzuwehren. Im Stadtzentrum werden außerdem mehrere deutsche Einzelvorstöße zurückgewiesen. Die feindliche Artillerie und die Luftangriffe setzen jedoch dem nordwestlichen Teil der Stadtmitte sehr zu.

Die einzige Nahrung der Einwohner im Stadtzentrum ist gekochter Weizen- oder Haferbrei mit etwas Zucker. In den Nachtstunden eilen viele Menschen zum Lager der bekannten Brauerei »Haberbusch und Schiele« im nordwestlichen Teil des Stadtzentrums, denn es hat sich herumgesprochen, daß jeder, der 10 Kilogramm Weizen von dort zur Quartiermeisterei befördert, 2 Kilogramm davon behalten kann. Derartige nächtliche Ausflüge erfolgen durch Verstecke und Schlupfwinkel, über Trümmerberge hinweg oder durch Häuserruinen. Dabei werden die Menschen häufig mit Granatwerfern oder schweren MG beschossen. Aber auch diese Vorräte sind bald aufgebraucht.

Am Dienstag, dem 29. August 1944, erfolgen die deutschen Luftangriffe auf die Altstadt in immer kürzeren Abständen. Die Artillerie zerstört unterdessen die FIAT-Werke in der Sapiezynska-Straße und die Kirche in der Neustadt, deren Ruinen nachher mehrmals den Besitzer wechseln. Die Deutschen dringen auch in einen Teil der Rathaus-Ruinen, in den Blank-Palast am Theaterplatz sowie in die zerstörten Gebäude des Kanoniker-Klosters ein. Doch in der darauffolgenden Nacht drängen die Soldaten vom Bataillon »Czarniecki« den Feind aus dieser Stellung wieder hinaus.

Die Lage der Altstadt-Verteidiger verschlimmert sich von Stunde zu Stunde. Die Männer sind nicht nur erschöpft, sondern auch niedergedrückt angesichts der Hoffnungslosigkeit. Viele können sich nur noch mit letzter Kraft aufrecht halten. Am meisten machen ihnen die Fliegerangriffe der Stukas zu schaffen und deren ohrenbetäubendes Geräusch, wenn sie zum Sturzflug

*28.8.1944: Die Geschosse des schweren Mörsers »Karl« vernichten ganze Straßenzüge im Stadtzentrum (links)*

*Die Kirche »St. Maria« in der Neustadt: Wie durch ein Wunder sind die beiden Figuren erhalten geblieben (rechts)*

ansetzen. Allein in zwei Häusern der Miodowa-Straße, die von Bomben getroffen werden, finden über 200 Personen den Tod.

Am selben Tag verstärken sich ebenfalls die feindlichen Aktivitäten auf die im Süden liegenden Stadtviertel Sadyba und Czerniakow. Teile vom Bataillon »Oaza« und die Einheiten des Rittmeisters Jezycki sind hier in schwere Gefechte verwickelt. Die Deutschen stecken ungezählte Häuser durch den Einsatz von Flammenwerfern in Brand, so daß die Zivilbevölkerung und die Aufständischen hohe Verluste erleiden. Auch die Einwohner vom Stadtteil Gorny Mokotow sind wiederholten Luftangriffen ausgesetzt und werden durch Brände aus den Häusern getrieben.

Am Mittwoch, dem 30. August 1944, verteidigt das Bataillon »Chrobry I« seine Stellungen in der Bielanska-Straße, und die Kampfgruppe »Radoslaw« kann mit Mühe den Angriff der überlegenen deutschen Kräfte im Nordteil der Altstadt abwehren.

Nach wochenlangen Bemühungen der polnischen Exilregierung in London werden jetzt am 30. August 1944 die Aufständischen in Warschau endlich als Kombattanten im Sinne der Genfer Konvention anerkannt.

In der Nacht vom 30./31. August 1944 unternehmen die Abteilungen des Majors Zagonczyk von Norden her den geplanten Vorstoß in Richtung Mirowski-Hallen, während ihnen die Aufständischen aus der Altstadt entgegenkommen wollen. Nach mehrstündigem Kampf kann Major Zagonczyk mit seinen Männern die Mirowski-Hallen und die Graniczna-Straße erreichen. Dort verschanzt man sich zwischen der Krochmalna- und Graniczna-Straße.

In der selben Nacht beabsichtigt Oberst Wachnowski, Kommandant der Altstadt, sich mit seinen Einheiten von der Bielanska-Straße über den Bankowy-Platz bis zu den Mirowski-Hallen und anschließend zur Stadtmitte durchzuschlagen. An den Mirowski-Hallen sollen sie auf Major Zagonczyk und dessen Abteilungen treffen. Die Entfernung zwischen den Aufständischen beider Stadtteile beträgt nicht ganz 800 Meter, die Breite des deutschen Korridors wird auf etwa 400 Meter geschätzt. Man will mit der Besetzung dieses Geländestreifens den Verwundeten und der Zivilbevölkerung eine Evakuierung aus der Altstadt ermöglichen. Um die Deutschen abzulenken, sollen gleichzeitig die Aufständischen aus dem Stadtzentrum losschlagen.

Wenige Stunden vor dem eigentlichen Angriff schickt Oberst Wachnowski den Oberleutnant Piotr mit einem Stoßtrupp von 100 Mann durch den Kanal zum Bankowy-Platz. Er soll sich von hinten an die Deutschen heranrobben und sie an ihren Stellungen am Bankowy-Platz überfallen. Doch als die ersten Soldaten vor Mit-

*Vom Bataillon »Chrobry I« sind die polnischen Verteidiger der Barrikade in der Bielanska-Straße (links)*

*Der Kampf in Straßen und Häusern erfordert immer wieder Standortwechsel (oben)*

*Mannshohe Barrikaden bieten Schutz vor Feindeinsicht (rechts)*

ternacht aus dem Kanalausstieg klettern, ist der Überraschungseffekt bereits geplatzt. Sie werden mit heftigem MG-Feuer empfangen und erleiden schwere Verluste, 50 Tote, Verwundete und Gefangene. Den anderen bleibt nur die Möglichkeit, sich umgehend durch den Kanal in Richtung Altstadt zurückzuziehen. So muß Oberst Wachnowski den vorgesehenen Termin zum Sturmangriff verschieben.

Unterdessen drängen sich bereits Hunderte von Zivilisten, denen der geplante Durchbruch zu Ohren gekommen ist, zur Bielanska-Straße. Sie alle wollen sich den Aufständischen anschließen. In der Dunkelheit ist es unmöglich, den Menschenstrom aufzuhalten. Als die Deutschen es bemerken, lassen sie mit Störfeuer aus Granatwerfern auf die Polen schießen.

Ein erneuter Versuch, von der Dluga-Straße über die Bielanska- in Richtung Senatorska-Straße und Bankowy-Platz vorzustoßen, beginnt am Donnerstag, dem 31. August 1944, gegen 4 Uhr morgens. Daran beteiligt ist die Abteilung »Broda 53« unter Major Sosna. Der Angriff bricht aber wegen des starken deutschen Abwehrfeuers aus den Häuserruinen zwischen der Bielanska- und der Senatorska-Straße zusammen.

Allein die Kompanie von Leutnant Morro schafft es, sich in den Trümmern einiger Häuser in der Senatorska-Straße zu halten und zwar gegenüber der Kirche des »Heiligen Antonius«. Bis hierher schlagen sich auch Hauptmann Jerzy und Hauptmann Trzaska, die beide verwundet sind, mit ihren Männern durch. Anschließend stellt Morro eine Gruppe Soldaten zusammen, darunter fünf Frauen. Mit ihnen erkämpft er sich nach mehreren Stunden einen Durchgang zur Kirche des »Heiligen Antonius«. Auf dem Bauch robbend erreichen sie anschließend die Kellerräume des niedergebrannten Zamoyski-Palastes. Sie haben die Hoffnung, in der kommenden Nacht durch den Saski-Garten zu den polnischen Linien zu gelangen.

Seit dem Morgengrauen verstärken die Deutschen den Artilleriebeschuß auf die Altstadt, unterstützt durch Bombenabwürfe der Luftwaffe. Das sechsstöckige Gebäude der Simons-Passage wird schwer getroffen,

*Das während der Besatzungszeit versteckte schwere MG wird jetzt von den Aufständischen eingesetzt*

ebenso die daneben liegende Volksschule. Vor Erschöpfung hat niemand den Anflug der Stukas gehört. In der Simons-Passage und in der Schule kommen rund 400 Aufständische ums Leben.

Die Verteidigung des beträchtlich eingeengten Gebietes der Altstadt wird mit größter Kraftanstrengung trotz der ununterbrochenen Luftangriffe und des Artilleriefeuers fortgesetzt. Eine Handvoll Überlebender aus der Simons-Passage verteidigt weiterhin deren Ruinen. Deutsche Einheiten erobern die inzwischen zerstörten FIAT-Werke und nehmen die Zakroczymska-Straße in Besitz. Dagegen kann der deutsche Angriff in der Bonifraterska- und Franciszkanska-Straße sowie im Ostabschnitt der Mostowa-Straße zurückgewiesen werden. An diesem Tag richtet sich der deutsche Druck auch gegen den zwischen Mokotow und der Weichsel gelegenen Stadtteil Sadyba.

Heute, am 31. August 1944, gibt die aufständische Presse in Warschau den vollen Wortlaut der Erklärungen Großbritanniens und der USA bekannt. Darin heißt es, daß die Heimatarmee (AK) einen integralen Teil der polnischen Streitkräfte darstellt und daß alle Gewalttätigkeiten der Deutschen gegenüber den Soldaten der AK, die den Grundsätzen der Kriegführung widersprechen, Verbrechen darstellen, die mit schweren Strafen geahndet werden.

Nach dem mißglückten Durchbruchsversuch in der vorangegangenen Nacht ziehen sich die Reste der Abteilungen von Oberst Radoslaw in den Kern der Altstadt zurück. Sie haben viele Tote und Verwundete zu beklagen, daher ist Radoslaw nicht gewillt, einen weiteren Vorstoß zu unternehmen, obwohl Oberst Wachnowski ihn bedrängt. Jetzt bei Tageslicht würde jede Bewegung einen feindlichen Gegenangriff hervorrufen. Wachnowski bezieht nun mit seinem Stab wieder das frühere Quartier im stark beschädigten Gebäude des Hauptarchivs in der Dluga-Straße.

In der Nacht vom 31. August/1. September 1944 fällt im polnischen Stab der Gruppe Nord die endgültige Entscheidung, alle Soldaten mit oder ohne Waffen, dazu die Leichtverwundeten und einen Teil der Zivilbevölkerung, durch den Kanal in das Stadtzentrum zu evakuieren. Pionierabteilungen befestigen die alten Durchgänge und graben neue für den Haupteinstieg in den Kanal auf dem Krasinski-Platz neben dem Gebäude des Appellationsgerichts. Bereits seit Tagen ziehen sich auf unterirdischen Wegen die Stabsangehörigen der zweiten Linie, Teile des Sanitätspersonals, Regierungsvertreter und Angehörige der kommunalen Behörden zurück. Es ist allerdings unmöglich, die Schwerverwundeten und die gesamte Zivilbevölkerung mitzunehmen.

In dieser Nacht kann Leutnant Morro mit einem Teil der Kompanie »Ruda« vom Bataillon »Zoska« durch den

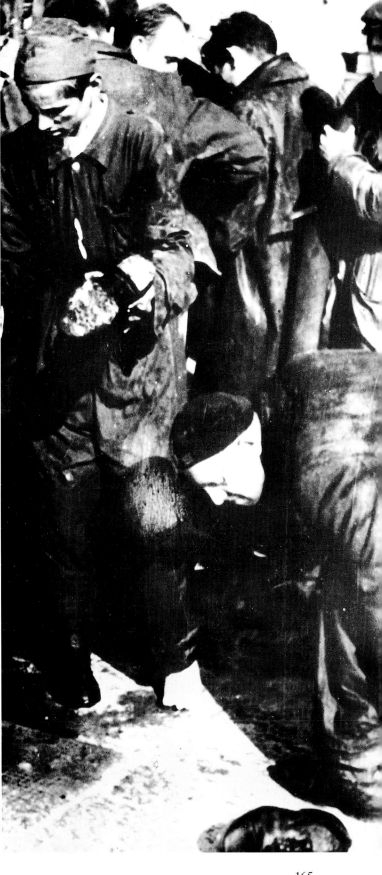

*31.8.1944: Die Verteidiger der Altstadt konnten sich durch die Kanäle retten*

*Die Zivilbevölkerung muß an den Zapfstellen oft stundenlang anstehen, um einen Eimer Wasser zu ergattern*

Saski-Garten das Stadtzentrum erreichen, nachdem sich seine Männer zusammen mit den Verwundeten 24 Stunden lang in den Kellerräumen des ausgebrannten Zamoyski-Palastes versteckt hielten. 59 Soldaten dieser AK-Kompanie haben es bei der Dunkelheit gewagt, sich in erbeuteten deutschen Tarnanzügen und mit deutschen Stahlhelmen durch den Saski-Garten bis zur Krolewska-Straße durchzuschlagen. Derart verkleidet, hat man sie für Deutsche gehalten. Es sind die einzigen Aufständischen, denen es gelungen ist, den Belagerungsring unerkannt zu durchbrechen.
Am Freitag, dem 1. September 1944, versuchen die Deutschen bereits im Morgengrauen, die Aufständischen durch einen konzentrierten Angriff zu überraschen. Sie stoßen unerwartet von der Bielanska-Straße aus in Richtung Dluga-Straße vor, müssen aber durch heftige Gegenwehr ihr Vorhaben abbrechen und etwa 100 Tote und Verwundete zurücklassen.
Sieben Stunden lang, von 7.00 Uhr früh bis 14.00 Uhr, erfolgen alle 20 Minuten schwere Bombenangriffe. Die Altstadt liegt in Trümmern. Hunger und Durst herrschen unter den mehr als 100 000 Menschen dieses Stadtteils – schon lange gibt es keine intakten Wasserleitungen mehr, und die meisten Soldaten der Heimatarmee sind verwundet.
Oberst Wachnowski, der Kommandant der Warschauer Altstadt: »Am 1. September erhielt ich den Befehl, den Rückzug zur Stadtmitte durch die Kanäle anzutreten, deren Eingänge auf dem Krasinski-Platz lagen und die zum Stadtzentrum führten. In den letzten Tagen der Verteidigung der Altstadt mußten die Soldaten unter verheerenden Umständen kämpfen. Alle Krankenhäuser waren überfüllt, es mangelte an Lebensmitteln und Verbandszeug.
Ich möchte betonen, daß die Soldaten bis zur letzten Minute heldenhaft gekämpft haben. Aus der Beurteilung des Stabes der Heimatarmee geht hervor, daß es allein dem hartnäckigen Widerstand der Verteidigung der Altstadt zuzuschreiben ist, daß der Warschauer Aufstand 63 Tage andauerte.
Ich bin stolz darauf, daß ich so ausgezeichnete Abteilungen unter meinem Kommando hatte, daß die Männer und Frauen, Pfadfinder und Knaben mit solcher Begeisterung für die Freiheit ihrer Hauptstadt und ihres Landes gekämpft haben, es ist also das Verdienst aller, daß die Altstadt in ihrem Kampf so lange ausgehalten hat.«
Die Härte dieser Kämpfe hat nach Meinung von Gene-

*Mit dem Rest ihrer Habe verlassen die Bewohner ihre zerstörten Häuser in der Marszalkowska-Straße (oben)*

*Der Anführer des Sturmtrupps gibt die letzten Anweisungen (rechts)*

raloberst Guderian selbst die Heftigkeit jener in Stalingrad überstiegen.

Am Vormittag des 1. September richtet sich der deutsche Artilleriebeschuß auf das Stadtzentrum, wo erhebliche Schäden, vor allem in der Marszalkowska-Straße, entstehen.

Am gleichen Tag verstärken sich auch der Artilleriebeschuß und die Luftangriffe auf das Villenviertel Sadyba, östlich von Mokotow, Bomben schweren Kalibers zerstören die Unterkünfte des Fort Legionow-Dabrowski. Der Kompanieführer, Hauptmann Jaszczur, kommt mit einer Gruppe Soldaten in den Trümmern um.

Zur Mittagszeit erfolgt in der Altstadt ein Sturmangriff deutscher Infanterie vom Schloßplatz aus und gleichzeitig von Norden her in Richtung Krasinski-Platz. Die Einheit der Aufständischen, welche die gerade begonnene Evakuierung durch den Kanal sichert, muß sich vorerst aus einem Teil der Freta- und der Dluga-Straße sowie aus dem Krasinski-Garten zurückziehen. Durch die ungezählten Luftangriffe wird auch das Nonnenkloster »Sakramentki« in der Neustadt zerstört. Unter den Trümmern sterben etwa 1000 Menschen.

*Vom Sockel gestürzt ist das Denkmal von König Sigismund*

In der darauffolgenden Nacht vom 1./2. September 1944 beginnt die erste große Evakuierungsaktion. Nach genau festgelegtem Plan rücken zuerst die Abteilungen unter Major Rog, Major Sosna, die Kompanie der AL und die Kampfgruppe von Hauptmann Gozdawa ab. In Gruppen zu je 50 Personen steigen einige Tausend Menschen in den einzigen Kanaleingang am Krasinski-Platz, der unterdessen von den Resten der Gruppe »Radoslaw« verteidigt wird.

Vielfach herrscht unbeschreibliches Gedränge, und es kommt zu Streitereien, besonders dann, wenn der Gendarmerie-Kommandant Barry brutal dazwischengeht. Er verfügt eigenmächtig, vor dem Einstieg in den Kanal die Waffen und alle Gepäckstücke abzugeben. Wer nicht darauf reagiert, wird von ihm persönlich festgehalten und mit der Maschinenpistole bedroht. Es spielen sich erschütternde Szenen ab.

Eine Sanitäterin von der Kampfgruppe »Gozdawa« schreit: »Haut ab, Barry, solange ich noch gutmütig bin. Du bist gesund wie ein Bulle, du kannst im Stadtzentrum Hunde und Hafer in dich hineinstopfen, aber ich muß meinen Jungs Grütze und Konserven geben. Monika, pack ihn, denn ich halt das nervlich nicht aus und fange sonst an zu schießen.« Nur dem Eingreifen von Oberst Wachnowski ist es zu verdanken, daß es nicht zu Schießereien zwischen den Einheiten der Aufständischen und den Gendarmen des Kommandanten Barry kommt.

In derselben Nacht zerstören deutsche Soldaten die auf dem Schloßplatz stehende berühmte Sigismund-Säule, das aus dem 16. Jahrhundert stammende Wahrzeichen der Hauptstadt.

Ab 5 Uhr früh steigen auch die Abteilungen der Kampfgruppe von Oberst Radoslaw in den Kanal.

Bereits in den Nachtstunden haben der Gruppenstab Nord und Oberst Wachnowski unterirdisch das Stadtzentrum erreicht. Und gegen 8 Uhr morgens verschwinden unbemerkt auch die letzten Nachhuten der AK unter Oberst Tur vom Krasinski-Platz aus im Kanal. Die nachdrängende deutsche Infanterie hat bisher keine Ahnung von der außergewöhnlichen Evakuierungsaktion.

Daher erfolgen in den Morgenstunden des 2. September 1944 die üblichen Luftangriffe auf die Altstadt. Das Gebäude des Appellationsgerichts wird von Bomben getroffen. Es stürzt zusammen und verschüttet mit seinen Trümmern den Kanaleinstieg auf dem Krasinski-Platz. Einige Nachzügler schaffen es jedoch gerade noch rechtzeitig, die Einstiege in der Dluga- und in der Miodowa-Straße zu erreichen. Die in der Altstadt zurückgebliebenen 200 bewaffneten AK-Soldaten versuchen zum Teil auf eigene Faust, durch den Kanal in das Stadtzentrum zu gelangen. Doch ohne Führung gehen sie in dem weitverzweigten, unterirdischen System verloren. Die anderen tauchen dagegen in der Zivilbevölkerung unter. In dieser Nacht sind durch das Kanalsystem von der Altstadt zum Stadtzentrum etwa 4500 Aufständische, davon ein Drittel bewaffnet, sowie Angestellte der Zivilverwaltung entkommen, ebenso weitere 800 Personen, einschließlich der Abteilungen der AL, außerdem 150 deutsche Kriegsgefangene, die nach Zoliborz gebracht werden sollen.

Der ungewöhnlich verlustreiche, mehrere Tage dauernde Kampf der Aufständischen in der Altstadt gegen eine unvergleichlich starke feindliche Übermacht verzögert zumindest den Zeitpunkt des deutschen Angriffs auf die übrigen Stadtviertel.

Im Verlaufe des Tages besetzen die Deutschen alle Straßen und Gebäude der Altstadt. Rund 45000 Zivilisten und über 7000 Soldaten, darunter viele Schwerverletzte, fallen ihnen in die Hände. Da die SS-Abteilungen und Ostformationen nicht glauben wollen, daß ihnen die Aufständischen entkommen sind, und damit der polni-

sche Widerstand in diesem Stadtteil beendet ist, rächen sie sich an den Zurückgebliebenen. Ein Teil der Verwundeten in den provisorischen Kellerlazaretten wird bei lebendigem Leibe verbrannt. Nach der Ermordung alter Menschen sowie der Kranken und Transportunfähigen aus der Zivilbevölkerung müssen sich alle übrigen Einwohner im Traugutt-Park, im Stawki und auf dem Schloßplatz sammeln.

Der Befehlshaber der Heeresgruppe Mitte, SS-Gruppenführer Generalleutnant Reinefarth, schlägt General von dem Bach vor, das Gros der Männer und Frauen für die Arbeit in den Konzentrationslagern zu verwenden. Die polnischen Mütter mit kleinen Kindern werden als Arbeiterinnen dem Hauptbevollmächtigten für die Mobilisierung von Arbeitskräften zur Verfügung gestellt.

Die zahlreichen Aufständischen, die von der Altstadt durch den Kanal ins Stadtzentrum gelangt sind, verursachen hier gewisse Probleme, vor allem bei der spärlichen Wasserversorgung. Die vorhandenen Brunnen und Pumpen reichen nur für einzelne Wohnhäuser. Wer einen Eimer Wasser haben will, muß nicht selten dafür mehrere Stunden Schlange stehen.

Fähnrich Nalecz, einer der letzten, der durch den Kanal aus der Altstadt entkam, ist verwundert über die völlig andere Einstellung der hier lebenden Menschen: »In der Altstadt nahmen alle auf irgendeine Weise an den

*Ein bald alltägliches Bild: zerstörte Straßen und Fahrzeuge, brennende Barrikaden*

Kämpfen teil. In den tiefen altstädtischen Löchern waren nur ganz alte Männer, Frauen mit kleinen Kindern und Verwundete anzutreffen. Hier in der Stadtmitte saßen in den verschiedenen Kellern und Schutzräumen viele Kerle im besten Mannesalter, die keiner Abteilung zur Verfügung standen und sich nicht aktiv am Kampf beteiligten.«

Im Stadtzentrum geht das Leben weiter, die Menschen hetzen sich ab, um Lebensmittel zu ergattern. Der Artilleriebeschuß zerstört zwar die oberen Stockwerke mancher Häuser, auf dem Pflaster liegt auch teilweise Schutt, aber noch kann man die Bürgersteige benutzen, und in einigen Wohnhäusern existieren sogar unversehrte Scheiben.

Durch den Zusammenbruch der Altstadt-Verteidigung verändert sich auch die Situation der Aufständischen. Die Soldaten der Gruppe Nord, die jetzt aufgelöst wird, sollen die schwächeren Verteidigungsabschnitte im Stadtzentrum verstärken, insbesondere im Weichsel-Viertel Powisle, wo zur Zeit noch einigermaßen Ruhe herrscht und die Menschen sich etwas erholen können.

Das Stadtzentrum liegt jedoch seit diesem Morgen unter dem Feuer deutscher Artillerie und Minenwerfer, dazu Bombenangriffe der Luftwaffe. Dies verursacht zahlreiche Brände und Opfer unter der Bevölkerung. Gegen 14 Uhr werden das Kinogebäude »Napoleon«, die Kirche des »Heiligen Alexander« sowie das Gymnasium der »Königin Jadwiga« am Trzech Krzyzy-Platz total ausgebombt. Viele Aufständische finden hier den Tod.

Bereits während des Luftangriffs erfolgt ein spontaner Angriff auf das von den Deutschen besetzte Gebäude »YMCA« in der Konopnicka-Straße. Unter Ausnutzung einer Bombenexplosion im Nachbarhaus gelingt es einer polnischen Abteilung, das »YMCA«-Gebäude zu erstürmen und dem Feind schwere Verluste zuzufügen. Die Einheiten des Hauptmann Krybar unternehmen am Nachmittag den Versuch, die Universität von der Obozna- und von der Krakauer Vorstadt-Straße aus zu erobern. Dieser seit einigen Tagen vorbereitete Angriff mißlingt jedoch.

Nicht nur die Altstadt und das Stadtzentrum werden in den Vormittagsstunden des 2. September 1944 von schweren Angriffen heimgesucht. Auch der südlich gelegene Villenvorort Sadyba im Gebiet von Mokotow wird nach massiven Stuka-Bombardements und vorbereitendem Artilleriefeuer von der Kampfgruppe General Rohr erobert. Von den nur 500 Mann starken, verbissen kämpfenden polnischen Abteilungen kommen über 200 Aufständische ums Leben. Das offene Gelände dieses Villenviertels bietet den sich absetzenden AK-Männern kaum Schutz. Ein Teil von ihnen weicht zur Dolna-Straße aus, andere ziehen sich in das Fort Legionow Dabrowskiego zurück. Die hier nun abgeschnittenen Reste der AK-Einheiten verteidigen sich bis zum letzten Mann.

*Auf einem kleinen Bahnhof bei Warschau stürzen sich die Einwohner auf die wenigen Versorgungsgüter (links unten)*

*Der Stadtteil Krakauer Vorstadt (Krakowskie Przedmiescie) wirkt wie eine verlassene Geisterstadt (rechts)*

*Angehörige der Waffen-SS sammeln sich vor dem Sturmangriff (unten)*

*General Erich von dem Bach-Zelewski vor seinem Hauptquartier*

Die Einnahme des südlichen Vororts Sadyba und die am gleichen Vormittag erfolgte Besetzung der weiter nördlich gelegenen Altstadt beschleunigen die Einkreisung der aufständischen Kräfte in Warschau und verstärken die deutschen Positionen am Weichselufer. So gelangen die deutschen Truppen von Süden her in die Stadtviertel Sielce und Gorny Czerniakow. Dem Stadtteil Mokotow wird damit die Verbindung zur Weichsel abgeschnitten.

Nachdem die strategisch wichtigsten Stadtteile an der Weichsel besetzt sind, kann General von dem Bach seinen Gesamtplan durchführen. Vorgesehen ist eine gleichzeitige Umgehung von Norden und Süden her entlang der Weichsel, um das von den Aufständischen besetzte Gebiet einzukreisen. Ein Großteil der Kampfgruppe »Reinefarth«, dazu das Regiment »Schmidt« und die SS-Brigade »Dirlewanger« sollen gegen den an der Weichsel liegenden Stadtteil Powisle eingesetzt werden. Man will die Aufständischen wegen der sich nähernden russischen Front unbedingt von der Weichsel nach Westen zurückdrängen.

General Nikolaus von Vormann, Oberbefehlshaber der deutschen 9. Armee, befürchtet, daß man täglich mit einer sowjetischen Offensive auf den bedrohten deutschen Brückenkopf in Praga, am Ostufer der Weichsel, rechnen müsse. Sollte dies geschehen, wäre die Rücknahme der deutschen Verbände auf das linke Weichselufer unumgänglich. Eine Verteidigung dieser neuen Linie sei aber kaum möglich, solange die Aufständischen, wenn auch nur schwach bewaffnet, im Rücken der deutschen Kampflinie operieren. Daher soll General von dem Bach die Eroberung von Powisle vorantreiben.

Bereits am Sonntag, dem 3. September 1944, verstärken die Deutschen den Druck auf Powisle. Das seit mehreren Tagen andauernde Artilleriefeuer und die Luftangriffe auf das Elektrizitätswerk lassen deutlich die Absicht der Angreifer erkennen. Oberst Radwan verlegt daher die 250 ehemaligen Altstadt-Verteidiger, denen kaum eine Verschnaufpause vergönnt ist, als Reserve in den Nordabschnitt und ernennt Major Rog zum Kommandanten des Weichselviertels Powisle. Schlüsselpunkt der Verteidigung ist hier das Elektrizitätswerk, dessen Besatzung nicht nur kämpft, sondern sich ebenso dafür eingesetzt hat, daß die Stadt bisher ohne Unterbrechung mit Strom versorgt wurde.

Der schwere Artilleriebeschuß auf Powisle sowie die pausenlosen Luftangriffe haben die Häuser in der Pater Siemca-Straße, die zur ersten Verteidigungslinie im Norden gehört, völlig zerstört. Die deutschen Infanteristen stoßen mehrmals von der Karowa-Straße aus vor, um die Stellungen der Aufständischen einzunehmen, werden aber immer wieder zurückgeschlagen. Die Bevölkerung gerät in Panik, dadurch beginnt ein Exodus in Richtung Stadtzentrum, das ebenfalls an diesem Tag von verheerenden Angriffen heimgesucht wird. Die Umgebung vom Napoleon-Platz unterliegt den ganzen Tag über dem Beschuß des Mörsers »Karl« (Kaliber 60 cm) und wird zusätzlich von Stukas angegriffen, die mehrere, alles vernichtende 500 kg-Bomben abwerfen.

Mit dem deutschen Ansturm auf Powisle wird gleichzeitig mehr Druck auf den Nordteil des Stadtzentrums ausgeübt. Davon betroffen ist vor allem die Krolewska-Straße. Ebenso wird die am Bahnhof verlaufende Jerozolimskie-Allee täglich von schwerer Artillerie, Minenwerfern und Granatwerfern beschossen sowie in kurzen Abständen von Stukas bombardiert. Durch die sich ausbreitenden Feuersbrünste und die enormen Verwüstungen flüchtet die Bevölkerung jetzt in Scharen zum Südteil der Stadtmitte hinter die Linie Jerozolimskie-Allee.

Nach der Einnahme von Sadyba konzentriert sich in den südlichen Stadtteilen das Feuer der deutschen Artillerie auf das Obere Mokotow. Die Kompanie B3 vom Regiment »Baszta« kann jedoch den Vorstoß der feindlichen Infanterie sowie die vom Bahnhof der Schmalspureisenbahn anrollenden Panzer vorerst abwehren.

*Die Bedienung einer Panzerabwehrkanone (Pak) beim Stellungswechsel (rechts oben)*

*Totenstille auf dem Napoleon-Platz. Im Hintergrund sieht man die brennenden Wohnviertel (rechts unten)*

# 6. Woche
4.–10. September 1944

4. September 1944, Warschau
Aus dem *Hauptquartier der polnischen Heimatarmee (AK)*:
Srodmiescie. Der Feind führt neue Kräfte in bedeutender Stärke heran. Patrouillentätigkeit, Mokotow-Sadyba wurde aufgegeben und der Bernardynski-Platz ging verloren. Der Feind befestigt sich im Gebiet Dworkowa-Straße. Seit dem Morgen wird die Stadt von der schwersten Artillerie beschossen und der Luftwaffe bombardiert. Die Stimmung bei der Zivilbevölkerung verschlechtert sich. Das E-Werk ist durch Bomben schwer beschädigt worden, kein elektrischer Strom mehr.

Lawina
[Bor-Komorowski]

Bericht zur Lage
5. September 1944
Aus dem *Kriegstagebuch (KTB) der 9. Armee*:
... Der Kampf in Warschau geht mit unverminderter Heftigkeit weiter. Dem sich verzweifelt wehrenden Gegner muß Haus um Haus einzeln abgerungen werden. Mehrere Blocks des Weichselviertels werden genommen. Obergruppenführer v. d. Bach meldet, er gedenke morgen über der Stadt Flugblätter abwerfen zu lassen und darin anzukündigen, daß das Feuer auf deutscher Seite zu einer bestimmten Stunde eingestellt werde, um der Zivilbevölkerung ein Überlaufen zu ermöglichen. Der OB billigt diese Absicht; obwohl sie einerseits die Gefahr in sich trägt, daß im Falle eines massiven Übertritts der Zivilbevölkerung die Möglichkeit eines Aushungerns der Aufständischen in Zukunft entfällt ...

Spannung zwischen den Bündnispartnern
5. September 1944, London
*United Press* berichtet:
Der interne Zwist zwischen der polnischen Exilregierung und dem einflußreichen Oberkommandierenden, General Sosnkowski, treibt der Entscheidung entgegen. Ministerpräsident Mikolajczyk hat zwar seine Drohung, er werde demissionieren, wenn der Oberkommandierende vom Präsidenten nicht abgesetzt werde, etwas abgeschwächt, aber die Alternative bleibt im Grunde bestehen.
Die Dinge wurden durch Sosnkowskis Tagesbefehl an General Bor in Warschau auf die Spitze getrieben. Seit Tagen hatte man in englischen und polnischen politischen Kreisen seine Äußerung mit einer gewissen Besorgnis erwartet und muß nun feststellen, daß die schlimmsten Befürchtungen erfüllt worden sind.
Sichtlich erregt über das Ausbleiben einer massiven Unterstützung für die polnische Widerstandsbewegung, hat Sosnkowski den Alliierten die Verantwortung für den Zusammenbruch des Widerstandes in der Altstadt von Warschau zugeschoben. Ton und Stil dieses Angriffs werden, wenn man englischerseits auch dazu schweigt, als eine schwere Beeinträchtigung des Bündnisses empfunden.

*Die polnische Exilregierung in London teilt offenbar diese Auffassung. Die Entlassung des Oberkommandierenden aber ist Sache des Präsidenten der Polnischen Republik. Damit stellt sich die Frage, inwieweit die Krise im Oberkommando auch die Frage der Präsidentschaft berührt.*

Begrüßung ohne Handschlag
5. September 1944, Warschau
Aus dem *Biuletyn Okregu IV PPS Warszawa-Nord* (Nr. 33):
Der Mangel an Wasser und der sich in die Länge ziehende Aufenthalt der Bevölkerung in Schutzbunkern und Kellern begünstigt die Entstehung von Epidemien durch ansteckende Krankheiten, besonders unter den Kindern. Die Krankheitserreger werden am häufigsten mit den Händen übertragen, mit denen Kranke oder infizierte Gegenstände (Türklinken, Treppengeländer usw.) berührt werden. Meistens ist es nicht bekannt, daß diese infiziert worden sind. Waschen wir also unsere Hände so oft es möglich ist und verhindern wir die Übertragung der Bazillen von Hand zu Hand, wenn wir uns begrüßen. Begrüßen wir uns, ohne die Hand zu reichen, so schützen wir unsere Kinder und uns selber vor Ansteckung.

6. September 1944, Warschau
Aus dem *Hauptquartier der polnischen Heimatarmee (AK)*:
Die Lage erreicht ihren Höhepunkt. Die Zivilbevölkerung steckt in einer Krise, die sich maßgeblich auf die kämpfenden Abteilungen auswirken kann. Die Gründe dieser Krise sind: – immer stärkerer und ohne Vergeltung bleibender Beschuß sowie die Bombardierung der Stadt – die Erkenntnis, daß der Feind danach trachtet, das gesamte Gebiet von Srodmiescie zu vernichten, – die zeitlich unbegrenzte Dauer der Kämpfe, – die immer kleineren Hungerrationen für die Brandgeschädigten und die sich rasch erschöpfenden Lebensmittelvorräte für die übrige Bevölkerung, – die große Sterblichkeit der Säuglinge, – die Agitation der feindlichen Faktoren. Schließlich auch der Wassermangel und der fehlende Strom in allen Stadtteilen.

Lawina
[Bor-Komorowski]

### Aussprache Eden – Mikolajczyk
6. September 1944, London

Die *Agentur Reuter* teilt mit:

*Der Tagesbefehl General Sosnkowskis veranlaßte Außenminister Eden zu einer eingehenden Rücksprache mit dem polnischen Ministerpräsidenten Mikolajczyk. Im Anschluß an die in sehr offen Worten gehaltene Aussprache wird von zuständiger britischer Seite festgestellt, daß von Anfang an in ständiger Konsultation zwischen der britischen und polnischen Regierung volle Klarheit darüber bestanden habe, in welchem Umfang Großbritannien Hilfe leisten könnte.*

*»Die polnische Regierung und General Sosnkowski«, so heißt es ausdrücklich, »haben sich zu keinem Zeitpunkt irgendwelche Illusionen hinsichtlich der Möglichkeiten der Waffen- und Lieferungshilfe machen können.« In diplomatischen Kreisen glaubt man bestimmt, daß der beleidigende Tagesbefehl Sosnkowskis ein weiteres Nachspiel haben wird.*

### Der Kampf in Warschau geht weiter
7. September 1944, London

Die *Agentur PAT* berichtet:

*Die in der ausländischen Presse verbreiteten Meldungen, wonach die polnischen Untergrundtruppen in Warschau kapituliert hätten, entsprechen nicht den Tatsachen. Wegen der deutschen Übermacht waren die Polen wohl gezwungen, die Altstadt in Warschau zu räumen, doch setzen sie die Kämpfe in anderen Stadtteilen fort.*

*Das soeben in London eingetroffene, vom 4. September datierte Communiqué General Bors meldet: »Beim Verlassen der Warschauer Altstadt nahmen unsere unterirdischen Truppen ihre volle Ausrüstung, die Leichtverletzten und deutsche Gefangene mit.«*

*Im Communiqué wird weiter ausgeführt, daß die Deutschen große Streitkräfte zum Angriff auf das Zentrum der Stadt zusammenziehen und seit dem 4. September morgens ein konzentriertes Feuer aus Geschützen aller Kaliber sowie durch Bombenangriffe auf das Zentrum von Warschau begonnen haben.*

8. September 1944, Warschau

Aus dem *Hauptquartier der polnischen Heimatarmee (AK)*:

*Die Kommandanten der kämpfenden Bezirke bemühen sich, den Kampfgeist zu stützen und die Notwendigkeit zum Durchhalten herauszustellen. Das Café Club und die Häuser in der Warecka-Straße wurden zurückerobert. Im Raum Nowogrodzka und Al.Sikorskiego wird gekämpft, ein Angriff auf die Krolewska und den Grzybowski-Platz wurde abgewiesen. Der Feind drang von Nowy Swiat auf der Höhe der Czacki-Straße in die Swietokrzyska ein. Die Lage in Mokotow und Zoliborz ohne wesentliche Veränderung. Schwächere Aktivitäten der Sturzkampfflieger. Die Sowjets entwaffneten am San eine AK-Abteilung in Stärke von ca. 40 Mann, die den Aufständischen in Warszawa zur Hilfe eilten. Aufgrund der Verständigung PCK mit den deutschen Behörden soll heute innerhalb von zwei Stunden die Zivilbevölkerung über den vereinbarten Kontrollpunkt die Stadt in Richtung Pruszkow verlassen.*

*Lawina*
*[Bor-Komorowski]*

### Bericht zur Lage
9. September 1944

Aus dem *Kriegstagebuch (KTB) der 9. Armee*:

*. . . In Warschau macht der eigene Angriff nur langsame Fortschritte. Dem auch weiterhin mit äußerster Zähigkeit kämpfenden Gegner muß Haus um Haus einzeln abgerungen werden. Die Verhandlungen über eine Kapitulation der AK sind heute wieder aufgenommen worden. Die Aufständischen haben hierzu zwei Parlamentäre entsandt; auf deutscher Seite verhandelt der Führer der südlichen Angriffsgruppe, Gen. Maj. Rohr. Auf die Bekanntgabe der Kapitulationsbedingungen hin betonen die Unterhändler, zum Abschluß einer Kapitulation selbst keine Vollmacht zu besitzen, sie erklären jedoch, die Bedingungen ihrem Befehlshaber übermitteln zu wollen . . .*

*Um der Aufforderung zur Kapitulation den offenbar noch nötigen Nachdruck zu verleihen, ist von der Korpsgruppe v. d. Bach verstärktes Artilleriefeuer auf den noch in der Hand der Aufständischen befindlichen Stadtteil befohlen worden . . .*

### Die Leiden der Bevölkerung
Sonntag, 10. September 1944, London

Die *Agentur Reuter* meldet:

*Nach einem Communiqué des Foreign Office sind der britischen Regierung Berichte über die Leiden und das Elend der Warschauer Zivilbevölkerung während der Kämpfe zugegangen, die in der polnischen Hauptstadt ausgetragen werden.*

*Männer, Frauen und Kinder, Verwundete und Kranke sind danach ebenso wie die Soldaten der polnischen inneren Streitkräfte Opfer der deutschen Maßnahmen geworden. Wehrlose Personen hat man auf deutsche Panzerwagen gesetzt, um als Schutz gegen die polnischen Streitkräfte zu dienen.*

*Die britische Regierung hat am 30. August in einer Erklärung gegen die Verletzung der Kriegsgesetze durch die Deutschen bei der Behandlung von Angehörigen der innerpolitischen Truppen Protest erhoben.*

*Im Communiqué von gestern wird britischerseits noch einmal vor Verbrechen gegen die Zivilbevölkerung gewarnt. Die britische Regierung, so heißt es in der amtlichen Mitteilung, werde alles tun, um die Verantwortlichen zur Rechenschaft ziehen zu können.*

Am Montag, dem 4. September 1944 werden bereits seit Tagesanbruch Powisle und die Stadtmitte systematisch bombardiert. Es ist für die Aufständischen einer der schwersten Tage, denn gleichzeitig greifen die Deutschen auch Nowy Swiat aus der Richtung Krakauer Vorstadt-Straße an, um dort die Kräfte der AK-Einheiten zu binden und dadurch leichter gegen Powisle vorgehen zu können. Trümmer verstopfen die Straßen, blockieren die Durchgänge und bilden neue Schwierigkeiten.

Die Einwohner flüchten in die südlichen Bezirke, weil sie fürchten, daß die Deutschen ihre Häuser besetzen oder anzünden werden. Vor dem einzigen Durchgang in der Jerozolimskie-Allee, der unter ständigem Mörserbeschuß liegt, bilden sich riesige Menschenschlangen. Um 9 Uhr morgens führen Stukas einen Luftangriff auf das Elektrizitätswerk durch, das nach mehrmaligen Bombenabwürfen in Brand gerät und größtenteils zerstört wird.

Der Ausfall des elektrischen Stroms wirkt sich auf alle Lebensbereiche in der belagerten Stadt aus. Verschiedene Druckerzeugnisse können nicht mehr erscheinen, die Produktion von Granaten kommt zum Erliegen, auch die Reparaturwerkstätten für Waffen müssen stillgelegt werden.

Fünf Wochen lang befand sich das E-Werk in der ersten Frontlinie, und deren Mannschaft hat unter ungewöhnlich schweren Bedingungen gearbeitet. Jetzt dringt die SS-Brigade »Reinefarth« von der Karowa- über die Weichselufer-Straße durch die brennenden Häuser vor. Die Gegenvorstöße der Polen werfen sie zwar in ihre Ausgangspositionen zurück, aber die Aufständischen erleiden dabei schwere Verluste.

Der nächste deutsche Angriff erfolgt um 14 Uhr. Die Verteidigung von Powisle wird immer schwieriger, denn durch pausenlosen Artilleriebeschuß und Luftangriffe werden zahlreiche Verteidigungsstellungen zerschlagen. Die Einwohner wissen nicht mehr, wo sie bleiben

*Mit dem Kinderwagen und etwas Handgepäck flüchten die Einwohner in die Nachbarbezirke (unten)*

*Vereinzelt nutzen Menschen die Feuerpause zum Gang durch die Nowy Swiat/Ecke Jerozolimskie-Allee (rechts)*

sollen, irren von einem Stadtteil zum anderen, werden immer wieder von Bomben und Feuer überrascht und suchen vergeblich nach einem Schlupfwinkel.

An diesem Tag wird die Umgebung des Napoleon-Platzes wiederholt mit Bomben und Granaten belegt, dabei die Druckerei in der Szpitalna-Straße getroffen und zum Teil zerstört. Hier hat man eine Reihe von Publikationen hergestellt, die jetzt nur noch in ganz geringem Umfang erscheinen können. Die Angriffe der deutschen Infanterie im Bereich der Heilig-Kreuz-Kirche sowie im Südteil des Stadtzentrums, zwischen dem Sejm-Gebäude und der Wiejska-Straße, werden jedoch aufgehalten.

Abends und in der Nacht vom 4./5. September tobt ein verbissener Kampf zwischen der deutschen Infanterie am Nationalmuseum und einer Kompanie des Bataillons »Czata« um das Gelände des brennenden Spitals zum »Heiligen Lazarus« in der Ksiazeca-Straße.

Im Oberen Czerniakow, am Südrand der Stadt, herrscht wenige Tage lang etwas Ruhe, so daß die Soldaten von Oberst Radoslaw, die man hier zusammengezogen hat, für kurze Zeit aufatmen können. Es sind rund 500 Mann, denen sich die Aufständischen aus der Altstadt angeschlossen haben.

In den frühen Morgenstunden des 5. September 1944 erfolgt von drei Seiten aus der Sturm auf Powisle. Vier »Dirlewanger«-Bataillone sowie Ostlegionen, zusammen rund 2000 Mann, greifen mit Unterstützung von Panzern und Sturmgeschützen eine Handvoll Aufständische an, die bereits durch die zwei Tage dauernde Verteidigung von Powisle erschöpft sind. Außerdem haben die Deutschen von Praga aus den Beschuß mit Feldartillerie eingeleitet.

Die in der Altstadt gefangengenommenen Frauen und Kinder müssen gegen die polnischen Barrikaden den deutschen Panzern voranlaufen. Die deutschen Generale von Vormann, von dem Bach und Reinefarth beobachten diesen Angriff von der Kierbedzia-Brücke aus. Es erscheint sogar Generaloberst Heinz Reinhardt, Oberbefehlshaber der Heeresgruppe Mitte, um die Kämpfe aus nächster Nähe zu verfolgen.

Von der Böschung des Weichselufers aus, die beim ersten Vorstoß besetzt worden ist, geht ein Wehrmachtbataillon zum Sturm auf Powisle vor. Das von Aufständischen besetzte Haus Ecke Obozna- und Topiel-Straße, die den Zugang zu diesem Stadtviertel verteidigen, wird von den Deutschen in die Luft gejagt. Unter den Trümmern findet die gesamte Besatzung den Tod.

Nach mehreren Stunden erbitterter Kämpfe fällt der von Granaten beschossene Abschnitt Leszczynska-Straße. Die in den Ruinen umzingelte, etwa 150 Mann starke Kompanie unter Leutnant Pobog wird, obwohl sie die Waffen streckt, von den Dirlewanger-Soldaten nieder-

*Nach dem Rückzug der Deutschen aus der »Heilig-Kreuz«-Kirche bekämpfen die Polen das Feuer (links unten)*

*Zu den auf deutscher Seite in Warschau eingesetzten Einheiten gehören auch turkvölkische »Ostlegionen« (rechts)*

*Nur auf breiten Straßen und Plätzen können deutsche Panzer die Infanterie unterstützen (unten)*

geschossen. Die Besatzung des E-Werkes muß sich nach schwerem Kampf um die Ruinen am Abend wegen Mangel an Munition zurückziehen.

Am 5. September wird auch die Jasna-Straße und deren nähere Umgebung von den Stukas besonders schwer bombardiert. Es wütet das Feuer, und es gibt keine Möglichkeit mehr, es zu löschen. Durch die Brände im »Wolkenkratzer« am Napoleon-Platz und im zerbombten Gebäude der Hauptpost erleiden die Aufständischen vom Bataillon »Kilinski« schwere Verluste. Gegen Mittag begibt sich General Bor-Komorowski von seinem HQ im Bankgebäude PKO zu einer Besprechung in die naheliegende Przeskok-Straße. Die Bombardierung dieser Gegend dauert bis zum späten Abend, und als der General wieder in sein Quartier zurückkehren will, findet er nur noch einen Trümmerhaufen vor.

General Bor-Komorowski: »Der größte Teil des Gebäudes lag in Trümmern, die Straße war bis zur ersten Etage mit Schutt angefüllt. Die Kuppel des Bauwerkes, durch die Wucht der Detonation heruntergerissen, lag zerplatzt und aufgespalten auf der Straße. Unweit davon lagen zwei nicht detonierte Bomben. Ich bemühte mich, zum Schutzbunker zu gelangen, wo sich der Stab befand. Der Wachtposten machte mich darauf aufmerksam, daß die Einstiegtreppe zerstört sei. Nachdem ich mich über die Lage orientiert hatte und es keine Unterbringungsmöglichkeiten für den Stab mehr gab, da überall alles

*General Bor-Komorowski (r.) im Gespräch mit Oberst Radoslaw (links oben)*

*Die deutsche Eisenbahnartillerie hat den Wolkenkratzer am Napoleon-Platz unter Feuer genommen (links)*

*Major Romanowski (vorne r.) und seine Männer haben die »Heilig-Kreuz«-Kirche und das Hauptquartier der Polizei erobert (rechts oben)*

*Ein verwundeter Zivilist wird in ein Hospital abtransportiert (rechts unten)*

185

*Durch die Wachsamkeit der Zivilbevölkerung wird so mancher deutsche Soldat gefangengenommen*

überfüllt war, faßte ich den Entschluß, das Hauptquartier in den südlichen Teil des Stadtzentrums zu verlegen, wo es nicht so erdrückend eng war.«
Bei dem Bombentreffer auf das Bankgebäude PKO sind etwa 15 Offiziere und Soldaten des HQ umgekommen, unter den Verwundeten befindet sich auch der Stabschef des Hauptkommandos der AK, General Grzegorz. Ähnlich wie in Powisle flüchtet die Bevölkerung des Stadtzentrums massenweise nach Süden in Richtung Jerozolimskie-Allee.
Die Aufständischen in der Krakauer Vorstadt-Straße können von den Ruinen der Polizeikommandantur und von der Heilig-Kreuz-Kirche aus die Angriffe der Deutschen zurückschlagen.
In der Nacht vom 5./6. September 1944 besetzen das Bataillon »Czata« von der Kampfgruppe »Radoslaw« und die Männer der AL unter Oberleutnant Gustaw sowie das Sicherheitskorps KB die noch übriggebliebenen Reste des Spitals zum »Heiligen Lazarus«, dazu eine Reihe Häuser an der Weichselböschung, um die einzige Verbindung zwischen Czerniakow und dem Stadtzentrum offenzuhalten.
In dieser Nacht weicht das Hauptkommando der AK aus dem zerbombten PKO-Gebäude in das am 23. August 1944 eroberte Telefonamt in der Pius-XI-Straße aus, wo es bis zum Ende des Aufstandes sein Hauptquartier hat. Nur einigen Eingeweihten ist der neue Standort bekannt. Das Gebäude wird von einer Sondertruppe geschützt, da die deutschen Stellungen nicht weit entfernt sind.
Am Mittwoch, dem 6. September 1944, starten die Deutschen einen Generalangriff gegen das zerstörte und immer noch brennende Powisle. Mit 40 Sturmgeschützen, 3 Mörsern (Kaliber 38 cm) auf Raupenketten, schwerer Artillerie, Salvenmörsern, dazu Angriffen der Luftwaffe, soll der Endsturm auf Powisle erfolgen. In Flugblättern wird die Bevölkerung erneut und ultimativ zum Verlassen der Stadt aufgefordert: »Das deutsche Oberkommando garantiert, daß jeder Einwohner der Stadt, der freiwillig Warschau verläßt, keine Repressalien zu befürchten hat.«
Der Angriff auf die Verteidiger von Powisle wird auch diesmal wieder von drei Seiten geführt. Ein Diversant

*September 1944, Bahnhof Warschau-West: die evakuierten Bewohner auf dem Weg zum Sammellager Pruszkow*

hat den kreisenden Stukas die Ziele mit roten Leuchtraketen angezeigt. Doch den Aufständischen ist es trotz eifriger Suchaktionen nicht möglich, ihn ausfindig zu machen. Unterdessen drängen sich in den Ruinen die Menschen mit ihren bescheidenen Habseligkeiten und warten auf eine Gelegenheit, zur Stadtmitte zu gelangen, die zwar ebenfalls unter Beschuß liegt. Der Verlust von Powisle, die Zerstörung und jetzt auch nächtlichen Angriffe auf das Stadtzentrum führen zu einer erheblichen Verwirrung bei der polnischen Führung.

Als einzige Verbindung für einen Rückzug der Aufständischen und der Bevölkerung in Richtung Nowy Swiat bleibt nur die schmale Tamka-Straße. Aber auch hier werden im Laufe des Tages mehrere Häuser von den Deutschen besetzt und die Einwohner verjagt. Die Aufständischen ziehen unterdessen durch die brennende Okolnik- und Szczygla-Straße in Richtung Nowy Swiat. Mehrere hundert Schwerverwundete müssen in den Lazaretten in Powisle zurückgelassen werden und kommen dort in den Flammen um. Noch vor Einbruch der Dunkelheit ist Powisle in deutscher Hand. Die Bevölkerung dieses Stadtteils wird in das Durchgangslager Pruszkow deportiert.

Am Donnerstag, dem 7. September 1944, wenden sich die Deutschen an die Vertreter des Polnischen Roten Kreuzes, um eine Evakuierung der Zivilbevölkerung zu vereinbaren. General von dem Bach hat sich schon mehrmals bemüht, Kontakte mit der Gegenseite aufzunehmen. Ihn interessieren weniger die Zivilisten in Warschau, als das Ende dieses mörderischen Aufstandes. Er schickt daher wiederholt Gefangene mit Vorschlägen zur polnischen Führung, von denen allerdings keiner zurückkehrt.

General Bor-Komorowski und die Regierungsdelegierten stimmen jetzt zu, noch am selben Tag Gräfin Maria Tarnowska und Stanislaw Wachowiak als Vertreter des Roten Kreuzes zum deutschen Befehlsstab zu entsenden. Die Zivilbehörde der Aufständischen ermächtigt die beiden Vertreter des Roten Kreuzes, eine Verständigung mit der deutschen Militärführung bezüglich einer eventuellen Evakuierung der alten Personen, Kranken und Kinder, die auf eigenes Risiko Warschau verlassen wollen, herbeizuführen.

Die Abteilungen der AK erhalten gleichzeitig den Befehl, allen Personen, die unter die oben genannte Regelung fallen, beim Verlassen der Stadt keine Schwierigkeiten zu bereiten. Die Abgesandten des Roten Kreuzes legen mit dem deutschen Generalmajor Rohr den Zeitpunkt der Evakuierung auf den 8. September von 12 bis 14 Uhr fest.

General Bor-Komorowski: »Ich habe es vorhergesehen, daß die Deutschen hinter der ganzen humanitären Aktion noch irgendwelche speziellen Ziele verfolgen würden. Ich täuschte mich nicht, denn während des Gesprächs schlug ein Stabsoffizier des Generals von dem Bach unseren Delegierten im Namen seines Kommandanten vor, einen von mir bevollmächtigten militärischen Abgesandten zwecks Entgegennahme der deutschen Vorschläge zu entsenden. Ich beschloß, nicht von vornherein diesen Vorschlag zurückzuweisen. Es war meine Absicht, die Hintergründe und die Pläne der Deutschen zu erforschen. Zur nächsten Gesprächsrunde der Vertreter des Roten Kreuzes mit den deutschen Behörden, die am 9. September stattfinden sollte, entsandte ich zwei Stabsoffiziere.«

Oberst Monter ruft in seinem Tagesbefehl vom 7. September die Soldaten auf, Ruhe und innere Disziplin zu bewahren und versichert ihnen, daß »bis zum Eintreffen der Hilfe von außen höchstens nur noch 4 bis 5 Tage vergehen werden«. Unterdessen stoßen die Deutschen seit den Morgenstunden aus dem tags zuvor eroberten Powisle auf Nowy Swiat vor, gleichzeitig auf den Napoleon-Platz sowie vom Hauptbahnhof aus auf die Chmielna-Straße.

In Nowy Swiat wechseln verschiedene Häuser im Lauf des Tages mehrmals den Besitzer. Die Männer der Bataillone »Kilinski« und »Gustaw« sowie die Abteilung unter Major Bartkiewicz vereiteln im nördlichen und östlichen Frontabschnitt des Stadtzentrums den feindlichen Versuch, das von den Aufständischen gehaltene Terrain an sich zu reißen. Das Feuer der deutschen Sturmgeschütze ist auf die quer über die Jerozolimskie-Allee laufenden Barrikaden gerichtet, die den Durchgang der Bevölkerung und der Militärabteilungen vom Nordteil zum Südteil des Stadtzentrums schützen.

Am Freitag, dem 8. September 1944, dauert den ganzen Tag über der starke feindliche Druck auf den Nordteil der Stadtmitte aus Richtung Nowy Swiat und der Krolewska-Straße an. Um jedes einzelne Haus wird verbissen gekämpft. Erst im Morgengrauen ziehen sich die polnischen Verteidiger aus den Gebäuden des Innenministeriums und der Polizeikommandantur zurück.

*Gräfin Maria Tarnowska und ihr Begleiter verhandeln mit den Deutschen über die Evakuierung der Zivilisten (links)*

*Daraufhin dürfen Alte, Kranke und Mütter mit Kindern Warschau verlassen (rechts)*

*Für diesen Mann ist der Kampf zu Ende: Es wird immer schwieriger, die Leichen zu begraben (oben)*

*Einem ungewissen Schicksal gehen die Evakuierten entgegen (links)*

*Wie mit dem Polnischen Roten Kreuz vereinbart, verläßt die Zivilbevölkerung in langen Kolonnen die Stadt (rechts)*

## Berliner Ausgabe
252. Ausgabe / 57. Jahrg. / Einzelpr. 15 Pf. / Auswärts 20 Pf.

# VÖLKISCI

Zentralverlag der NSDAP., Frz. Eher Nachf., GmbH., Zweigniederlassung Berlin SW 68, Zimmerstraße 88 (Ruf: 11 00 22). Drahtanschrift: Eherverlag, Berlin. Zweigstellen in allen Stadtbezirken von Berlin sowie in Brandenburg (Havel), Adolf-Hitler-Straße 21 (Ruf: 2637), Frankfurt (Oder), Richtstraße 63 b (Ruf: 51 29), Potsdam, Charlottenstraße 69 (Ruf: 62 93). Zahlungen: Postscheckkonto Berlin 4454. Anzeigenschluß 16 Uhr, Sonntagsausgabe 13 Uhr am Vortage des Erscheinens. Gewünschte einzelne Nummern unter Streifband nur gegen vorherige Einsendung von 30 Pfennig.

## Das Drama von Warschau

### Furchtbarer Leidensweg der Zivilbevölkerung der ehemaligen polnischen Hauptstadt

Berlin, 7. September.

Nachdem der deutsche Wehrmachtbericht vor einigen Tagen die Säuberung der Warschauer Altstadt von den polnischen Aufständischen gemeldet hatte, gibt er am 7. September bekannt, daß auch das gesamte Weichselviertel von den Banden gesäubert ist. Damit ist im größten Teil der Stadt der am 1. August auf Befehl Londons und Moskaus ausgebrochene Aufstand zusammengebrochen. Aus den von den Aufständischen gesäuberten Bezirken strömt nun die Bevölkerung zu Tausenden ab, erfüllt von der bitteren Erkenntnis, daß sie das Opfer einer gewissenlosen Hetze geworden ist und vergeblich den Hilfsversprechungen und Zusicherungen der Anglo-Amerikaner Glauben geschenkt hat.

England und die USA. haben in Fall Warschau erneut gezeigt, daß ihnen das Schicksal des polnischen Volkes heute ebenso gleichgültig ist wie es ihnen 1939 war. Churchill und Roosevelt zeigen sich nicht davon betroffen, daß durch die schweren Kämpfe wiederum Ströme von Blut der Bevölkerung geflossen und Tausende von Polen zugrunde gerichtet worden sind. Die rauchenden Trümmer von Warschau und der Elendszug der Bevölkerung, die aus der Hölle des Grauens flüchtet, klagen die Drahtzieher an der Themse und im Kreml als Mörder an.

Verschmutzt und in Lumpen gehüllt, tragen diese Unglücklichen nur das mit sich, was sie aus dem Schutt und der Asche haben retten können. Hunderttausende, die unter deutschem Schutz bisher ein ruhiges und friedliches Leben genossen, sind jetzt zu Heimatlosen geworden. Hoffnungslosigkeit und der Schrecken unsagbaren, von London und Moskau heraufbeschworenen Erlebens steht auf ihren Gesichtern.

Zahllose Einwohner Warschaus, die nichts gemein haben mit der Clique gewissenloser politischer Spieler haben ihr Leben opfern müssen für das neue Verbrechen, das auf das Schuldkonto jener Drahtzieher in London und Moskau kommt, denen Warschau seine Vernichtung verdankt. Warschau ist nur ein Beispiel. Es ist ein Fanal für alle Völker, die von London, Washington und Moskau eine bessere Zukunft erhoffen, und die auf die Hilfe und den Schutz der anglo-amerikanischen Kriegsbrandstifter vertrauen.

»Völkischer Beobachter« vom 8. September 1944

Inzwischen gelingt es den deutschen Einheiten, die Warecka-Straße bis unmittelbar zur Rückfront des Hauptpostamtes zu erreichen. Auf den Südteil des Stadtzentrums fallen an diesem Tag alle 8 Minuten 1,5 Tonnen schwere Geschosse des Mörsers »Karl«, die ganze Häuser im Raum Hoza- und Krucza-Straße zum Einsturz bringen und unter den Trümmern Hunderte von Menschen begraben.

Zwischen 12 und 14 Uhr unterbrechen die Deutschen, wie mit dem Polnischen Roten Kreuz abgesprochen, das Artilleriefeuer, so daß mehrere Tausend Personen die Stadt verlassen können.

Über Praga, dem Stadtteil am östlichen Weichselufer, ist der Feuerschein zahlreicher Brände zu sehen. In den Abendstunden haben sowjetische Kampfmaschinen die deutschen Stellungen am Stadtrand von Praga bombardiert. Seit Ende Juli ist in Warschau zum erstenmal wieder die sowjetische Artillerie zu hören.

*Umgekippte Straßenbahnwagen in der Marszalkowska-Straße (rechts)*

Am Sonnabend, dem 9. September 1944, versuchen die Deutschen mit allen Mitteln, die Querstraße in Nowy Swiat Richtung Napoleon-Platz zu besetzen, jedoch ohne Erfolg. Dagegen verteidigen sie weiterhin hartnäckig die bereits eroberten Häuser zwischen Nowy Swiat und der Bracka-Straße.

In den Morgenstunden zwischen 6 und 8 Uhr herrscht zum zweitenmal Waffenruhe, um die Evakuierung der Zivilbevölkerung von der Stadtmitte auf die von Deutschen besetzte Seite fortzuführen. Rund 8000 Menschen haben an diesen beiden Tagen innerhalb von vier Stunden die Stadt verlassen.

Am Nachmittag schaffen es die Aufständischen, die bereits hinter den Barrikaden an der Kreuzung Marszalkowska-Straße und Jerozolimskie-Allee befindlichen Deutschen wieder zurückzuschlagen. In der Czacki-Straße verläuft die Front inmitten der Fahrbahn: Die Deutschen halten die Straßenseite mit den geraden Hausnummern, die Aufständischen die gegenüberliegenden Häuser.

Im Westteil des Stadtzentrums werden die Deutschen an diesem Tag aus den vor kurzem erst besetzten Räumen des »Pluton«-Magazins wieder verdrängt. An einigen Stellen in der Stadtmitte stürmt der Feind unter Einsatz von Panzern und Sturmgeschützen die Barrikaden. Der Südteil des Stadtzentrums und das an Mokotow grenzende Czerniakow liegen erneut unter dem Feuer schwerster deutscher Infanteriewaffen.

Die erbitterten Verteidigungskämpfe der Aufständischen im Nordteil des Stadtzentrums beurteilt General Bor-Komorowski nach dem Verlust von Powisle recht kritisch, und er sieht keine Möglichkeit, den Kampf ohne Hilfe von außen fortzusetzen. Im Einverständnis mit den Delegierten der Exilregierung und dem stellvertretenden Ministerpräsidenten Jankowski entschließt er sich am 9. September, Kapitulationsverhandlungen mit den Deutschen einzuleiten.

Gleichzeitig wird London per Funk über die Aussichtslosigkeit der Situation unterrichtet, falls keine alliierte Unterstützung durch Luftangriffe auf die deutschen Li-

*Ein Blick auf das ramponierte Polytechnikum (rechts)*

*Nebelwerfer, auch Do-Werfer genannt, ähnlich der »Stalinorgel« (unten)*

nien und eine ausreichende Versorgung Warschaus aus der Luft erfolgt.

Inzwischen vereinbart das Polnische Rote Kreuz für den 10. September 1944, um 7 Uhr morgens, einen Verhandlungstermin mit dem Befehlshaber der deutschen Truppen im Gebiet Warschau Süd, Generalmajor Rohr, Oberst Boguslawski und Oberleutnant Sas sollen die Abgesandten begleiten.

Seit etwa vier Tagen führen die Aufständischen aus dem Oberen Mokotow trotz schweren deutschen Artilleriefeuers eine Reihe erfolgreicher örtlicher Überraschungsangriffe durch. Auch im Unteren Mokotow toben weiterhin heftige Kämpfe. Hier können die Deutschen mit einem großen Aufgebot an Kräften sowie Luftwaffenunterstützung etwas an Boden gewinnen.

Jetzt, als sich die Rote Armee zum Angriff auf Praga rüstet, geraten die Stadtteile am Weichselufer, wie Zoliborz, das Obere Czerniakow und Sielce, in den Brennpunkt des Geschehens. Gerade Sielce schützt das Obere Czerniakow von Süden her. So bleibt den Deutschen nur eine Alternative, den polnischen Widerstand hier so schnell wie möglich auszuschalten, um diesen Geländestreifen zu besetzen. Es ist sonst zu befürchten, daß die Rote Armee am westlichen Weichselufer einen Brückenkopf bildet.

Generalmajor Rohr ist aber der Ansicht, daß ihm nach der Einnahme von Sadyba die erforderlichen Kräfte dafür fehlen. Die hartnäckige Verteidigung von Sielce und dem Unteren Mokotow hat den deutschen General davon überzeugt, daß hier eine kurzfristige Eroberung kaum zu erreichen ist.

Generalmajor Rohr zieht jetzt alle verfügbaren Einheiten zusammen – 8500 Soldaten und Polizisten, 2 Panzerkompanien und 9 Geschütze. Noch am selben Tag läßt er das Stadtviertel Sielce von Artillerie und Stukas angreifen. Am ersten Tag des Ansturms gehen den Aufständischen zwar die Stützpunkte in der Chelmska- und Czerniakowska-Straße verloren, aber in Zoliborz gibt es keine Veränderungen.

In der Nacht vom 9./10. September 1944 beantwortet London den Funkspruch von General Bor-Komorowski und gibt bekannt, daß jeden Augenblick ein umfangreiches Versorgungsgeschwader nach Warschau starten wird. Gleichzeitig unternimmt die Rote Armee weitere Aktionen an der Front in Praga. Angesichts dieser Entwicklung wird Generalmajor Rohr ein Schreiben von polnischer Seite übermittelt, das viele Vorbedingungen für den Fall einer Beendigung des Aufstandes enthält. So will man Zeit gewinnen.

Am Sonntagmorgen, dem 10. September 1944, ist plötzlich das Artilleriefeuer über der Stadt verstummt, und eine unheimliche Stille breitet sich aus. Nur dumpfes

*Ehemalige deutsche Anwerbestelle für Rüstungsarbeiter in der Nowy Swiat: »Fahrt mit uns nach Deutschland!«*

Geschützgrollen ist jenseits der Weichsel zu hören. Im Haus der Akademie wartet Generalmajor Rohr vergeblich auf die polnischen Abgesandten. Statt dessen erhält er ein Schreiben, in dem General Bor-Komorowski neue Bedingungen stellt. Dies bestätigt seine Vermutung, daß man die Kapitulationsverhandlungen in die Länge ziehen will.

Die Anzahl jener Einwohner von Warschau, die freiwillig dem Evakuierungsangebot der Deutschen gefolgt sind, ist weitaus geringer, als man von deutscher Seite angenommen hat. In der erhobenen Hand tragen sie ein weißes Tuch, in der anderen ihre dürftigen, noch verbliebenen Habseligkeiten. Nachdem die vereinbarten Stunden des Übertritts abgelaufen sind, aber noch viele Menschen vor der Mauer des Polytechnikums warten, werden sie plötzlich durch einen Feuerwall vom Stadtzentrum getrennt und müssen erleben, wie die Deutschen nun mit geballter Kraft gegen ihren Stadtteil vorgehen.

An jenem September-Sonntag setzen die deutschen Kräfte alles daran, in das Innere der Stadtmitte Nord einzudringen, um die Aufständischen durch einen Überraschungsangriff so bald wie möglich zur Annahme der Kapitulationsbedingungen zu zwingen. Alle Anzeichen sprechen nämlich dafür, daß die Front an der Weichsel in Bewegung gerät und die Sowjets ihre Offensive beginnen. Gleichzeitig greifen die Deutschen auf dem ganzen Abschnitt in Nowy Swiat an, der von Hauptmann Gozdawa und seinen Männern verteidigt wird.

Die von der Infanterie mit Handfeuerwaffen und Sturmgeschützen bedrängten Aufständischen müssen dagegen mit jeder Patrone sparen. Trotzdem gelingt es ihnen, die Deutschen durch einen Überraschungsangriff aus den gerade eroberten Stellungen zu werfen. An den anderen Abschnitten der Stadtmitte Nord ist der deutsche Sturmangriff genauso schlimm. Das Gelände um den Postbahnhof befindet sich unter orkanartigem Beschuß der Sturmgeschütze.

An der Straßenkreuzung Jerozolimskie-Allee und Marszalkowska-Straße schlagen die Deutschen einen Mauerdurchbruch zum Restaurant »Seybusch«, um so in die Marszalkowska-Straße vorzustoßen. Der Kampf tobt hier in allen Häusern, sogar in einzelnen Räumen. Ungeachtet des feindlichen Feuers bauen die Polen inzwischen eine Barrikade quer über die Widok-Straße. Der seit Wochen durch schwerste Angriffe zerstörte Nordteil der Stadtmitte erlebt heute seine schlimmsten Stunden. Nur unter größten Opfern können die Aufständischen

*Aufeinandergestapelte, prallgefüllte Säcke schützen den Übergang über die Jerozolimskie-Allee (links)*

*Männer der »Dirlewanger«-Brigade beim Einrichten eines Granatwerfers (rechts)*

dem deutschen Ansturm standhalten und dadurch verhindern, daß auch die andere Straßenseite der Jerozolimskie-Allee in deutsche Hände übergeht. Dies hätte den südlichen vom nördlichen Teil der Stadtmitte getrennt. Um endlich den Aufstand zu ersticken, wenden die Deutschen auch ungewöhnliche Mittel an: Sie entsenden sogar durch die Kanäle ins Stadtzentrum angebliche Aufständische mit Lebensmitteln, die verschiedene Gerüchte verbreiten und die Stimmung unter der Bevölkerung sondieren sollen.

Oberst Monter erwähnt dies in seinem Tagesbefehl vom 10. September 1944: »Meine teuren Soldaten! Der Feind ließ in das von uns besetzte Gebiet eine Reihe von Provokateuren einschleusen, die das Gerücht verbreiten, daß General Bor geflohen wäre, Monter nicht mehr am Leben sei, über die Aussichtslosigkeit des Kampfes usw. Ich rufe euch heldenhafte Soldaten, Teilnehmer der fünfwöchigen Kämpfe dazu auf, Ruhe und innere Disziplin zu bewahren. Glaubt fest daran, daß die Führung nicht versagt, daß sie an alle denkt. Bis zum Eintreffen der Hilfe von außen vergehen höchstens nur noch 4 bis 5 Tage.«

Allein die Hoffnung auf Hilfe hält den Kampfgeist der Verteidiger vom Stadtzentrum aufrecht. Am selben Tag erscheinen sowjetische Jagdflugzeuge über Warschau, die vier deutsche Bomber im Anflug auf Czerniakow vertreiben. Es verstummt außerdem der schwerste deutsche Eisenbahnmörser, den die Sowjets in der Nähe von Okecie bombardiert haben.

Am Abend des 10. September 1944 verkündet BBC London eine Warnung der britischen Regierung an die Adresse der Deutschen, die mit ihrem Vorgehen gegen die Bevölkerung von Warschau das Kriegsrecht verletzt und sich der Verbrechen schuldig gemacht haben. Dabei werden die Namen von 28 als Kriegsverbrecher bezeichnete Personen genannt, darunter an erster Stelle General von dem Bach, General Stahel und Generalleutnant Reinefarth, die sich nach dem Kriege für ihre Taten in Warschau werden verantworten müssen.

Zur gleichen Stunde toben besonders schwere Kämpfe zwischen Nowy Swiat, dem Napoleon-Platz und der Bracka-Straße. Die Verteidiger des Postbahnhofs in der Jerozolimskie-Allee, der von Panzern und Granatwerfern beschossen wird, können den feindlichen Ansturm abwehren.

Auch in der Stadtmitte Süd gelingt es den Aufständischen, den Angriffen auf die Barrikaden und den Zbawiciel-Platz zu widerstehen.

# 7. Woche
## 11.–17. September 1944

Bericht zur Lage
12. September 1944
Aus dem *Kriegstagebuch (KTB) der 9. Armee*:
*... Mit dem wachsenden Druck des Gegners auf Warschau rückt die rechtzeitige Sprengung der 4 Weichselbrücken in den Vordergrund. Vor allem an der südlichsten Brücke steht am Abend dieses Tages der Gegner bereits in greifbarer Nähe. Auch gefährdet der starke Art.-Beschuß die Zündanlagen, so daß mit erheblichen Verzögerungen bei der Sprengung gerechnet werden muß. Die Armee drängt deshalb in den Abendstunden bei der Heeresgruppe darauf, das Recht zur Freigabe der Brücken zur Sprengung, das sich das OKH vorbehalten hat, auf die Armee übergehen zu lassen. Als Vorsichtsmaßnahme werden Brückenkommandanten eingesetzt und ihnen zusätzliche Sicherungskräfte beigegeben, um einen Handstreich auf die Brücken zu verhindern ...*

Versorgungsflüge nach Warschau
Mittwoch, 13. September 1944
Aus dem *Hauptquartier der Alliierten im Mittelmeer*:
*Eis und Schnee waren die gefährlichsten Gegner für die Besatzungen der »Liberator«-Bomber, die in der Nacht zum Montag von Italien aus gestartet sind, um den polnischen Patrioten in Warschau Waffen zuzuführen. Bei diesem fünften Flug wurde über der Donau schlechtes Wetter angetroffen. Als die Flugzeuge sich Warschau näherten, begann sich unter den Flügeln Eis zu bilden.*

14. September 1944, Warschau
Aus dem *Hauptquartier der polnischen Heimatarmee (AK)*:
*Während des gestrigen Nachmittags und der darauf folgenden Nacht herrschte an allen Kampfabschnitten Ruhe. Unsere Patrouillen befinden sich in ständiger Berührung mit dem Feind. Der Gegner verhält sich passiv. Nur die Flugabwehrgeschütze entwickeln eine lebhafte Aktivität. Es wurde erkundet, daß der Feind in der Nacht Batterien schwerer Flak-Geschütze entlang der Chaussee Wilanow – Sluzew aufgestellt hat. Der Munitionsvorrat von Radoslaw ist beträchtlich verstärkt worden. Die Situation ist äußerst angespannt.*

*Karol*
*[Wachnowski]*

Aufruf – Nahrungsmittel für Krankenhäuser
14. September 1944, Warschau
Aus dem Journal *Iskra* (Nr. 55):
*Die Krankenhäuser in Warschau leiden großen Mangel an Produkten, vor allem an speziellen Nahrungsmitteln für Verwundete. Die Organisation PZR (Hilfe für verwundete Soldaten) organisiert im Einvernehmen mit dem Chef des Sanitätswesens der AK eine Sammlung von Lebensmitteln für die Krankenhäuser. Ab morgen suchen die Sammlerinnen (Pezetki), ausgewiesen durch eine mit Sonderstempel versehene Liste, die Bewohner auf und nehmen Gaben in natura entgegen. Die notwendigen Lebensmittel für unsere Verwundeten müssen aufgetrieben werden.*

»Der Sieg ist nahe – kämpft weiter!«
14. September 1944, 20.30 Uhr
Rundfunkaufruf des *kommunistisch-polnischen Lubliner Komitees*:
*An das kämpfende Warschau. Es naht die Stunde für das heldenhafte Warschau. Eure Leiden und Euer Martyrium werden bald zu Ende sein. Die Deutschen werden für die Ruinen und das Blut Warschaus teuer bezahlen müssen. Die 1. polnische Division Kosciuszko ist in Praga eingetroffen. Sie kämpft Seite an Seite mit der heldenhaften Roten Armee. Der Entsatz naht. Kämpft weiter! Aus welchen Gründen auch jene gehandelt haben mögen, die den Aufstand zu früh ohne Zustimmung des Oberkommandos der Roten Armee begannen, wir sind mit ganzem Herzen bei euch. Die ganze polnische Nation steht euch in eurem selbstaufopfernden Kampf gegen die deutschen Eindringlinge zur Seite. Jetzt kommt es auf den Weichselufern zum Entscheidungskampf. Die Hilfe kommt. Der Sieg ist nahe. Kämpft weiter.*

15. September 1944, Warschau
Aus dem *Hauptquartier der polnischen Heimatarmee (AK)*:
*Die Lage der abgeschnittenen Abteilungen in Czerniakow ist sehr ernst. Geländeverluste in der Ksiazeca-Straße, außerdem keine Veränderung. Den Rückruf der zweimal angekündigten großen Unternehmung haben wir erhalten. Der sowjetische Schutz des Luftraumes und deren Abwürfe in der Nacht vom 15. zum 16. September helfen uns etwas, weiteren Widerstand gegen die pausenlosen Angriffe der Deutschen zu leisten.*

*Lawina*
*[Bor-Komorowski]*

**Berliner Ausgabe**

261. Ausgabe / 57. Jahrg. / Einzelpr.

**VÖLI**

Zentralverlag der NSDAP., Prz. Eher Nachf., GmbH., Z straße 88 (Ruf: 11 00 22). Drahtanschrift: Eherverlag, Be: von Berlin sowie in Brandenburg (Havel), Adolf-Hitler-Richtstraße 63 b (Ruf: 51 29), Potsdam, Charlottenstraße konto Berlin 4454. Anzeigenschluß 16 Uhr. Sonntagsausga Einzelne Nummern können bis auf weiteres

## Der Kreml weiß viele Wege zur Sowjetrepublik Polen

Moskau ernennt noch einen „Staatsrat" — Londoner Emigranten ohne Zukunft

*Von unserem Berichterstatter in der Schweiz*

b—r. Bern, 16. September.

Der Kreml hat seine polnische Politik einen Schritt weitergeführt, indem er zu seiner „polnischen Regierung", die in Lublin sitzt, nun auch noch einen polnischen Staatsrat ernannt hat, einen Mann namens Boleslaw Beirut. Die Kluft zu den Londoner Emigranten ist damit wieder ein Stück weiter geworden. Die Ernennung Beiruts bedeutet eine Absage nicht nur an den Londoner „Staatspräsidenten" Raczkiewicz, sondern auch an dessen kürzlich designierten Nachfolger Arciscewski, einen Sozialisten, den man in London als Kompromißkandidaten ansah.

Auf Grund der letzten Erfahrungen finden sich in London die polnischen Sozialisten mit Raczkiewicz und General Sosnkowski im Widerspruch gegen die völlige Unterwerfung, ohne natürlich am Gang der Dinge etwas ändern zu können. Der Leiter des Emigrantenausschusses, Mikolajcyk, hält jedoch an der Idee eines Ausgleiches mit Moskau fest und scheint vollends entschlossen, um jeden Preis eine Verständigung, jedenfalls für seine Person, herbeizuführen. Es könnte dahin kommen, daß er schließlich allein nach Moskau geht. Die übrigen Londoner Emigranten, die aus Feindschaft gegen Deutschland ins Exil gegangen sind, bereiten sich darauf vor, aus Furcht vor den Sowjets im Exil zu bleiben.

*»Völkischer Beobachter« vom 17. September 1944*

Vorstadt Praga erobert
15. September 1944, Moskau
Die *Agentur TASS* berichtet:
*Marschall Stalin teilt in einem Tagesbefehl an Marschall Rokossowski mit, daß die Truppen der 1. Weißrussischen Front nach langwierigen, heftigen Kämpfen die Festung Praga, eine Vorstadt Warschaus und einen wichtigen Stützpunkt der deutschen Verteidigung am Ostufer der Weichsel, besetzt haben.*
*In diesen Kämpfen zeichneten sich insgesamt 55 Einheiten aus, darunter auch Abteilungen der polnischen 1. Armee unter dem Kommando des Generalleutnants Berling. Die an diesen Kämpfen beteiligten Truppeneinheiten, sowohl die russischen als auch die polnischen, werden künftig den Namen »Praga« tragen.*

17. September 1944, Warschau
Aus dem *Hauptquartier der polnischen Heimatarmee (AK)*:
*Im Laufe der Nacht und des Tages nur Patrouillentätigkeit. Der Feind befestigt seine Stellungen in Sadyba, im Fort Legionow Dabrowskiego und längs der Belwederska-Chaussee. Es wurde eine ständige Besetzung der Schützengräben festgestellt. Im Verlauf des gestrigen Tages wurden beide Bezirke viermal von mehreren Stuka-Staffeln bombardiert. Es entstanden unter der Zivilbevölkerung nach jedem Anflug hohe Verluste. Die sowjetischen Flugabwehrgeschütze und die sowjetischen Jäger griffen in den Kampf ein.*

Karol
[Wachnowski]

In den Vormittagsstunden des 11. September 1944 beschließt man im Hauptquartier der polnischen Heimatarmee, die Kapitulationsverhandlungen abzubrechen. Kurz danach erfolgt der deutsche Vorstoß auf das Obere Czerniakow, das bisher als verhältnismäßig »ruhige Ecke« galt. Die Polen hatten sich in den Häusern zwischen Ludna- und Lazienkowska-Straße versteckt. Die Kräfte der Aufständischen zählen in diesem Viertel zwar etwa 1100 Mann, doch mangelt es ihnen wie überall an Bewaffnung und Munition.

Der deutsche Befehlsstab verlegt einen Teil der Kampfgruppe »Reinefarth« in Stärke von 2500 Mann zum Oberen Czerniakow, darunter zwei Bataillone der nach den Kämpfen um die Altstadt stark geschwächten SS-Brigade »Dirlewanger«, vier Bataillone Osthilfseinheiten, ein Bataillon Gendarmerie, dazu zwei Panzerkompanien, Sturmgeschütze und eine Flakbatterie.

Ab Mittag setzt auch Generalmajor Rohr seine Soldaten dort ein, ebenso die auf der Weichselböschung stationierte Gruppe der Schutzpolizei unter Oberst Rodewald. Der Angriff beginnt wie immer mit Artilleriebeschuß und Luftangriffen. Noch gelingt es den Polen, die

deutschen Angreifer überall zurückzuschlagen. Das Obere Czerniakow ähnelt langsam der Altstadt, brennende Häuser und einstürzende Mauern, so daß sich die Aufständischen der Abteilung »Czata« in den Trümmerbergen verschanzen müssen. Sie können sich aber auf dem Gelände der Gaswerke in der Ludna-Straße weiterhin behaupten.

Solec sowie die anderen Straßen entlang der Weichsel sind zwar durch Barrikaden versperrt und mit Schützen- sowie Verbindungsgräben versehen, doch diese Hindernisse sind recht primitiv. Man hat sie aus Möbeln und Pflastersteinen, mit Zuckersäcken aus dem Archiv des »Spolem«-Magazins und mit Farbsäcken einer nahegelegenen Fabrik errichtet. Die begrenzten Vorräte an Waffen und Munition dürfen die Verteidiger nur gezielt einsetzen.

Im Stadtzentrum dagegen sind an diesem Tag die deutschen Kampfaktivitäten erheblich schwächer: Die Intensität der Feuerkraft und Treffsicherheit der Artillerie haben sich verringert, die Angriffe der Stukas lassen nach, da die deutschen Maschinen jetzt den Feind aus dem Osten abwehren müssen. Die meisten deutschen Kräfte konzentrieren sich nun auf den Kampf an der sowjetischen Front vor Praga. Lediglich das Störfeuer der Granatwerfer wird gegen Warschau aufrechterhalten. Ebenso bleibt weiterhin der Druck auf die polnischen Stellungen in der Bracka-Straße Ecke Jerozolimskie-Allee bestehen, da die durchgehende Verkehrsader von Ost nach West immer mehr an Bedeutung gewinnt. Sie kommt als eventueller Rückzugsweg in Betracht.

In der Nacht vom 11./12. September 1944 werfen die Flugzeuge der Royal Air Force (RAF) Versorgungscontainer über der Stadtmitte ab, vor allem mit Waffen, Munition und Medikamenten.

Am Dienstag, dem 12. September 1944, müssen die Einheiten der deutschen 9. Armee Angriffe der Sowjets auf Praga abwehren. Daher geht in der Stadtmitte die Initiative in polnische Hände über, wenn auch die Verbindung zwischen dem Stadtzentrum und Czerniakow durch die Ksiazeca-Straße verlorengeht. Es kommt zu heftigen Kämpfen mit wechselndem Erfolg um einzelne Häuser in der Ksiazeca-Straße nahe dem Trzech Krzyzy-Platz sowie um die Gebäude auf der Böschung und in der Frascati-Straße. Das Obere Czerniakow wird jetzt von

*Kanoniere mit ihrer Pak beim Stellungswechsel (links oben)*

*Auch Einheiten der »Russischen Befreiungsarmee« werden auf deutscher Seite in Warschau eingesetzt (links unten)*

*Auf dem Flughafen in Bari werden die Container für die nach Warschau fliegenden Maschinen beladen (rechts)*

zwei Seiten angegriffen. Die Deutschen stoßen auch entlang der Wiejska-Straße vor und erobern am Abend nach mehrstündigem Kampf einen Teil der Böschung von der Frascati- bis zur Ksiazeca-Straße.

Der Oberbefehlshaber der 9. Armee, General von Vormann, rechnet täglich damit, daß die Sowjets den Stützpunkt Praga überrollen werden, der trotz Verstärkung durch die 19. Panzerdivision (GenLt. Källner) nicht mehr lange zu halten ist. Die deutsche 73. Division und die Grenadierbrigade 1131 sind bereits zerschlagen, ihre Reste ziehen sich ungeordnet zurück, um noch über die Poniatowski-Brücke das westliche Weichselufer zu erreichen.

Die Truppen der sowjetischen 47. Armee, bestehend aus der 76. und 175. Schützendivision sowie einer polnischen Division, greifen an und reiben die Verbände der deutschen 19. Panzerdivision auf, von denen sich jetzt nur noch kleinere Gruppen in verschiedenen Teilen von Praga verteidigen. Dies erschwert den Deutschen die Bildung einer neuen Abwehrfront, die in der derzeitigen Situation allein auf dem linken Ufer der Weichsel möglich wäre, das sich allerdings zum Teil noch in den Händen der AK-Angehörigen befindet.

Am Mittwoch, dem 13. September 1944, müssen die Aufständischen nach 24stündigen erbitterten Kämpfen um das Hospital zum »Heiligen Lazarus« den Widerstand aufgeben. Der Luftangriff in den Morgenstunden hat sie letztlich gezwungen, sich von dem Gelände zurückzuziehen. Damit geht die Verbindung zwischen Czerniakow und der Stadtmitte vorerst verloren.

Zur selben Zeit greifen die Deutschen Czerniakow erneut an, unterstützt durch Panzer und ferngelenkte »Goliath«. Die Luftangriffe richten sich besonders gegen den Czerniakowski-Hafen und die polnischen Stellungen in der Lazienkowska-Straße. Bomben und Artilleriegeschosse vernichten alle größeren Gebäude, die für einen Widerstandspunkt geeignet sind. So bleibt den Aufständischen keine andere Wahl, als sich aus dem Czerniakowski-Hafen und aus den Häusern auf der Seite mit den geraden Hausnummern in der Lazienkowska-Straße zurückzuziehen.

In der Ludna-Straße besetzen unterdessen Ostformatio-

*Kampf um Praga: sowjetische und polnische Soldaten an einem leichten Panzerabwehrgeschütz (oben)*

*Die ferngelenkten »Goliath« kamen in 2 Versionen zum Einsatz: mit Ottomotor (Reichweite 1000 m) oder Elektromotor (Reichweite 600 m)*

nen die Gaswerke sowie das Gebäude der Krankenkasse (ZUS), das teilweise in Brand gerät und am Nachmittag durch Fliegerbomben völlig zerstört wird. Etwa 50 Verwundete kommen hier in den brennenden Trümmern um. Danach werden die Aufständischen auch aus den Häusern in der Rozbrat-Straße nahe der Weichsel verdrängt.

Bereits im Verlauf des 13. September 1944 marschieren sowjetische und polnische Truppen in die Vorstadt Praga ein. Und jetzt geschieht das, was in gewissem Maße für den weiteren Fortgang des Aufstandes entscheidend ist: Die völlige Isolierung des Oberen Czerniakow, ohne jede Verbindung zu den anderen Stadtteilen. Seit dem Verlust der Altstadt und Powisle konnten die Aufständischen nur noch vereinzelt Widerstandspunkte am Weichselufer halten.

Das Obere Czerniakow wird in Kürze zum wichtigsten deutschen Kampfgebiet, denn es befindet sich direkt an der Weichsel. Um dem sowjetischen Vormarsch Einhalt zu gebieten, jagen die Deutschen an diesem Tag alle Warschauer Brücken in die Luft: Fünf Brückenpfeiler der Poniatowsi-Brücke werden zwischen 7.15 Uhr und 12.15 Uhr gesprengt. Erst am Abend zerstören deutsche Pioniere die übrigen drei Weichsel-Brücken; die mittlere und die Eisenbahnbrücke unterhalb der Zitadelle gleich nach 20 Uhr, dann die Kierbedzia-Brücke um 23.30 Uhr. Die Stadt ist damit von Praga abgeschnitten.

Für die Rückführung der deutschen Truppen errichten Pioniere eine Pontonbrücke nördlich von Warschau, im Raum Bielany.

Am Abend, gegen 22 Uhr, erscheinen zum ersten Mal sowjetische leichte Doppeldecker-Maschinen, die Waffen, Munition und Lebensmittel für die Aufständischen abwerfen.

In der Nacht vom 13./14. September 1944 versuchen zwei polnische Meldegängerinnen, namens Ewa und Inka, in einem Paddelboot an das andere Weichselufer nach Praga zu gelangen. Ewa ist von der Kampfgruppe »Radoslaw« und Inka von der moskautreuen Volksarmee (AL), die derzeit in Czerniakow Widerstand leistet. Sie sollen mit der polnischen und sowjetischen Befehlsstelle in Praga Kontakt aufnehmen. In derselben Nacht erkämpfen sich die sowjetischen und polnischen Verbände den Zutritt zur Weichsel im Bereich von Praga.

Das Korps des Generals von dem Bach zählt mittlerweile 25 000 Soldaten, da es auf Befehl von Himmler durch das 17., 23. und das 34. Polizeiregiment sowie durch eine Reihe von Hilfsbataillonen verstärkt worden ist. Jetzt scheint Eile geboten, denn angesichts der Einnahme von Praga durch die Rote Armee muß der Aufstand so schnell wie möglich liquidiert werden. Ungeachtet der Gefahr im Raum Praga läßt General von Vormann die 25. Panzerdivision für den Kampf gegen

*Angehörige der moskautreuen polnischen 1. Armee, die auch gegen die deutschen Besatzer kämpfen (links oben)*

*13. 9. 1944: Alle Warschauer Brücken sind zerstört. Ein Blick auf die Reste der Kierbedzia-Brücke (oben)*

*Die Trümmer einer abgeschossenen sowjetischen Versorgungsmaschine vom Typ Po-2 (Kukurusnik) (rechts)*

# Stalin verbot englische Hilfe für Warschau

*Von unserem Lissaboner Berichterstatter*

B Lissabon, 12. September.

Das Drama des polnischen Aufstandes in Warschau enthält noch einige bisher unbekannte Vorgänge, die zur Klärung des Tatsachenbestandes und seines politischen Gehaltes von Interesse sein dürften. Als auf Druck Churchills die polnische Emigrantenregierung in London den Aufstandsbefehl gab, bildete sich zunächst ein Unruheherd in Warschau, der in seiner Ausdehnung mehr lang als breit war. Die auf mehrfachen Hilferuf der Aufständischen schließlich mit Waffen und Lebensmittel nach Warschau geschickten britischen Flugzeuge, die von Flugbasen in Italien abflogen, mußten dieses Gebiet in der Warschauer Innenstadt in einer bestimmten Schneise und im Tiefflug anfliegen, wenn die abgeworfenen Materialien ihr Ziel erreichen sollten. Obwohl bei diesem Unternehmen mehr als 25 vH. der eingesetzten Maschinen von der deutschen Abwehr vernichtet wurden und die anderen auch noch Tote und Verwundete des fliegenden Personals mit nach Hause brachten, fiel der größte Teil der abgeworfenen Waffen und Lebensmittel in deutsche Hand. Deshalb schlug der Anführer der polnischen Aufständischen, der sogenannte General Bor, vor, die britischen Flugzeuge sollten an Stelle solcher mehr oder weniger nutzlosen Hilfeversuche die deutschen Positionen in und um Warschau mit Bomben belegen.

Daraufhin wandte sich die britische Regierung an Moskau mit der Bitte, den englischen Flugzeugen hinter der Linie der bolschewistischen Armee einige Flughäfen zur Verfügung zu stellen, von denen aus die Luftangriffe gegen Warschau organisiert werden könnten. Dieses Ersuchen lehnte Stalin mit folgenden Begründungen ab: Erstens: der polnische Aufstand in Warschau sei zu früh ausgebrochen und habe militärisch der Sowjetarmee nicht genützt, sondern geschadet. Zweitens: die polnischen Aufständischen in Warschau unterständen einer Regierung, die die Sowjetunion nicht als die legale Vertretung des polnischen Volkes betrachte und weder gegenwärtig noch zukünftig anerkennen werde. Drittens: unter diesen Umständen lehne die Regierung der Sowjetunion die Bereitstellung von Flugbasen für britische Flugzeuge ab, die von ihnen aus Warschau bombardieren sollten. Sie verbiete darüber hinaus allen britischen Flugzeugen ab sofort das Überfliegen des sowjetischen oder des von der Sowjetarmee besetzten Gebietes.

Es konnte noch nicht in Erfahrung gebracht werden, ob dieses Verbot des Überfliegens auch für amerikanische Flugzeuge gilt. Die englische Absicht jedenfalls, mit Hilfe von Flugplätzen in Gebieten, die die Sowjetarmee besetzt hält, Pendelflüge über Deutschland zu machen, ist auf diese Weise unterbunden worden.

## Neger werden gebleicht

Die USA lösen das Negerproblem:

Bern, 12. September.

Unter der Überschrift „Weiße Neger" veröffentlicht das „Volksrecht" folgenden für den geistigen Zustand der USA. aufschlußreichen Artikel über das amerikanische Negerproblem: Die Spannungen zwischen Schwarzen und Weißen, die sich stets erneut und seit Kriegsbeginn in verstärktem Ausmaß in den USA. bemerkbar machen, veranlassen die Amerikaner mit stets erneutem Eifer nach einer Lösung der Negerfrage Ausschau zu halten. Man glaubt allgemein, daß sich die Gegensätze mildern würden, wenn es gelänge, die Neger zu „bleichen" und ihnen so das Hauptmerkmal ihrer Rasse zu nehmen. Der amerikanische Professor Schirokauer hat es sich nun zur Aufgabe gemacht, diesen Auftrag zu erfüllen. Er stellte zunächst Versuche mit Fischen an, und es gelang ihm, ihre Hautfarbe beliebig zu ändern. Dann wagte er sich an seine schwarzen Mitbürger heran. Die ersten Schwarzen, die er behandelte, wurden zwar noch nicht ganz weiß, man konnte sie für Mestizen halten. Bei den letzten Versuchen brachte es der Professor fertig, die Haut der Neger schon weiter aufzuhellen und ihr einen Farbton zu geben, den man als „Milchkaffee" bezeichnet. Es tat der Freude der Neger allerdings ein wenig Abbruch, daß zwei der so Behandelten an den Folgen der Behandlung starben.

Professor Schirokauer hat in der amerikanischen Presse eine Mitteilung veröffentlicht, daß er lediglich die Hautfarbe, nicht aber andere rassische Merkmale ändern kann. Gerade Herrn Schirokauer dürfte der weitergehende Versuch ratsamer als den Negern erscheinen.

die Aufständischen in den Nordteil der Stadt nach Zoliborz verlegen.

Der Verlust des deutschen Brückenkopfes Praga erzeugt unweigerlich einen verschärften Druck gegen die Aufständischen. Solange die Wehrmacht noch in Praga stand, hat sie zur Verteidigung jenes Stützpunktes alle vorhandenen Truppen dort einsetzen müssen. So konnte General von dem Bach nur über die eigenen Soldaten und Ostformationen verfügen. Nachdem die Rote Armee aber das östliche Weichselufer erreicht hat, werden alle freien Kräfte der Wehrmacht General von dem Bach unterstellt, um schnellstens die Eroberung des Uferstreifens auf der westlichen Weichselseite zu beenden.

Bisher ist Marymont, das Stadtviertel am Weichselufer zwischen dem Bielanski-Wäldchen und der Zitadelle in Zoliborz, nicht besetzt gewesen. Die Deutschen haben lediglich dort Schützengräben angelegt. Durch das Fehlen weittragender Waffen war es den Aufständischen nicht möglich, in Marymont eine wirksame Verteidigung zu errichten, denn die großen, unbebauten Flächen bieten keinerlei Schutz. Da Marymont einen beinahe anderthalb Kilometer breiten Zugang zur Weichsel hat, gibt General von Vormann dem Kommandeur der 25. Panzerdivision jetzt den Befehl, Marymont einzunehmen.

Tags darauf, am Donnerstag, dem 14. September 1944, beginnt der Angriff auf Marymont mit schwerem Artilleriefeuer und Mörserbeschuß, was viele Zerstörungen und Brände verursacht. Danach greifen zwei deutsche Sturmgruppen an. Doch die Aufständischen fügen dem Gegner so schwere Verluste zu, die der Kommandeur in seinem Lagebericht mit 110 Toten und 240 Verwundeten bezeichnet: ». . . unter diesen Bedingungen kann die Division den Angriff mit dem Ziel, den eroberten schmalen Uferstreifen zu verbreitern, nicht fortsetzen, wenn sie keine ausreichende Verstärkung erhält.«

24 Panzer sind bei diesem Angriff vernichtet oder beschädigt worden. Trotz der bis zum Abend dauernden Kämpfe gelingt es den deutschen Einheiten nicht, Marymont einzunehmen. Sie können gerade das Weichselufer besetzt halten.

Im Unteren Mokotow, dem südlichen Stadtteil, verteidigen die AK-Männer unter Rittmeister Garda weiterhin die Chelmska-Straße und die Fabrik »Magnet« in der Stepinska-Straße. Ebenfalls in Mokotow erfolgt am selben Tag ein verheerender Bombenangriff auf die Redoute der Aufständischen in der Niepodleglosci-Allee Ecke Odynca-Straße mit großen Verlusten unter der polnischen Besatzung.

*»Völkischer Beobachter« vom 13. September 1944 (links)*

*Deutsche Infanteristen durchkämmen eine Vorstadt-Siedlung nach vermuteten Widerstandsnestern (rechts)*

Inzwischen wird die Kompanie »Rudy« mit einer besonders verantwortungsvollen Aufgabe betraut: die Bereinigung des Uferstreifens von den Deutschen und Vorbereitung des Geländes für den so lange erwarteten Landungstrupp von der anderen Seite der Weichsel. Die Männer der Abteilung »Zoska« überwinden die Uferstraße und besetzen den Flußdampfer »Bajka«, nachdem sie die darauf befindlichen Deutschen mit Handgranaten verjagt haben. Hier warten sie voller Ungeduld die ganze Nacht hindurch und beobachten den dunklen Fluß, dessen Wasseroberfläche die Leuchtbahnen der Raketen widerspiegelt. Doch am gegenüberliegenden Ufer ist keine Aktivität zu bemerken. Die Aufständischen klappern mit den Zähnen, denn die Temperatur ist fast auf Null Grad gesunken, und sie haben nur zerrissene Uniformen und verschlissene Stiefel an.

In der Nacht vom 14./15. September 1944 erscheinen wieder sowjetische Doppeldecker über Mokotow und werfen Lebensmittel, Waffen und Munition für die Aufständischen ab. Auch das Stadtzentrum und Zoliborz erhalten in dieser Nacht durch Abwürfe aus der Luft sowjetische Waffen und die konkrete Nachricht von der Einnahme des deutschen Stützpunktes Praga. Oberst Zywiciel entsendet daraufhin einen Offizier der moskautreuen Volksarmee (AL) zusammen mit einer Meldegängerin der AK über die Weichsel, um Verbindung mit der polnischen 1. Armee in Praga aufzunehmen. Gleichzeitig gibt er den beiden einen Bericht über die militärische Lage in Zoliborz und den anderen Stadtteilen Warschaus mit.

Im Morgengrauen des 15. September 1944 will Leutnant Morro die Aufständischen vom Weichselufer in die Wilanowska-Straße zurückholen, als er plötzlich auf dem Fluß drei Schlauchboote mit Soldaten entdeckt, die von den Deutschen heftig beschossen werden. Zwei der Boote werden getroffen und gehen unter. Von den Soldaten tauchen nur ein oder zwei wieder auf, die anderen sind vermutlich abgetrieben und ertrunken. Das letzte der drei Boote erreicht schließlich das Westufer, die Männer springen auf die Böschung und verstecken sich. Als sie plötzlich Soldaten in deutschen Tarnanzügen erkennen, eröffnen sie das Feuer in der Annahme, es seien Deutsche. Die Aufständischen rea-

*Bevor das Geschoß des Granatwerfers abgefeuert werden kann, werden Zweibein und Halterung befestigt (links)*

*Im Schutz der Barrikade blitzschnell über die Straße (unten)*

*Nicht jeder AK-Mann weiß auf Anhieb, wie man den abgeworfenen Container öffnen kann*

gieren sofort und rufen ihnen auf Russisch zu, sie sollten das Feuer einstellen. Da erhebt sich hinter der Böschung einer der Ankömmlinge und antwortet in voller Lautstärke: »Wir sind keine Russen, sondern Polen!«
Es ist ein Erkundungstrupp der polnischen 1. Infanteriedivision, die auf sowjetischer Seite kämpft. Nach Besprechung der Lage nehmen sie einen Verbindungsmann der Gruppe »Radoslaw«, namens Major Kmita, mit und kehren zum rechten Ufer der Weichsel zurück.
Seit dem frühen Morgen wird das Obere Czerniakow von deutschen Kampfgruppen unter Generalmajor Rohr, darunter die SS-Brigade »Dirlewanger«, den ganzen Tag über angegriffen sowie von Artillerie und Panzern unter Feuer genommen. Trotz hoher Verluste behaupten die Reste der Gruppe unter Hauptmann Kryska ihre Stellungen in der großen Hoffnung auf eine schnelle Hilfe von der anderen Weichselseite.

*Von Praga aus sind die schwelenden Brände im Stadtzentrum deutlich zu erkennen (rechts)*

*Ein SS-Sturmtrupp wartet auf den Befehl zum Angriff*

Noch tragischer ist die Lage der Aufständischen in Sielce. Oberstleutnant Karol Wachnowski hat in Mokotow keine Reserven mehr, die er in das angrenzende Sielce beordern könnte. Die Angriffe der Truppen von Generalmajor Rohr steigern sich von Stunde zu Stunde. Die Artillerie und Flugzeuge richten unter den Aufständischen unbeschreibliche Verluste an.

Die Einkreisung von Sielce erfolgt von Norden, Osten und Süden. Gleichzeitig versuchen die Deutschen, einen Keil in die Chelmska-Straße zu treiben, um den Rückzug der Aufständischen in Richtung Oberes Mokotow zu verhindern. Durch den entschlossenen Widerstand des Bataillons »Rys« und der zu Hilfe kommenden Abteilung »Jelen«, einschließlich der sich aus der Chelmska-Straße zurückziehenden AK-Einheiten gelingt es, eine neue Verteidigungslinie zu bilden. So können weitere feindliche Angriffe abgewehrt und die neuen Stellungen über Nacht gehalten werden.

In der Nacht vom 15./16. September 1944 gerät Sielce schließlich in deutsche Hand. Die Einnahme der beiden Stadtteile – Sielce im Süden und Marymont im Norden – erleichtert den Deutschen die Situation und durchtrennt die Verbindungswege der Aufständischen zur Weichsel.

Es bleibt ihnen nur noch ein Abschnitt vom Oberen Czerniakow, den die AK-Soldaten der Gruppe »Radoslaw« verteidigen, wenn auch unter furchtbaren Verlusten. Das von ihnen besetzte Gebiet schrumpft erschreckend zusammen.

Noch ist es Nacht, dunkel aber sternenklar. Vom Ostufer der Weichsel aus gesehen, liegt Warschau unter einem riesigen Feuerschein, der langsam von Rauchwolken überdeckt wird. Ab und zu sind einzelne Schüsse oder MG-Garben zu hören. General Zygmunt Berling, Oberbefehlshaber der Polnischen 1. Armee, die auf sowjetischer Seite im Rahmen der 1. Weißrussischen Front (Marschall Rokossowski) kämpft, hat den ehrgeizigen Plan, seine ganze Armee auf das linke Weichselufer überzusetzen. Er will mit allen Einheiten der schweren Artillerie sowie mit Panzern dem arg bedrängten Warschau zu Hilfe kommen. Dieser Plan, der angeblich die Eroberung der polnischen Hauptstadt vorsieht, ist unrealistisch, denn die Zeit der Vorbereitung ist viel zu knapp.

So hat zum Beispiel der Kommandeur der polnischen 3. Infanteriedivision, General Galicki, das gegenüberliegende Weichselufer vom Speicher eines Hauses in Saska Kepa kaum 15 Minuten lang beobachtet. Die roten Scharten auf hellem Putz der Häuser werden von ihm als Nationalflaggen angesehen und als Verlauf der Frontlinie beschrieben. Der Chef der Divisionspioniere, zuständig für die Erkundung des Flußlaufes, ermittelt innerhalb einer Stunde, noch dazu unter Mörserbeschuß und meldet General Galicki, daß die »Weichsel« fließt. Den erforderlichen Zeitaufwand für die Übersetzaktion und das zur Verfügungstellen der unverzichtbaren Mittel in entsprechender Anzahl hat man nur oberflächlich bedacht. Die Vorausberechnungen bei minimalem Einsatz der Boote stützen sich auf die Vermutung, daß der feindliche Widerstand unbedeutend sein wird. Zwei Züge der Erkundungskompanie von der 3. Infanteriedivision, verstärkt durch einen Panzerbüchsenzug, bildet die Spitze des Unternehmens. Als das Boot nach bangen Minuten das andere Ufer erreicht, schießt der Aufklärungstrupp zwei weiße Raketen ab, das verabredete Signal, daß sie am Ziel angekommen sind.

Noch in dieser Nacht landen nahe Solec, genau am Ausgang der Wilanowska-Straße, die ersten Soldaten vom 1. Bataillon des 9. Regiments der polnischen 3. Infanteriedivision. Fähnrich Nalecz: »Ich trat in dem Augenblick aus meinem Versteck, als eine Serie von Leuchtraketen mit vibrierendem Licht über dem Fluß hing. Gleich danach setzte von der Poniatowski-Brücke und aus dem Dunkel der Halbinsel Czerniakow das Feuer automatischer Waffen ein, mitten hinein in die am Ufer landenden Berling-Soldaten, auch Mörsergranaten detonierten mit dumpfem Getöse. Trotzdem legten immer neue Pontons mit Soldaten an, die nicht selten Verwundete ans Ufer zogen. Sehr bald steigerte sich der feindliche Beschuß dermaßen, daß eine weitere Übersetzung unmöglich wurde. Immer wieder versank irgendein Ponton in den Fluten, die Soldaten ertranken oder schwammen zur Stelle der Anlandung.«

Bis zum Samstagmorgen, dem 16. September 1944, sind in Solec etwa 300 gut bewaffnete Soldaten unter Oberleutnant Kononkow eingetroffen, die nun gemeinsam mit den aufständischen Abteilungen versuchen, dem starken deutschen Angriff standzuhalten. Artillerie und Sturmgeschütze richten ihr Feuer ununterbrochen auf Solec und die Wilanowska-Straße. Deutsche Stoßtrupps, die aus der Richtung Gornoslaska-Straße vordringen, nehmen die von den Aufständischen und der polnischen 2. Kompanie besetzten Gebäude ein. Danach stürmen sie ein vierstöckiges Haus in der Zagorna-Straße und erobern weitere in der Idzikowski-Straße.

Die polnischen Stellungen im Oberen Czerniakow werden allmählich von deutschen Kräften überrannt, die jetzt auch die Przemyslowa-Straße besetzt haben. Sie treiben die Bevölkerung aus den Kellern zum Czerniakowski-Hafen, wo ein Massaker beginnt. Fast alle jun-

*In notdürftig eingerichteten Werkstätten werden Beutewaffen überholt*

gen Menschen, ohne Rücksicht darauf, ob sie an dem Aufstand teilgenommen haben oder nicht, werden erschossen. Der Rest wird auf Umwegen in das berüchtigte Durchgangslager Pruszkow abtransportiert.
Nicht anders ergeht es den über 200 Verwundeten des Aufständischen-Lazaretts in der Zagorna-Straße. Viele von ihnen erschießt man gleich an Ort und Stelle, der größte Teil aber wird zur Gestapo-Zentrale in der Szuch-Allee gebracht.
Am gleichen Tag verteidigen im Oberen Mokotow die Reste vom Bataillon »Baltyk« den Nordabschnitt, die Kompanien des Bataillons »Olza« den Westabschnitt, die Kompanien des Bataillons »Karpaty« den Südabschnitt sowie den am weitesten nach Süden vorgeschobenen Widerstandspunkt, das Haus Nr. 162 in der Pulawska-Straße. Im nördlichen Stadtviertel Zoliborz können sich die AK-Männer zwischen dem Weichselufer, der Krasinski-Straße und der Zitadelle noch behaupten, ebenso im Häuserblock Gdanska-Straße 2 sowie in den stark beschädigten Werkstattgebäuden der Opel-Werke in der Wloscianska-Straße. Unterdessen läßt der feindliche Druck auf das Stadtzentrum nach, denn das Hauptinteresse der Deutschen gilt zur Stunde dem Unteren Czerniakow und Sielce. Diese beiden Stadtteile bedeuten für sie die größte Gefahr, da hier die Sowjets mit Unterstützung der Aufständischen einen Brückenkopf bilden können. Um sich vor dem Angriff der Roten Armee wirksam zu schützen, müssen die Deutschen ihre Frontlinie 5 Kilometer in die Tiefe ausbauen, woran sie der Aufstand in Warschau immer noch hindert.
Die sowjetische Artillerie versucht jetzt von Praga aus, durch wiederholten Beschuß auf die deutschen Stellungen den Aufständischen zu helfen. Wegen des fast ununterbrochenen deutschen Sperrfeuers auf das rechte Weichselufer ist es tagsüber allerdings kaum möglich, weitere Verstärkung überzusetzen.
Im Südteil der Stadtmitte werden an diesem Tag ganze Häuserreihen von deutscher Artillerie schwersten Kalibers beschossen, vor allem in der Marszalkowska-Straße. Unter den Trümmern finden Hunderte von Menschen den Tod. Auch das Kino in der Hozastraße, in dem sich ein Gefangenenlager befindet, wird von Bomben getroffen. Rund 100 deutsche Kriegsgefangene und ein Teil der polnischen Bewachung sind verletzt oder ums Leben gekommen.
Zur selben Zeit werden Hauptmann Slawomir und seine Männer trotz hartnäckigstem Widerstand gegen mehrmalige Panzerangriffe gezwungen, sich in das Untere Zoliborz zurückzuziehen. Sie haben fünf Panzer völlig vernichtet und sieben kampfunfähig geschossen. Unter den Toten befinden sich 50 Deutsche und 38 Aufständische.
Der Kampfgruppe »Zubr« gelingt es unterdessen, zwischen Zoliborz und Marymont einige Wohnblocks in der

*Das streng bewachte Tor zu den Kasernen der Luftwaffe, die nicht erobert werden (links)*

*Mit dem Gewehr im Anschlag: zwei polnische Soldaten im Häuserkampf (rechts oben)*

*Die Kampfgruppen müssen oft kurzfristig neu aufgestellt werden, wie hier in der Krasinski-Straße (rechts unten)*

Gdanska-Straße sowie in der Bieniewicka-Straße zurückzuerobern. Zu ihrem Entsetzen entdecken sie dort ungezählte Leichen erschossener Einwohner. Gegen Abend ziehen sich nach blutigen Kämpfen die Abteilungen »Zniwiarz« aus dem nördlichen Teil des Geländes der Opel-Werkstätten in der Wloscianska-Straße zurück, können sich aber in den Gebäuden der Südseite weiterhin behaupten.

In Mokotow herrscht derzeit etwas Ruhe, obwohl die Deutschen immer wieder in Abständen dieses Stadtviertel mit Artilleriefeuer belegen. Durch die zahlreichen Schrebergärten fehlte es bisher kaum an Lebensmitteln. Die Versorgungskompanie hat sogar das geerntete Getreide gemahlen. Gemüse ist zwar im Überfluß vorhanden, doch die Ernte muß oftmals mit dem Leben bezahlt werden. Auf den Feldern im Niemandsland verfaulen die Tomatenpflanzen, und zwischen Kohlkopfreihen liegen die Leichen mancher Frauen, die sie ernten wollten. Die Situation ändert sich allerdings schlagartig, als die Truppen von Generalmajor Rohr das Stadtviertel ganz umzingeln.

Am 16. September 1944 gibt die Presse der Heimatarmee (AK) bekannt, daß Oberst Monter, Kommandant des Warschauer Distrikts der AK, der den Aufstand faktisch führt, zum Brigadegeneral befördert worden ist.

In der Nacht vom 16./17. September 1944 erfolgen weitere Landungen in Czerniakow. Wegen des starken feindlichen Feuers und der nicht ausreichend vorhandenen Übersetzfahrzeuge können bis zum Morgengrauen nur das polnische 3. Bataillon ohne Teile der Mörserkompanie, eine Kompanie des 2. Bataillons sowie die übrigen Kräfte des 1. Bataillons vom 9. Infanterieregiment das westliche Flußufer erreichen, insgesamt 450 Mann.

Gleichzeitig gelangt auch eine Kompanie des polnischen 6. Infanterieregiments der 2. Division unter Führung von Oberleutnant Kuzniczenko aus Pelcowizna, dem Nordteil der Vorstadt Praga, über die Weichsel. Bereits nach Überquerung des Flusses bleiben sie jedoch in Höhe von Marymont zwischen dem Ufer und dem Hochwasserwall im Feuer der deutschen Artillerie stecken. Ein Teil der Soldaten kann die Promyka-Straße noch erreichen, aber keinen Kontakt mit den Aufständischen herstellen. Weder die Befehlsstelle der AK in Zoliborz noch die der moskautreuen Volksarmee (AL) hat man rechtzeitig über die Landung am Weichselufer von Marymont informiert.

Am Sonntag, dem 17. September 1944, kämpfen die aufständischen Abteilungen im Brückenkopf an der Weichsel verbissen und schlagen die deutschen Sturmtrupps wiederholt zurück. Insgesamt acht massive, von Panzerkräften unterstützte Vorstöße können im Laufe des Tages von den Aufständischen und den Soldaten des polnischen 9. Infanterieregiments, die sich in den Ruinen verschanzt haben, abgewiesen werden.

*Ein deutsches Sturmgeschütz, das nur noch als Barrikade dient (links)*

*Morgenappell in Zoliborz: Leutnant Tatara gibt seinen Männern letzte Anweisungen (rechts oben)*

*Für den neuen Verteidigungsstandort werden letzte Sicherheitsvorkehrungen getroffen (rechts)*

*Von den Deutschen gefürchtet: die panzerbrechenden PIAT*

Durch die operative Fehleinschätzung seitens der Armeeführung von General Berling wird der Brückenkopf in Czerniakow am Weichselufer auf wenige hundert Meter zusammengedrängt, die Opfer sind gewaltig. Selbst am Strand von Praga kommen 54 Mann durch deutsches Artilleriefeuer um, weitere 153 Soldaten vom polnischen 9. Infanterieregiment ertrinken beim Übersetzen.

Die Reste des 9. Regiments, die zum erstenmal in ihrem Leben in einer Großstadt kämpfen sollen, halten sich zwar tapfer, doch der Mangel an Erfahrung, dazu die tragischen Kampfbedingungen, zerbrechen langsam ihren Widerstandswillen.

Es ist keine Rede mehr davon, die unerfahrenen Soldaten durch eine selbständige motorisierte Artillerie zu unterstützen, die man für die Übersetzaktion vorgesehen hat, auch nicht mehr von der Panzerabwehrartillerie des polnischen 4. Regiments. Für die Verteidigung gegen Panzer verbleiben ihnen lediglich Panzerbüchsen. Den jungen polnischen Soldaten dienen die Aufständischen mit ihrer Erfahrung im Straßenkampf als Anführer. Tagsüber muß die Flußüberquerung wieder eingestellt werden, da wegen der ungünstigen Windrichtung kein Rauchvorhang erzeugt werden kann.

Im Stadtzentrum verlieren die Abteilungen unter Oberst Slawbor die meisten der am Vortag wiedergewonnenen Stellungen auf der Böschung nahe der Frascati-Straße. In Anbetracht der großen Verluste unterläßt Oberst Slawbor den Versuch, sich mit seinen Männern nach Czerniakow durchzuschlagen. In der Sienna- und Zlota-Straße sowie am Napoleon-Platz und im Südteil des Stadtzentrums entstehen ungewöhnlich hohe Verluste durch den Einsatz schwerer Artillerie und Granatwerfer.

In der Nacht vom 17./18. September 1944 landen in Czerniakow nach besonders schwieriger Überfahrt gegen 3 Uhr die letzten Verstärkungen aus Praga. Es sind 63 Soldaten und der Stabschef des polnischen 9. Infanterieregiments, Major Latyszonek. Ein Teil der Verwundeten und Kranken wird anschließend in Pontons zum anderen Ufer nach Praga zurücktransportiert.

*In den Häuserruinen der Altstadt haben sich viele der aufständischen Heckenschützen verschanzt (rechts)*

# 8. Woche
## 18.–24. September 1944

Kampfkraft erschöpft?
Armeeoberkommando   A. H. Qu., den 18. 9. 1944
Ia Nr. 5072/44 geh. Kdos.

*BEURTEILUNG DER LAGE*

*... Die Kampfkraft der in Warschau eingesetzten Kräfte ist nach Ausfall von 9000 Toten und Verwundeten seit dem 1. 8. 44 nunmehr erschöpft. Die zu Straßenkämpfen befähigten Einheiten sind ausgeblutet. Die an sich große Zahl der sonst in Warschau befindlichen Soldaten (25 000 Mann) setzt sich aus nicht weniger als 300 Einheiten (u. a. Landesschützen, rückw. Dienste, Revierpolizei, Feuerlöschpolizei, S.A., Technische Nothilfe, Eisenbahner, deutsche Zivildienstverpflichtete, Betreuungsdienste, Kosaken und Muselmanen, die nicht gegen Russen kämpfen) zusammen und ist nur zur Abschirmung der noch in Feindeshand befindlichen Stadtviertel und Außenbezirke zu verwenden. Eine Kampftruppe, die notfalls auch zur Weichselverteidigung eingesetzt werden kann, ist hieraus nicht zu machen...*

(–) v. Vormann

»Fliegende Festungen« über Warschau
19. September 1944, London
*United Press* meldet:
*Zum erstenmal haben starke Formationen »Fliegender Festungen« von englischen Stützpunkten aus am Montag Kriegsmaterial und anderen Nachschub nach Warschau gebracht und über den Truppen General Bors abgeworfen. Die »Fliegenden Festungen« waren von »Mustang«-Jägern eskortiert.*

20. September 1944, Warschau
Aus dem *Hauptquartier der polnischen Heimatarmee* (AK):
*Aus Czerniakow fehlen Nachrichten. Durch Beobachtung – Kampfgeräusche der Infanterie sowie Feuer der sowjetischen Artillerie. Mokotow – Der Feind befestigt sich in Sadyba und im Fort Dabrowskiego, längs der Belwederska-Chaussee. Starkes Feuer der sowjetischen Artillerie auf die deutschen Stellungen. Srodmiescie – Der Feind verhält sich passiv – ohne Veränderung, das Artilleriefeuer ist schwächer als am Vortage, besonders starkes Störfeuer lag auf Srodmiescie-Süd, Chmielna und Zlota. Zoliborz – Erfolg unseres Ausfalls. Die Deutschen verstärken in aller Eile das westliche Weichselufer.
Die sowjetische Artillerie und Bombenflugzeuge unter dem Schutz von Jagdmaschinen waren am 19. September sehr aktiv. Wir haben Tote und Verwundete durch sowjetischen Beschuß zu beklagen. Es kommt häufig zu artilleristischen Duellen zwischen den Sowjets und den Deutschen. Über der Stadt lassen sich weiterhin keine feindlichen Sturzkampfbomber blicken. Seit dem 18. September erhielten wir keine sowjetischen Abwürfe mehr. ... Im Süden der Saska Kepa sind Truppenbewegungen der Sowjets beobachtet worden.*

Lawina [Bor-Komorowski]

Bericht zur Lage
20. September 1944
Aus dem *Kriegstagebuch (KTB) der 9. Armee*:
*... Die Ereignisse am 18. 9. haben die operative Gefahr, die das Bandengebiet in den Kampinoswäldern für die Weichselfront darstellt, erneut unterstrichen. Daneben wird die Armee in ihrer Bewegungsfreiheit durch dieses unmittelbar hinter der Front liegende Aufstandszentrum erheblich eingeengt ...*

22. September 1944, Warschau
Aus dem *Hauptquartier der polnischen Heimatarmee* (AK):
*Am 21. September landeten in Srodmiescie zwei sowjetische Offiziere mit Funkgeräten. Wir sind dabei, mit Marschall Rokossowski eine taktische Verbindung herzustellen. Das zweite Funkgerät befindet sich in Zoliborz. Eine Einheit der Roten Armee, die über die Weichsel setzte und in Zoliborz eintraf, wurde von den Deutschen zurückgeworfen. Eine Abteilung von General Berling kämpft seit mehreren Tagen in Czerniakow. Es gab keinerlei Zusammenwirken mit unseren Abteilungen, da die Führungskräfte von Berling sich uns gegenüber nicht kooperativ benommen haben. Deren Bewaffnung ist gut, aber die Ausbildung schlecht. Nach nur dreiwöchiger Ausbildung erlitten die jungen Rekruten schwere Verluste.
Unsere Abteilung, die seit längerer Zeit in Czerniakow abgeschnitten war, zog sich in der Nacht vom 19. zum 20. September durch die Kanäle nach Mokotow zurück und hinterließ lediglich eine Kompanie. Die ganze Stadt steht unter dem Feuer deutscher Artillerie und Granatwerfer. Die sowjetische Artillerie beschießt weiterhin die von Deutschen besetzten Stadtteile. Deutsche Flugzeuge haben die Stadt heute nicht bombardiert. In der vergangenen Nacht warfen die Sowjets Versorgungscontainer mit Lebensmitteln ab, die jedoch keineswegs die fatale Verpflegungssituation in der Stadt verbessern können.*

Lawina
[Bor-Komorowski]

Bericht zur Lage
23. September 1944
Aus dem *Kriegstagebuch (KTB) der 9. Armee*:
*... In Warschau gelingt es der Korpsgruppe von dem Bach, im Laufe des Vormittags den Südkessel endgültig zu bereinigen. Das letzte Haus ist vom Gegner mit geradezu fanatischer Zähigkeit verteidigt worden. Unter den Gefangenen befinden sich außer Angehörigen der AK auch eine Anzahl polnischer Sowjet-Legionäre, ferner einige z. T. uniformierte Frauen... Morgen wird die Korpsgruppe von dem Bach mit dem Angriff auf den Vorort Mokotow beginnen; Teile der Angriffsgruppe Reinefarth sind hierzu der Kampfgruppe Rohr zugeführt und unterstellt worden ...*

Am Montag, dem 18. September 1944, kämpfen deutsche Infanteristen im Oberen Czerniakow weiterhin um die Rückeroberung der Idzikowski-Straße. Sie schleichen wortlos durch die Trümmer der Farbenfabrik bis zum Sitz des Stabes des polnischen 9. Infanterieregiments in Solec. Auf diese Weise wollen sie das Flußufer erreichen und damit den Brückenkopf spalten. Das in unmittelbarer Nähe liegende Lazarett der Aufständischen wird in Brand gesteckt, um die Evakuierung der Verwundeten zu verhindern und sie in den Flammen umkommen zu lassen. Durch einen Gegenangriff der AK-Männer wiederum kommen viele deutsche Soldaten um.

Stukas bombardieren immer wieder die Wilanowska- und Okrag-Straße. Die Luftwaffe hat zwar ein kleineres Operationsfeld, da die Maschinen von den Flugabwehrgeschützen aus Praga beschossen werden, doch die Angriffe der deutschen Infanterie auf die Verteidigung des Brückenkopfes nehmen ein bisher nicht gekanntes Ausmaß an und verhindern gleichzeitig ein Übersetzen von Verstärkungen. Bis zum Abend werden die Aufständischen aus den zerstörten Häusern Ecke Czerniakowska-Straße tiefer in die Wilanowska-Straße gedrängt.

Die AK-Einheiten des Brückenkopfes haben an diesem Tag mindestens 11 deutsche Infanterieangriffe, noch dazu mit Unterstützung von Panzern und Sturmgeschützen, durchstehen müssen. Sie befinden sich an der Grenze ihrer Kräfte. Oberstleutnant Radoslaw meldet an die Befehlsstelle der polnischen 3. Infanteriedivision, daß wegen Mangel an Munition und Lebensmitteln die Reste seiner Gruppe den Brückenkopf nur noch 24 Stunden verteidigen können.

Jetzt, zu Beginn der 8. Woche des Aufstandes, zählen die AK-Einheiten im Stadtzentrum noch 12000 Mann, in Mokotow etwa 3000, in Zoliborz rund 2000, nicht gerechnet die Abteilungen in der Kampinos-Heide, die im Rücken des Aufstandes operieren.

An diesem Montagnachmittag erscheinen über Warschau in beträchtlicher Höhe 107 aus nordwestlicher Richtung kommende amerikanische viermotorige »Fliegende Festungen« unter Führung von Colonel Tronedell. Die Flugzeuge haben eigene Jagdmaschinen als Begleitschutz. Ein solcher unverhoffter Anblick versetzt die Bevölkerung der polnischen Hauptstadt in einen wahren Freudentaumel. Es ist die seit Wochen von den Westalliierten angekündigte Hilfe, die die Aufständi-

*Solange die Wasservorräte es zulassen, kommen zivile Gruppen für die Brandbekämpfung zum Einsatz*

schen entscheidend unterstützen soll. Trotz der deutschen Flugabwehr werfen die US-Flugzeuge ihre Behälter mit Waffen, Munition und Versorgungsgütern an Hunderten von farbigen Fallschirmen ab. Die Deutschen glauben zuerst, daß es sich um einen alliierten Luftlandeeinsatz handelt.

Die Mehrzahl der an den Fallschirmen hängenden Container, die aus großer Höhe abgeworfen werden, trägt der Wind allerdings in westliche Richtung, so daß sie über den Stadtteilen Ochota, Wola und Powazki niedergehen, die bereits seit langem von den Deutschen besetzt sind. Manche fallen sogar auf das Gebiet weit außerhalb von Warschau. Die Abteilungen der Aufständischen im Stadtzentrum und in Mokotow erreichen von den insgesamt 16 Tonnen Versorgungsgütern höchstens 20 Prozent.

Eine der »Fliegenden Festungen« wird von der Flak abgeschossen, die meisten der Besatzung finden dabei den Tod. Der Pilot dagegen, der am Fallschirm in der Kampinos-Heide niedergeht, gerät zwar in deutsche Gefangenschaft, wird aber auf der Stelle erschossen. Die Demonstration so vieler amerikanischer Flugzeuge über der Stadt entfesselt neben der enormen Begeisterung ebenso neue Hoffnungen. Doch niemand ahnt, daß es sich um die letzte Hilfsaktion der Westalliierten für Warschau handelt.

An diesem Tag läßt General von dem Bach durch einen Parlamentarier ein Schreiben an die polnische Führung

*19.9.1944: Amerikanische »Fliegende Festungen« im Anflug auf Warschau, rechts die Weichsel-Sandbänke*

*Stolz zeigen die Männer einen Fallschirm, an dem ein Container mit Waffen heruntergeschwebt ist*

nach Zoliborz übermitteln, worin er zur Kapitulation aufruft und den Vorschlag macht, »im Namen humanitären Empfindens« die Zivilbevölkerung herauszulassen. Die Antwort der Polen beinhaltet nicht nur eine lange Liste des deutschen »humanitären« Vorgehens, sondern enthält auch den Gegenvorschlag für eine Kapitulation der deutschen Truppen.

Am Dienstag, dem 19. September 1944, fällt die Entscheidung im Kampf um den Brückenkopf Czerniakow. Deutsche Sturmtrupps stoßen nach dem Einsatz von ferngelenkten »Goliath«-Sprengpanzern und Stukas durch die Wilanowska- und Zagorna-Straße vor und erobern einige Häuser in der Zagorna-Straße und in

Solec, in denen die Zivilbevölkerung und in Gefangenschaft geratene Aufständische anschließend ermordet werden. Nach mehrstündigem Kampf gelingt ein weiteres Vordringen in die Idzikowski-Straße. Hier werden die Angreifer aber nach hartem Widerstand von den mit dem Mut der Verzweiflung kämpfenden AK-Männern regelrecht hinausgeworfen.

In manchen Häusern haben sich Aufständische zusammen mit den Soldaten des polnischen 9. Infanterieregiments verschanzt. Da der deutsche Ansturm sich von Stunde zu Stunde verstärkt, ist niemand mehr in der Lage, die unter den Zivilisten ausbrechende Panik einzudämmen. Im Gegenteil, sie überträgt sich sogar auf manche AK-Soldaten, die ihre Waffen verstecken, um nicht wieder in die Stellungen zu müssen. Sie tauchen zum Teil in den Notquartieren der Verwundeten und Kranken unter.

Die Aufständischen und Soldaten der polnischen 1. Armee können noch einen Uferabschnitt zwischen Zagorna-Straße und dem Gelände des Sportklubs »Syrena«, dazu einige Häuser in der Wilanowska-Straße halten. In den Nachmittagsstunden werden mit Artillerieunterstützung von Praga aus und mit Hilfe einer Nebelwand zwei Bataillone des polnischen 8. Infanterieregiments, eine Füsilierkompanie, eine Kompanie mit Panzerbüchsen sowie eine Kompanie des sowjetischen 20. Bataillons mit Flammenwerfern, insgesamt etwa 1050 Soldaten, übergesetzt. Sie sollen zwischen der Poniatowski- und der Eisenbahnbrücke an Land gehen, um in der Nähe von Solec an der Verbreiterung des Brükkenkopfes mitzuwirken.

In der Flußmitte jedoch schlagen ihnen Feuersalven entgegen, rund 300 Soldaten ertrinken. Unglücklicherweise werden auch die beiden Begleitoffiziere verwundet. So zersplittern sich die Abteilungen, verfehlen die Richtung und schaffen es nicht, sich mit den Verteidigern im Brückenkopf zu vereinigen. Anstatt direkt am Flußufer entlang Richtung Czerniakow vorzudringen, lassen sie sich von den Deutschen im Stadtteil Solec in Kämpfe verwickeln. Die im Straßen- und Häuserkampf unerfahrenen Bataillone, noch dazu ohne einheitliche Führung und völlig auf sich allein gestellt, werden vom Feind in das Stadtinnere abgedrängt und dort restlos aufgerieben. Oberst Radoslaw veranlaßt nach diesem mißglückten Entsatzversuch, einen Teil seiner verwundeten Soldaten durch den Kanal nach Mokotow zu evakuieren.

Am selben Tag können die deutschen Angriffe im Abschnitt Frascati- und Wiejska-Straße verlustreich zurückgeschlagen werden. Auch im Nordteil des Stadtzentrums gelingt es den Aufständischen, einige Häuser in der Chmielna-Straße zurückzuerobern. Gegen Mitternacht wird jedoch im Brückenkopf der Widerstand der polnischen Infanteristen vom 8. Regiment endgültig ge-

Im Laufschritt geht es mit selbstgefertigten Flammenwerfern zum nächsten Einsatz (links)

Die Trümmer des Gymnasiums »Gorski« werden hartnäckig verteidigt, in der Mitte ein weiblicher Korporal (oben)

Zu den jüngsten »Soldaten« zählen auch 11- und 12jährige Kinder (rechts)

brochen. Verhängnisvoll ist, daß die Funkgeräte zerstört sind und somit keine Verbindung mehr nach außen besteht. Es verbleiben im Brückenkopf lediglich kleine isolierte Widerstandsnester, die sich in einzelnen Häusern und Kellern verteidigen.

Einige wenige Soldaten schaffen es, sich in der Dunkelheit zum Fluß durchzuschlagen und schwimmend das Ufer von Praga zu erreichen. Andere klettern unbemerkt über die Trümmer der gesprengten Poniatowski-Brücke zum rechten Weichselufer. Sie müssen 485 Gefallene zurücklassen. In dieser Nacht kann auch eine Gruppe verwundeter Soldaten der polnischen 1. Armee, zusammen mit mehreren Aufständischen aus Czerniakow, sich mit Booten nach Praga retten.

Ebenfalls bei Nacht geht Oberst Radoslaw mit etwa 200 meist verwundeten Aufständischen durch den Kanal nach Mokotow. In den Trümmern von Czerniakow kämpfen jetzt nur noch Reste der Abteilungen unter Major Latyszonek sowie der Abteilungen »Kryska«, »Czata« und »Zoska«, zu denen der Befehl zum Rückzug durch Ausfall der Funkgeräte nicht durchgedrungen ist.

Im Raum Zoliborz bilden unterdessen 370 Soldaten vom sowjetischen 6. Infanterieregiment der 2. Infanteriedivision einen kleinen Brückenkopf am westlichen Weichselufer und beginnen, sich tiefer in das Stadtviertel vorzuschieben. Sie erreichen sogar die Schrebergartenkolonie unweit der Promyka-Straße, die von Aufständischen besetzt ist. Doch die AK-Männer haben keine Ahnung, daß ihnen sowjetische Soldaten zur Hilfe kommen sollen. Ihnen ist zwar der große Rauchvorhang und eine lebhafte, mehrere Stunden dauernde Schießerei aufgefallen, doch unter den Aufständischen geht das Gerücht um, die Deutschen hätten eine Gruppe von rebellischen ungarischen Soldaten liquidiert. In derselben Nacht treffen weitere sowjetische Kräfte aus Praga ein, aber auch diese Gruppe nimmt keine Verbindung mit den Angehörigen der Heimatarmee auf.

Am Mittwoch, dem 20. September 1944, dem 50. Tag des Aufstandes, richtet General Bor-Komorowski einen Aufruf an seine Soldaten: »Der Kampf mit den Deutschen in Warschau geht dem Ende entgegen. Das, was unmöglich erscheint, ist tatsächlich eingetroffen: Wir haben uns sieben Wochen lang tapfer geschlagen, und wir werden die Zeit bis zum Einmarsch der siegreichen Roten Armee in Warschau durchhalten. Polen wird das Heldentum der Soldaten und der Bevölkerung von Warschau in ewiger Erinnerung bewahren.«

Nach Angaben der aufständischen Kommandostelle haben die kämpfenden Abteilungen in der Hauptstadt vom 1. August bis zum 20. September 1944 insgesamt 272 Panzer, gepanzerte Kampfwagen und Sturmgeschütze

*Ein erbeutetes deutsches Panzerfahrzeug wird begutachtet und in Besitz genommen*

*Dem völlig erschöpften polnischen Regisseur R. Banach hilft ein Kamerad beim Ausstieg aus dem Kanal*

vernichtet. Vier Panzer sind erbeutet und auf der eigenen Seite eingesetzt worden, dazu mindestens 150 deutsche Maschinengewehre, 416 Karabiner und 118 Maschinenpistolen.

In den Morgenstunden werden die letzten Soldaten des polnischen 8. Infanterieregiments, die am Nachmittag davor zwischen den Trümmern der Poniatowski- und Eisenbahnbrücke am westlichen Weichselufer gelandet sind, vom Gegner total aufgerieben. Der größte Teil von ihnen ist bei den Kämpfen gefallen, die anderen werden gefangengenommen. Die im Brückenkopf von Czerniakow jetzt abgeschnittenen Aufständischen und polnischen Soldaten aus Praga haben keine Möglichkeit mehr, sich durch den Kanal zurückzuziehen. Sie verteidigen ihre Widerstandsnester in der Wilanowska-Straße sowie in verschiedenen Häuserruinen der Idzikowski-Straße und in Solec. Auf kleinem Gebiet zusammengedrängt, werden sie pausenlos aus der Luft bombardiert, dazu von schwerer Artillerie und Panzern beschossen. So sind alle Entsatzversuche von General Berling gescheitert.

*Die erbeuteten Panzerfahrzeuge werden von geschickten Mechanikern sofort für den Eigenbedarf instandgesetzt*

In Zoliborz wird nach Rückkehr von Hauptmann Karol, dem Verbindungsoffizier der Volksarmee (AL), der Funkkontakt zwischen der sowjetischen Armee in Praga und dem Stab der Heimatarmee (AK) aufgenommen. Auf diese Weise ist es möglich, das Artilleriefeuer der sowjetischen Armee in Praga von Zoliborz aus zu leiten. Erst jetzt erfährt Oberst Zywiciel von der Anwesenheit des sowjetischen 6. Infanterieregiments im Brückenkopf von Marymont.

Nach mühsamem Weg durch die Kanäle trifft Oberst Radoslaw mit einer Gruppe von Aufständischen aus Czerniakow kommend endlich in Mokotow ein. Es sind nicht viele, die in der Wiktorska-Straße Gespenstern gleich der Kanalöffnung entsteigen. Sie wirken gleichgültig, nicht einmal verwundert, daß sie jetzt in einem Stadtteil sind, in dem es verhältnismäßig ruhig ist. Schmutzig, durchnäßt und einen penetranten Kanalgeruch verbreitend, sind diese Männer und Frauen völlig abgezehrt und erschöpft. Sie erwecken den Eindruck, als würden sie nichts wahrnehmen: sie dösen vor sich hin, obwohl es heller Tag ist und Mokotow unter Beschuß liegt.

Die Ankömmlinge bitten um Quartier, sie wollen sich endlich waschen und irgend etwas essen. Diese tapferen Soldaten verkünden nun in Mokotow von der Niederlage: durch sie erfährt man hier, daß der Brückenkopf in Czerniakow sich weder halten läßt, noch mit einer Hilfe von der anderen Seite der Weichsel zu rechnen ist. Auf diese Nachricht hin glauben die Aufständischen nicht mehr an den ersehnten Erfolg.

Nun beginnt die wirkliche Tragödie des Aufstandes: Die Soldaten wollen zwar nicht kapitulieren, sehen aber gleichzeitig keinen Sinn mehr im weiteren Kampf. Der jetzige Mannschaftsstand in Mokotow inklusive der eingetroffenen Abteilungen von Oberst Radoslaw beläuft sich nur noch auf etwa 3000 Soldaten, die unbewaffneten Hilfsabteilungen mit einbezogen. Bewaffnung, so heißt es, sei noch vorhanden, aber an Munition fehlt es zunehmend. Inzwischen ist ein sowjetischer Verbindungsmann, namens Major Czernuchin, mit dem Fallschirm über Mokotow abgesprungen, um ebenfalls von hier aus per Funk das Artilleriefeuer in Praga zu lenken.

*Den mit Benzinflaschen bewaffneten Jugendlichen gelingt es wiederholt, Panzer außer Gefecht zu setzen (oben)*

*General Nikolaus von Vormann bei einer Lagebesprechung im Hauptquartier der 9. Armee (rechts)*

Die Aktivitäten der Aufständischen in Zoliborz beschränken sich an diesem und den folgenden drei Tagen auf Patrouillenkämpfe im Grenzgebiet zum Stadtteil Marymont. Die deutsche Artillerie und Mörser konzentrieren zur Zeit ihr Störfeuer auf Zoliborz und werden durch das Geschützfeuer des Panzerzuges vom Danziger Bahnhof unterstützt. Auch der Kern des Stadtzentrums bleibt tagsüber nicht vom Beschuß durch schwere Artillerie, Minen- und Granatwerfer verschont. Die angerichteten Zerstörungen nehmen ständig zu.

Der Verlust des deutschen Stützpunktes Praga zieht für General von Vormann bedeutsame Konsequenzen nach sich. Das OKH entzieht ihm die Führung der 9. Armee. Seine Stelle übernimmt General Smilo Freiherr von Lüttwitz, der bisherige Kommandierende General des deutschen XXXXVI. Panzerkorps.

Am Donnerstag, dem 21. September 1944, müssen die

Bewohner des Stadtzentrums, vor allem in der Warecka-, Chmielna- und Bracka-Straße, das Heulen und die Einschläge der Granatwerfer ertragen. Im Westteil des Stadtzentrums kann der deutsche Angriff auf die Bormann-Fabrik in der Srebrna-Straße abgewehrt und der Versuch deutscher Einheiten vereitelt werden, einen Häuserblock in der Panska-Straße zu erobern. Im südlichen Teil des Zentrums erfolgen am selben Tag Abwürfe sowjetischer Container mit verschiedenen Waffen, darunter auch zur Panzerabwehr.

Inzwischen versuchen deutsche Stoßtruppen, die Abteilungen der AK in Mokotow aus der »Krolikarnia«-Anlage in der Pulawska-Allee zu überwältigen. Doch die Kompanie K1 vom Bataillon »Karpaty« (Regiment »Baszta«) kommt ihnen zuvor: Sie bringt es fertig, den Feind in dem Augenblick zu überrumpeln, als er sich gerade für den Angriff formiert. Die wenigen Minuten mangelnder Bereitschaft kosten die Deutschen mindestens 60 Tote und viele Verwundete.

Im Brückenkopf Czerniakow fällt an diesem Donnerstag in der Wilanowska-Straße ein Haus nach dem anderen in deutsche Hände, denn die wenigen noch verbleibenden Soldaten von General Berling versuchen zwar, zusammen mit den Aufständischen, die anrollenden Panzer außer Gefecht zu setzen, doch hier wirkt sich der Mangel an panzerbrechender Munition aus.

*Das Überschreiten so mancher Straßenkreuzung ist lebensgefährlich, überall lauern Scharfschützen*

*Nach jedem Angriff gibt es viele Verwundete, die schnell medizinisch versorgt werden müssen*

Tatsächlich schaffen es einige AK-Männer in der Nacht vom 21./22. September 1944, von einem kleinen Abschnitt am Weichselufer bei Solec, gegenüber der Wilanowska-Straße, unbemerkt 52 verwundete Soldaten und Aufständische über die Weichsel nach Praga zu bringen. Die Container-Abwürfe sowjetischer Maschinen mit Munition, Medikamenten und Lebensmitteln sind in dieser Nacht sehr gering. Schuld daran ist nicht nur das schlechte Wetter, sondern auch die verstärkte Wachsamkeit der deutschen Flakbatterien. Die sowjetische Artillerie nimmt in dieser Nacht die Umgebung des Danziger Bahnhofs, der Zitadelle sowie Marymont und Bielany unter Feuer, so können in den Feuerpausen Flugzeuge der Roten Luftflotte Versorgungsgüter über Zoliborz abwerfen.

Im Schutz der Nacht nähern sich deutsche Kampfeinheiten den Stellungen der Aufständischen in Mokotow, die nur noch 150 bis 200 Meter entfernt sind. Dafür hat Generalmajor Rohr seine Truppen umgruppiert. Bevor sich jedoch der Umlagerungsring schließt, befinden sich die meisten der Einwohner schon auf der Flucht, denn die Gerüchte vom Verlust des Stadtteils Czerniakow lassen sie ahnen, was nun diesem südlichen Stadtviertel bevorsteht. Bisher hat Mokotow keine wichtige Rolle im Aufstand gespielt, sondern den Menschen noch ein Stückchen Freiheit geboten. Inzwischen wird Mokotow mit Waffen und Munition von den Sowjets aus der Luft versorgt.

Ein Meldegänger aus Mokotow berichtet:
»Üblicherweise verbreitete sich erst nach Mitternacht das Dröhnen der anfliegenden ›Nähmaschinen‹. Die Deutschen begannen zwar auf die Doppeldecker zu schießen, aber die Piloten achteten nicht darauf und kamen so niedrig herunter, daß manchmal die Bordbeleuchtung zu sehen war. Wir zündeten die Leuchtsignale. Die Deutschen donnerten noch stärker. Der Motorenlärm machte uns fast taub. Danach war das charakteristische Pfeifen zu hören. Wir warfen uns auf die Erde oder sprangen in die niedrigen Erdlöcher. Wir waren uns nie sicher, ob wirklich ein Sack oder eine deutsche Granate herunterkommt.«

Im Verlauf des Freitags, dem 22. September 1944, verteidigen etwa 150 Aufständische und Soldaten des polnischen 9. Infanterieregiments verzweifelt die letzten Stellungen im Brückenkopf Czerniakow an der Wilanowska-Straße und in Solec. Die Lage wird von Stunde zu Stunde aussichtsloser. In einem der Häuser im Abschnitt des 3. Bataillons besteht die Mannschaft nur noch aus 13 Soldaten. Den linken offenen Flügel des Bataillons greifen die Deutschen pausenlos an. Die Stärke der beiden Bataillone wird jetzt höchstens auf 50 Mann geschätzt. In dieser verhängnisvollen Situation entschließt man sich, den Kampf im Brückenkopf einzustellen. Der Rückzug der letzten Berling-Soldaten soll in den beiden kommenden Nächten erfolgen.

Zum Schluß verbleiben nur noch die Reste der Aufständischen unter Hauptmann Jerzy als Verteidiger des Hauses Wilanowska-Straße 1. Den vom Pallottiner Mönch Pater Josef überbrachten Kapitulationsvorschlag lehnt Hauptmann Jerzy kategorisch ab. Im Gegenteil, er droht jedem, ihn zu erschießen, falls er es wagen sollte, so etwas auszusprechen.

»Die Hölle, die hier herrschte, läßt sich mit nichts anderem vergleichen« – beschreibt Hauptmann Jerzy die letzten Stunden des Kampfes. »Das Gebäude in der Wilanowska-Straße 1 stand in Flammen, und der Brand konnte mit Mühe gelöscht werden. Es gab kein Wasser mehr, seit mehreren Tagen wurde es nachts aus der Weichsel geholt.«

In der Zwischenzeit toben auch im Stadtzentrum erbitterte Straßenkämpfe, in denen es einigen AK-Einheiten immer wieder gelingt, in eines der von den Deutschen verteidigten Häuser einzudringen, so in der Grzybowska-Straße und im Bereich der Towarowa-Straße. Deutsche Artillerie beschießt jetzt auch die Umgebung des Hauptbahnhofs, die Sienna- und Panska-Straße, Granatwerfer nehmen das Gebiet um den Trzech Krzyzy-Platz und die Zurawicka-Straße unter Feuer. Gleichzeitig laufen Vorbereitungen für einen Generalangriff auf den Stadtteil Mokotow.

Erst an diesem Tag veröffentlicht die Presse der Aufständischen in einem offiziellen Kommuniqué die tatsächlichen Namen der Befehlshaber der Heimatarmee (AK), die bisher weder dem Militär noch der Bevölkerung bekannt gewesen sind. Darin heißt es auch, daß man die AK-Einheiten in Warschau am Vortage neu organisiert habe. Alle AK-Kräfte in Warschau und in der Kampinos-Heide seien ab sofort unter der Bezeichnung »Warszawski Korpus Armii Krajowej« (Warschauer Korps der Heimatarmee) zusammengefaßt. Der Befehlshaber des Armeekorps ist Brigadegeneral Monter und sein Stellvertreter Oberst Wachnowski, der im August die Altstadt-Verteidigung geführt hat.

Nach Einbruch der Dunkelheit bereiten sich die Verteidiger von Czerniakow auf die Überquerung der Weichsel vor. Über Funk erfahren die Aufständischen, daß General Berling mehrere Pontons zur verabredeten Stelle hat bringen lassen. Sanitäterinnen sind rechtzeitig mit den Verwundeten am Wrack des Flußdampfers

*Hauptmann Jerzy und die Reste seiner Abteilung verteidigen das Haus Wilanowa-Str. 1*

*Die Überreste der »Allerheiligen«-Kirche am Grzybowski-Platz*

*Erste Hilfe in einer improvisierten Verbandsstelle*

»Bajka« eingetroffen, der jetzt teilweise unter Wasser liegt. Von Zeit zu Zeit erhellen Leuchtraketen den Himmel und überfluten die nächtliche Flußlandschaft mit einem unheilverkündenden Schein. Über die Wasseroberfläche streicht der Lichtstrahl einer deutschen Scheinwerferbatterie auf der Suche nach Booten in Richtung Praga.
Plötzlich steigen Hunderte von Leuchtraketen in den nächtlichen Himmel. Es wird taghell. Zwei Boote werden durch den sofort einsetzenden Beschuß in der Mitte des Flusses versenkt, auch das dritte mit ungezählten Verwundeten an Bord verschwindet in den Fluten. Daraufhin versucht Hauptmann Jerzy, sich mit seinen Männern in den Südteil der Stadtmitte durchzuschlagen. Die Kolonne zählt 60 Aufständische und Soldaten. Doch viele von ihnen verirren sich in der Dunkelheit, verlieren den Anschluß und kehren an die Weichsel zurück, darunter auch Fähnrich Nalecz.
Die nächtliche Flußüberquerung schaffen nur diejenigen Soldaten und Aufständischen, die das Ostufer schwimmend erreichen können. Von den 30 eingesetzten Booten bleiben lediglich vier beschädigte übrig, die 80 Personen, meist verwundete Aufständische nach Praga bringen.
In derselben Nacht vom 22./23. September erfolgen weitere sowjetische Versorgungsabwürfe für die AK-Einheiten und die Zivilbevölkerung.
Am Sonnabendmorgen, dem 23. September 1944, ziehen sich die letzten Verteidiger des Czerniakow-Brückenkopfes kämpfend bis zum Weichselufer zurück, bis zum Wrack des Flußdampfers »Bajka«. Einige Soldaten versuchen noch, schwimmend die Weichsel zu überqueren, der Rest gerät in deutsche Gefangenschaft, darunter Major Latyszonek und seine Männer. Zur selben Stunde melden sich Hauptmann Jerzy, eine Meldegängerin, zwei Aufständische und ein Feldwebel vom polnischen 9. Infanterieregiment im Hauptkommando der Heimatarmee (AK). Diese fünf sind die einzigen, denen es gelungen ist, sich aus dem Brückenkopf zum Stadtzentrum durchzuschlagen.
An der Weichsel, auf einem schmalen Uferstreifen von etwa 200 Meter Breite, verteidigt sich immer noch verbissen eine Schar von Aufständischen und Berling-Soldaten. Sie sind die ganze Zeit über dem mörderischen Feuer der Deutschen ausgesetzt und ihre Zahl verringert sich zusehends. Zwei Fähnriche vom Bataillon »Zoska« und »Czart« verstecken sich zwischen den Trümmern der Poniatowski-Brücke und retten sich später auf das östliche Flußufer.
Um den Aufstand endlich zu liquidieren, plant General von dem Bach das Untere und Obere Mokotow gleichzeitig angreifen zu lassen. Damit will er jede Verbindung zwischen Mokotow, dem Weichselufer und dem Oberen Czerniakow abschneiden. Diese Aktion wird bereits am 23. September mit verstärktem Artilleriebeschuß und schweren Luftangriffen durch Stukas und Junkers Ju 88 eingeleitet.
In der Nacht vom 23./24. September 1944 schickt man von Praga aus erneut 25 Boote zum Brückenkopf Czerniakow. Die meisten davon werden entweder schon am Ostufer durch deutschen Mörserbeschuß beschädigt oder sinken während der Überfahrt. Nur acht Boote schaffen das abenteuerliche Unternehmen und bringen 50 Menschen mit, die Reste des I. Bataillons von General Berling.
Jene Soldaten, die keine Möglichkeit haben, das Flußufer zu erreichen, kämpfen nun völlig auf sich allein gestellt weiterhin in einem der Häuser am westlichen Ufer. Eine Verbindung zu dieser Gruppe gibt es nicht mehr. Den Einsatz in Warschau haben 2276 Soldaten der auf sowjetischer Seite kämpfenden polnischen Truppen mit dem Leben bezahlt oder sind verwundet worden. Zehn Tage später wird der Befehlshaber der polnischen 1. Armee, General Berling, abgelöst.
Am Sonntag, dem 24. September 1944, gehen ab 7.45 Uhr auf Mokotow ein konzentriertes Artilleriefeuer sowie Minenwerferbeschuß mit Spreng- und Brandsätzen nieder. Gleichzeitig bombardieren Kampfflugzeuge die Stellungen der Aufständischen. Es ist die Vorbereitung für den Generalsturm der Kampfgruppe Rohr.
In den Tagen vom 24. bis 27. September 1944 wird Mokotow zum zentralen Schauplatz der Kämpfe um Warschau. Der Angriff erfolgt gleichzeitig von Süden und von Westen her. Die polnischen Kompanien des Bataillons »Olza« unter Major Reda können den Ansturm der Panzer und der deutschen Infanterie gegen die Stellungen am Niepodleglosci-Platz, Ecke Odyniec- und Ecke Ursynowska-Straße trotz großer Verluste abwehren und ihre Widerstandsnester weiterhin behaupten. Das von den AK-Einheiten verteidigte Mokotow hat die

*Aufgeschichtete Trümmersteine ermöglichen es, von einer Straße in die andere zu gelangen (rechts)*

*Die raketengetriebenen Werfergeschosse versetzen die Bevölkerung in Angst und Schrekken (unten)*

*Eine Junkers Ju 87 (Stuka) im Anflug auf die geschundene Stadt*

Form eines Quadrates. Die Wohnblocks im Zentrum von Mokotow sind überbelegt, vor allem durch Flüchtlinge aus Sadyba, Sielce und dem Unteren Mokotow.
Der deutsche Sturmangriff richtet sich gegen alle Verteidigungsabschnitte, ausgenommen den nördlichen. Die auf Mokotow niedergehenden Granaten detonieren buchstäblich in Abständen von nur wenigen Metern. Zum erstenmal erlebt dieses Stadtviertel einen alles vernichtenden Feuerüberfall. Der inzwischen einsetzende Nieselregen erschwert der Verteidigung zwar die Sicht, doch können sich die polnischen Abteilungen noch in ihren Stellungen halten. Erst die am Nachmittag anfliegenden 18 Maschinen der Luftwaffe erzeugen mit ihren Bombenabwürfen ein heilloses Durcheinander.
Unterdessen dringt von Süden her deutsche Infanterie durch die Pulawska-Allee bis zur Ortsmitte von Mokotow vor und erreicht im Schutz der Panzer die Ecke der Ksawerow-Straße. Der südliche und der westliche Teil von Mokotow sind für die Verteidigung ungünstig, denn die Villen und kleinen Häuschen bieten keinen ausreichenden Schutz, der sich für einen Widerstand eignet, außerdem erleichtern die breiten Straßen das Eindringen der Panzer. In den wenigen, solide gebauten Wohnhäusern können sich jedoch die Aufständischen gut getarnt verbarrikadieren.
Der deutsche Vorstoß in den Abendstunden auf die Schule in der Woronicza-Straße wird jedoch in Nah-

kämpfen vereitelt. Aus den vom Bataillon »Oaza-Rys« verteidigten Ostabschnitten ziehen sich die Polen vor dem Panzeransturm rechtzeitig auf die Stellungen in der Konduktorska-Straße zurück. An diesem Tag ist es sowohl auf deutscher als auch auf polnischer Seite zu riesigen Verlusten gekommen.
Die am rechten Weichselufer stehenden Soldaten der polnischen 1. Armee gehen jetzt zur operativen Verteidigung über. Damit tritt sowohl für die gesamte Lage im mittleren Abschnitt der Ostfront als auch für den Warschauer Aufstand eine Wende ein: An der Weichsel und am Narew herrscht jetzt vergleichsweise Ruhe. Die Sowjets sichern sich derzeit günstige Brückenköpfe, die als Ausgangspunkt für eine künftige Offensive von Bedeutung sind. Die Kämpfe finden inzwischen an anderen entfernten Frontabschnitten statt. Das Oberkommando der Roten Armee will zuerst die Lage im nördlichen und südlichen Frontbereich, das heißt in Estland und Lettland sowie in Rumänien, bereinigen und überläßt Warschau seinem eigenen Schicksal.
Der neue Oberbefehlshaber der deutschen 9. Armee, General Freiherr von Lüttwitz, kann daher meistens in seinem Bericht an den Stab der Heeresgruppe Mitte melden: »... der heutige Tag verging an der ganzen Armeefront ohne besondere Aktivitäten.« Genauso wie Generaloberst Heinz Guderian, Generalstabschef des Heeres, muß auch General von Lüttwitz die entsprechenden Reserven für den Fall der zu erwartenden sowjetischen Offensive bereitstellen. Dies kann aber nur durch eine endgültige Liquidierung des Aufstandes sowie Zerschlagung der polnischen Partisanen in der Kampinos-Heide geschehen.
In jenen Septembertagen liegt über Warschau eine dunkle, aschgraue Rauchwolke, die ungewöhnlich niedrig hängt und weder durch Wind noch bei Regen verschwindet. Dagegen erleuchtet nachts der Feuerschein ungezählter Brandherde weithin sichtbar den Himmel. Ständig hört man das Echo der Bombendetonationen, der einschlagenden Artilleriesalven und das Knattern von Maschinengewehren. Der Geschützdonner entfernt sich ab und zu oder kommt wieder näher. Die polnische Hauptstadt ist jetzt von allen Seiten umringt, von der Außenwelt völlig abgeschnitten, doch man gibt nicht auf, obwohl jedem bewußt ist, daß es nur noch die letzten Tage sind.
In der Nacht vom 24./25. September 1944 wird in Mokotow auf Befehl von Oberst Karol (Wachnowski) der Versuch unternommen, mit einem Gegenstoß den Häuserblock um die »Krolikarnia« zurückzuerobern. Unter dem starken Artilleriefeuer der Deutschen bricht diese Aktion jedoch mit hohen Verlusten der Aufständischen zusammen.

*Die von einem in den anderen Stadtteil flüchtenden Menschen versuchen, die Verwundeten mitzunehmen (rechts)*

# 9. Woche
## 25. September – 1. Oktober 1944

Polnischer Nationalrat dankt den Alliierten
Montag, 25. September 1944, London
Die *Agentur PAT* berichtet:
*Ministerpräsident Mikolajczyk erhielt vom polnischen Nationalrat in Warschau folgende, an Churchill, Roosevelt und Stalin gerichtete Botschaft:*
»Für die Bevölkerung von Warschau, die für die Freiheit der Hauptstadt und des Vaterlandes kämpft, sind die ersten Zeichen einer wirksamen Hilfe in Form von Waffen und Lebensmitteln, die von Flugzeugen abgeworfen wurden, sichtbar. Der Nationalrat stellt fest, daß diese Hilfe eine große Entlastung bedeutet. Er betont den unerschütterlichen Willen der gesamten Bevölkerung Warschaus und Polens, für die Freiheit und Unabhängigkeit des Vaterlandes bis zum Ende gegen die Deutschen zu kämpfen.
Um diesen Kampf weiterführen zu können, müssen die Soldaten der Heimatarmee aber ausgerüstet werden. Der polnische Nationalrat ersucht um ständige Versorgung mit Waffen und Lebensmitteln sowie Jagdflugzeugen, um die Fliegerabwehr organisieren zu können. Der Feind greift ununterbrochen mit verstärkten Fliegergeschwadern die Stadt an. Das Ausbleiben einer erfolgreichen sofortigen Hilfe könnte eine Katastrophe bedeuten.«

27. September 1944, Warschau
Aus dem *Hauptquartier der polnischen Heimatarmee (AK):*
*Mokotow – der deutsche Artilleriebeschuß dauert unvermindert an. Am 26. September rückte der Feind mächtig von Süden und Westen her an. Einsatz der »Goliaths«. Wir wurden auf den Raum Al. Niepodleglosci, Ursynowska, Okolska, Belgijska, Madalinski-Straße zusammengedrängt. Der Abschnittskommandant beziffert die eigenen Verluste auf ca. 70 Prozent. Der Kampfgeist der Abteilungen ist sehr schlecht. Wir rechnen mit dem Verlust von Mokotow, was die Möglichkeiten der Verteidigung unserer Stadt verringert. Die Funkverbindung mit den Sowjets funktioniert schlecht. Eine taktische Hilfe zur gebotenen Zeit ist schwierig zu erhalten. Srodmiescie – die beiderseitige Patrouillentätigkeit hat sich belebt. Zoliborz – ohne Veränderung. Der Beschuß der deutschen Artillerie und der Granatwerfer richtet sich hauptsächlich auf den Rayon Srodmiescie-Süd. Wegen des ungünstigen Wetters gab es keine sowjetischen Abwürfe. Hunger. Herbstkälte. Die Stimmung der Zivilbevölkerung ist bedrückend.*

*Lawina*
*[Bor-Komorowski]*

Steht die totale Kapitulation kurz bevor?
Donnerstag, 28. September 1944
Das *Oberkommando der Wehrmacht* gibt bekannt:
*... In Warschau kapitulierten gestern unter der Wirkung unserer Waffen ein weiterer Stadtteil und in dem alten Fort Mokotow zusammengedrängte Reste der Aufstandsbewegung. Es wurden mehrere tausend Gefangene eingebracht und außerdem über fünftausend polnische Zivilisten evakuiert. Damit ist ein Erfolg erzielt, der zu der Hoffnung berechtigt, den gesamten Aufstand in nächster Zeit vollständig niederzuringen...*

Behandlung als Kriegsgefangene zugesichert
28. September 1944, Berlin
*Kommentar* zum OKW-Bericht:
*Der heutige Bericht des deutschen Oberkommandos besagt, daß von den polnischen Aufständischen in Warschau der Kampf noch nicht aufgegeben ist. Man hat zwar auf deutscher Seite jetzt die Hoffnung, daß ihre letzten Widerstandsnester in Kürze bezwungen werden können. In einigen Stadtteilen wird aber noch mit äußerster Erbitterung gekämpft.
Wenn es den Sowjets jedoch nicht bald gelingt, ihre vor Warschau steckengebliebene Offensive wieder in Schwung zu bringen, dürfte die Lage der letzten in ihrer Hauptstadt noch Widerstand leistenden polnischen Aufständischen aussichtslos geworden sein.
Das deutsche Oberkommando hat sich inzwischen entschlossen, wie in einer früheren Meldung bereits vermutet wurde, diejenigen Teilnehmer der polnischen Aufstandsbewegung, welche die Waffen gestreckt haben, als Kriegsgefangene zu behandeln. Von ihnen haben gestern mehr als zweitausend, wie ergänzend zum heutigen Bericht des deutschen Oberkommandos bekannt wird, den Kampf eingestellt, nachdem ihnen auf ihr Kapitulationsersuchen die Behandlung als Kriegsgefangene zugesagt wurde.
Man unterstreicht allerdings in Berlin erneut, daß nach dem Kriegsrecht die deutschen Truppen in Warschau nicht verpflichtet sind, die an dem Aufstand teilnehmende Bevölkerung als Kriegsgefangene zu behandeln. Wenn man sich jetzt offenbar trotzdem dazu entschlossen hat, so will man deutscherseits das mit der Auffassung erklären, daß die Aufständischen von auswärtigen Befehlszentralen zum Versuch der Erhebung verleitet und mißbraucht worden seien.
Sicher ist jedenfalls, daß die Tragödie von Warschau in den letzten Wochen ein furchtbares Ausmaß angenommen hat, über dessen Einzelheiten vorläufig noch keine zuverlässigen Informationen vorliegen.*

28. September 1944, Warschau
Aus dem *Hauptquartier der polnischen Heimatarmee (AK):*
*Zoliborz – Wir halten das Haus Gdanska-Straße 4. Der Feind wiederholt seine Angriffe aus Nordost in Richtung Wilson-Platz, wobei er nur lokalen Erfolg hatte. Die*

taktische Funkverbindung (Art.) zwischen Zoliborz und Praga ist gut. Srodmiescie – ohne Veränderung. Mokotow – die Lage ist ungeklärt, keine Verbindung, schwache Kampfgeräusche. Allgemeines – die Aktivitäten der deutschen Luftwaffe haben aufgehört. Schwacher Einsatz der deutschen und sowjetischen Artillerie. Die Stadt wurde vor allem von Granatwerfern beschossen. Gestern erhielt ich die erste Depesche mit der Unterschrift von Berling. Er verspricht den Artilleriebeschuß von Mokotow. In der Nacht zum 28. 9. fanden geringfügige sowjetische Abwürfe statt. Hunger, empfindlicher Mangel an Kleidung.

*Lawina*
[Bor-Komorowski]

### Bericht zur Lage
29. September 1944
Aus dem *Kriegstagebuch (KTB) der 9. Armee*:
... *In Warschau beginnt der Angriff der 19. Pz. Div. gegen die Vorstadt Zoliborz. In sehr schweren Kämpfen gelingt es, den sich in ausgebauten Feldstellungen, Bunkern und Häuserblocks zäh verteidigenden Feind aus den äußeren Stadtbezirken zurückzuwerfen, wobei der Gegner hohe Verluste erleidet. Die Verhandlungen mit den Aufständischen in der Innenstadt, bei denen sich angeblich der General »Bor« (Graf Komorowski) befindet, sollen heute abend weitergehen. Da Obergruppenführer v. d. Bach hofft, sie bald erfolgreich zu beenden, trifft das AOK schon jetzt Vorbereitungen für den Abtransport der schätzungsweise 300 000 Menschen, die sich noch im Innenstadtkessel befinden dürften, durch Bereitstellung von Eisenbahntransportraum und Herrichtung von Auffang- bzw. Gefangenenlagern...*

### Bericht zur Lage
30. September 1944
Aus dem *Kriegstagebuch (KTB) der 9. Armee*:
... *Das Unternehmen »Sternschnuppe« läuft planmäßig weiter; die Südgruppe erreicht die Bzura. Zu Feindberührung kommt es nicht. In Warschau gelingt es der 19. Pz. Div. bis zum Mittag, den südlichen Stadtteil von Zoliborz nach hartem Kampf zu nehmen, wobei etwa 15 000 Zivilisten, darunter auch zahlreiche wehrfähige Männer, herausgeschleust werden. Der zu Obergruppenführer v. d. Bach entsandte polnische Unterhändler, der über die Evakuierung der Zivilisten verhandeln sollte, wird daraufhin, da sein Auftrag durch die Ereignisse überholt ist, mit dem Bemerken zurückgeschickt, es kämen jetzt lediglich noch Kapitulationsverhandlungen in Frage...
Die rasche Bereinigung von Mokotow und Zoliborz dürfte auf die Verhandlungen mit der in der Innenstadt befindlichen Führung der AK nicht ohne Einfluß bleiben; inwieweit die Tatsache, daß nach Londoner Rundfunkmeldungen General »Bor« von der polnischen Exilregierung zum Nachfolger des abgesetzten Kriegsministers General Sosnkowski ernannt worden ist, andersartige Rückwirkungen auf diese Verhandlungen haben wird, ist noch nicht zu übersehen. Obergruf. v. d. Bach teilt mit, daß er von ihrem baldigen erfolgreichen Abschluß überzeugt sei.
Eine Verständigung über die Evakuierung der Zivilbevölkerung aus der Innenstadt sei bereits erzielt und zu diesem Zweck für den 1. und 2. 10., jeweils in der Zeit von 5–19 Uhr, Waffenruhe vereinbart worden...*

### Weitere Gruppen kapitulieren
1. Oktober 1944
Das *Oberkommando der Wehrmacht* gibt bekannt:
*In und westlich Warschau wurden weitere eingekesselte Bandengruppen zerschlagen. Die Reste dieser Gruppen kapitulierten bedingungslos.*

### Bericht zur Lage
*Geheime Kommandosache*
*Fernschreiben*
*KR Geheim – HGAXB Nr. 28 1. 10. 44 23.50*
*Nach Eingang geheime Kommandosache*
*An AOK 9 Ia*
*1) Die Polen im Mittelkessel haben die ihnen gegebene Gelegenheit zur Evakuierung am 1. 10. 44 nicht ausgenutzt, dafür aber die Entsendung einer Kommission, die über Einstellung des Kampfes verhandeln soll, für den 2. 10. 44 angeboten. Mit dieser Kommission werde ich über die endgültige Kapitulation verhandeln.*
*2) Waffenruhe am 2. 10. 44 ab 05.00 Uhr.*
*3) Kampfgruppen halten ausreichende Reserven außerhalb des Einschließungsrings zum Eingreifen bei unvorhergesehenen Ereignissen bereit. Das Rgt. Schmidt ist zwischen Weichselufer und Ostfront des Kessels bereitzustellen. Art. und schwere Waffen der Infanterie richten sich auf Feuerzusammenfassungen auf die möglichen Durchbruchstellen ein.*
*4) Die für die Evakuierungen getroffenen Vorkehrungen löse ich entsprechend dem Gang der Verhandlungen durch besonderen Befehl aus. Einsatzbereitschaft für alle hieran Beteiligten ab 2. 10. 44 10.00 Uhr*
*Korpsgruppe von dem Bach Ia. Tgb. Nr. 753 geh.*

### Evakuierungsvorschlag angenommen
1. Oktober 1944, Warschau
Aus dem *Biuletyn Informacyjny* (Nr. 99):
*In Anbetracht der schwierigen Versorgungslage bezüglich der Verpflegung sowie der sanitären und taktischen Situation für die seit zwei Monaten kämpfende Bevölkerung von Warschau haben die polnischen Landesbehörden den deutschen Vorschlag angenommen, die Zivilbevölkerung, die Kranken und Verwundeten aus der Stadt zu evakuieren, um so die Verluste der Bewohner zu verringern.*

Am Montag, dem 25. September 1944, eröffnen die Deutschen um 6 Uhr morgens mit Artilleriefeuer und Bombenangriffen ihren entscheidenden Großangriff auf Mokotow. Die im Südabschnitt liegende Schule in der Woronicza-Straße hat bisher schon siebenmal den Besitzer gewechselt. Jetzt setzen die Deutschen alles daran, den Widerstand der Aufständischen hier endgültig zu brechen. Während Mokotow am Nachmittag besonders schwerem Feuer unterliegt, greifen die Infanteristen von Westen her an. Mit Sturmgeschützen und einer Panzerkompanie nähern sie sich der Niepodleglosci-Allee.

Zu heftigen Kämpfen kommt es mitten im Ortsteil. Die Abteilungen der Aufständischen sind von drei Seiten umzingelt. Durch Unterbrechung ihrer taktischen Verbindung zerfallen die Einheiten in kleine, verbissen kämpfende Widerstandsnester. Es geht um jedes einzelne Haus, um jeden Trümmerberg. Gefangene werden keine gemacht, ein Zeichen der Erbitterung auf beiden Seiten. Sieben oder acht deutsche Panzer bleiben beschädigt liegen. Es ist inzwischen unmöglich geworden, die in vorderster Linie Kämpfenden mit Brot oder mit einem Teller Suppe zu versorgen.

Die Aufständischen müssen jedoch trotz Hunger weiterkämpfen, denn die Küchen sind zerstört. »Der Soldat hatte kein Ziel mehr vor Augen, das die weitere blutige Verluste gerechtfertigt hätte.«

Das Bataillon »Olza« unter Major Reda, das die Linie Niepodleglosci-Allee von der Naruszewicza- bis zur Lewicka-Straße verteidigt, muß sich wegen des Ansturms von Panzern und Infanterie, die von Westen her anrollen, durch die Goszczynski- und Odynca-Straße zurückziehen. Aus den von Deutschen besetzten Ruinen des »Alkazar« beschießen Scharfschützen die Gegend. Die Villen werden durch ferngelenkte »Goliath« zerstört. Als die deutschen Kräfte zur Pulawska-Straße vordringen, droht den aufständischen Abteilungen, die südlich der Malczewski-Straße kämpfen, die Abriegelung. Die Einwohner werden von den Deutschen vertrieben, ihre Häuser geplündert und niedergebrannt.

Inzwischen sinken die Temperaturen, und der erste Herbstregen setzt ein. Die AK-Männer zittern jetzt vor Kälte beim nächtlichen Wachdienst. Als der Aufstand begann, herrschte noch sommerliche Hitze, dagegen sind Ende September die Tage bedeutend kürzer, und in den darauf folgenden Nächten fällt das Thermometer manchmal auf null Grad.

Der Mißerfolg des bei Morgengrauen unternommenen Gegenangriffs der Aufständischen, die gewaltigen Ver-

luste, der Mangel an Verpflegung, das alles trägt dazu bei, daß der Kommandant von Mokotow, Oberst Wachnowksi, in der Nacht vom 25./26. September 1944 die Entscheidung trifft, die aufständischen Abteilungen, die Zivilbehörden und Verwundeten durch den Kanal in das Stadtzentrum zu evakuieren.

Am Dienstag, dem 26. September 1944, sammeln sich ab 5 Uhr früh alle, die für die Evakuierung vorgesehen sind. Zuerst sollen die Verwundeten der Abteilung »Radoslaw«, die hier am 20. September aus Czerniakow eingetroffen sind, verlegt werden. Niemand weiß, warum der Einstieg in den Kanal neben den Bosch-Werken in der Wiktorska-Straße, der von zwei AK-Gendarmen bewacht wird, nicht beginnt. Stimmengewirr wird laut, es herrscht ein Durcheinander unter den etwa 200 Personen. Dies weckt die Aufmerksamkeit der Deutschen.

Plötzlich erscheint über den Häusern von Mokotow ein Aufklärungsflugzeug, und irgendwo hört man das Detonieren von Artilleriegranaten. In der Zwischenzeit erhält Oberst Wachnowski eine Hiobsbotschaft nach der anderen. So meldet zum Beispiel Leutnant Klimek, daß er den Abschnitt nicht übernehme, denn er halte das für sinnlos. Die Sache sei verloren, und er wolle seine

*In seinem Versteck hält ein polnischer Aufständischer Wache (links)*

*Auch die Deutschen haben überall Scharfschützen postiert (oben)*

*Gräber über Gräber, sei es auf Hinterhöfen, Bürgersteigen oder in Grünanlagen (rechts)*

Soldaten nicht in den sicheren Tod schicken. Wenig später verweigert auch ein Pionieroffizier den Befehl, der eine Meldung durch die Kanäle in das Stadtzentrum bringen soll.

Gegen 7.30 Uhr erscheint eine Soldatendelegation, die dem überraschten Oberst erklärt, daß die Aufständischen für eine Fortsetzung des Kampfes keine Kraft mehr haben. Oberst Wachnowski appelliert an ihr soldatisches Gewissen und nach kurzem Wortwechsel versprechen sie, daß sie noch bis zum Abend in ihren Stellungen aushalten werden. Danach berichtet Hauptmann Janusz, daß er furchtbare Verluste in seinen Abteilungen habe und für seine Leute nicht mehr bürgen könne.

Anschließend erscheint der Platzkommandant Major Zenon und teilt Oberst Wachnowski mit, daß die Bevölkerung bereits damit beginne, weiße Fahnen aus den Fenstern zu hängen. Der Oberst befiehlt die sofortige Beseitigung der Fahnen und erteilt der Gendarmerie den Auftrag, dafür zu sorgen, daß sich derartige Vorfälle nicht wiederholen. Kurz danach kommt der Chef der II. Abteilung, Leutnant Miron, mit der Meldung, daß die Aufständischen in manchen Abteilungen ihre Tarnanzüge und Armbinden wegwerfen und bei der Zivilbevölkerung untertauchen.

Das Durcheinander verstärkt sich noch, als vor dem Einstieg in den Kanal die Gendarmen alle Passierscheine kontrollieren und den Aufständischen die Waffen abnehmen wollen. Während des Durchgangs unter der Pulawska-Straße sind die anfliegenden Flugzeuge zu hören, ein Bombenhagel geht nieder. Dumpfe Einschläge erschüttern die ganze Kanaldecke, die sich wie eine schaukelnde Hängematte bewegt. Von der Wölbung fallen Zementstücke und Ziegelsplitter herab. Manche schreien, andere beten laut. Die auf das Straßenpflaster herunterfallenden Steine zusammenstürzender Mauern versetzen die Männer in Todesangst. Noch ein dumpfes Pfeifen, der Kanal schwankt.

Alle bleiben bewegungslos stehen und pressen sich gegen die Kanalwände. In diesem Augenblick kommt der Befehl, nicht weiter zu gehen und dann die Nachricht, »vor uns sind Deutsche«. Eine Sekunde später heißt es – alle zurück! Aber als die letzten der Aufständischen den Ausstieg in der Wiktorska-Straße erreicht haben, müssen sie feststellen, daß er während des Luftangriffs verschüttet worden ist.

In den Nachmittagsstunden kann die Aktion durch den Kanaleinstieg in der Szustra-Straße fortgesetzt werden. Als Nachhut bleiben die Abteilungen der Regimenter »Baszta« und »Waligora« unter Major Zryw zurück.

Den ganzen Tag über tobt der Verteidigungskampf in Mokotow weiter. Trotz Artilleriebeschuß und verheerender Luftangriffe gelingt es den Aufständischen, die am Vortag verlorengegangenen Stellungen in der Nie-

*Eine Me 110 (Bf 110), die als Nachtjäger, Jagdbomber und als Aufklärer eingesetzt wird (links)*

*Schüler verfolgen von einer Barrikade aus das Kampfgeschehen (rechts)*

*Dieser mit Balken abgestützte Verbindungstunnel befindet sich unter der Marszalkowska-Straße (unten)*

podleglosci-Allee, Pulawska-Allee und Ursynowska-Straße bis zur Rozana-Straße zurückzuerobern und bis zum Mittag zu halten.

Zwischen 16 und 18 Uhr herrscht in Mokotow zwei Stunden Waffenruhe, um etwa 9000 Menschen der Zivilbevölkerung zu evakuieren. Sie müssen sich auf dem Gelände der Pferderennbahn in Sluzewiec sammeln.

Danach nehmen die Deutschen endgültig die Schule in der Woronicza-Straße ein, stürmen weiter von der Niepodleglosci-Allee über das spärlich bebaute Gelände entlang der Rozana-Straße bis zur Szustra-Straße und erreichen am Abend die Kazimierzowska-Straße. Der Angriff einer Panzereinheit im Schutz der vorangetriebenen Zivilbevölkerung kann erst unweit einer Befehlsstelle und des nahegelegenen Kanaleinstiegs in der Szustra-Straße, der für die Evakuierung der Reserveabteilung unter Oberleutnant Maly vorgesehen ist, gestoppt werden.

Keiner der Aufständischen, der in deutsche Hände fällt, kann mit Gnade rechnen, schlimmer noch, jeder junge Mann oder Junge, den man verdächtigt, an den Kämpfen teilgenommen zu haben, kommt vor ein Exekutionskommando. Dieses Bewußtsein verstärkt die Verbissenheit und Aggressivität, die Aufständischen kämpfen auch hier in Mokotow bis zur letzten Patrone. Selbst die ersten Anzeichen des Zusammenbruchs werden ignoriert und alle Abschnitte weiter verteidigt. Dann dringen deutsche Panzer in die Szustra-Straße ein.

Um 16 Uhr unterbrechen die Deutschen das Feuer. Ungezählte Menschen aus der Zivilbevölkerung beginnen das von allen Seiten umstellte Stadtviertel zu verlassen. Die Aufständischen haben dadurch etwas Zeit zum Atemholen, obwohl Oberst Wachnowski sich nur schwer entschließen konnte, einer zweistündigen Waffenruhe zuzustimmen. Er befürchtet, daß zusammen mit der Bevölkerung auch Kollaborateure auf die deutsche

*Ein polnischer Kampfverband, gebildet aus den Schülern des Gymnasiums »Gorski« (unten)*

*Eine deutsche Abteilung durchstreift die Ruinen einer Fabrik (rechts)*

*Ein Scharfschütze in den Ruinen hat die gegenüberliegende Straßenseite im Visier*

*Deutsche Infanterie überquert einzeln und im Laufschritt die ungeschützte Straße (unten)*

Seite überwechseln und die Stellen der Kanaleinstiege verraten werden.

Bei einbrechender Dunkelheit – General von dem Bach hatte diesen Zeitpunkt für die Evakuierung der Zivilbevölkerung festgelegt – setzen die Deutschen mit verstärkter Kraft ihre Angriffe fort und stoßen in Richtung Kanaleinstieg am Dreszer-Park vor. Die Aufständischen wehren jedoch den Angriff ab. Von der Niepodleglosci-Allee aus rollen erneut Panzer, die wieder Polen als Schutzschild vor sich hertreiben, durch die Szustra-Straße. Oberst Wachnowski steigt mit seinem Stab um 22.15 Uhr in den Kanal, dicht hinter den Abteilungen des Rittmeisters Garda. Ihnen folgen nicht nur jene, die dazu den Befehl haben, sondern auch eine Menge anderer Menschen.

Als die Deutschen Wind davon bekommen, was sich unter ihren Stellungen abspielt, werfen sie Säcke mit Karbid durch die Kanalöffnungen, das im Wasser aufgelöst ein Stickgas entwickelt und die Menschen vorübergehend erblinden läßt. In den Kanälen entsteht Panik, die Menschen treten um sich, wollen nach Mokotow zurück, denn sie können den Weg zur Stadtmitte nicht mehr finden. Feldwebel Kapitan, der den Kanaleinstieg in der Wiktorska-Straße überwachte, erleidet während des Durchgangs einen Nervenschock und muß erschossen werden, weil er durch sein lautes Schreien die Deutschen alarmiert.

General Monter bekommt einen Wutanfall, als er erfährt, daß Oberst Wachnowski sich mit seinem Stab aus Mokotow abgesetzt hat und nun im Stadtzentrum eingetroffen ist. Er lehnt es ab, mit ihm zu sprechen, statt dessen erteilt er den Befehl, der Kommandant des verlassenen Stadtbezirks solle schnellstens auf seinen Posten zurückkehren. General Monter ordnet sogar an, sämtliche AK-Soldaten aus Mokotow sofort festzusetzen. Alle, die man aus dem Kanalausstieg herausziehen muß, da sie es aus eigener Kraft nicht mehr schaffen, werden in den Räumen des stark beschädigten Finanzamtes eingesperrt.

Einer der Beteiligten: »Dort gab es kein Wasser, es war niemand da, der den Ankömmlingen hätte Hilfe leisten können. Es befanden sich unter uns auch Verletzte, deren Wunden von dem Kanalschmutz zu eitern begannen. Viele Leute waren durch das Stickgas halb erblindet. Sie hatten alle Fieber, zitterten vor Kälte und Zorn.«

Rund 600 Soldaten, die vom Waten durch den Kanal völlig erschöpft sind und sich kaum noch auf den Beinen halten können, werden unter verstärkte Bewachung gestellt. Oberst Wachnowski kehrt nun in Begleitung von Major Tomira, zwei Meldegängerinnen und vier Soldaten wieder durch die Kanäle zurück nach Mokotow. Die zur Verstärkung der kurz vorher von der Stadtmitte geschickten geringen Kräfte können nicht mehr helfen, im Gegenteil, sie vergrößern noch das Chaos bei der Evakuierung und stiften eher Verwirrung.

*Eine Meldegängerin überbringt dem vorgeschobenen Posten einen Befehl*

Die Aufständischen erhalten zum Teil sich widersprechende Befehle und werden von einem Ort zum anderen gehetzt. Einmal heißt es, es geht in Richtung Stadtzentrum, dann wieder – zurück nach Mokotow. Dadurch fällt so mancher AK-Mann in deutsche Hände, was meistens den Tod bedeutet.

Von jenen Soldaten, die umkehren und in der Dworkowa-Straße östlich der Pulawska-Allee wieder aus dem Kanal hinauskriechen, werden die meisten, etwa 120 Mann, von deutschen Polizeieinheiten erschossen. Plötzlich stoppt ein deutscher Offizier seinen Wagen und befiehlt den Polizisten, die Schießerei zu beenden, da Mokotow schon kapituliert habe und die Aufständischen ab sofort wie Soldaten einer regulären Armee zu behandeln seien.

Während der Kämpfe um Mokotow läßt zwar der deutsche Druck auf Zoliborz und die Stadtmitte deutlich nach, dafür wird aber der Kern des Stadtzentrums von deutscher Artillerie und Granatwerfern mit Feuer belegt.

In seinem Bericht über diesen Kanaldurchgang faßt Oberst Wachnowski später zusammen: »Zwei Kilometer vom Einstieg in der Ujazdowskie-Allee tauchten gespensterhaft wirkende Menschen auf: stehende, kniende, sitzende, im Kanalschlamm kriechende. Ein gewisser Prozentsatz davon lebt nicht mehr, das Ganze vermittelte einen unwirklichen Eindruck, der an eine Irrenanstalt oder auch an Fragmente aus der ›Hölle‹ von Dante erinnerte. Manche sprachen laut irgendwelche Worte, andere lachten in geistiger Umnachtung, andere wieder zischten oder weinten. Die Nerven dieser Unglücklichen hatten den Durchgang durch den Kanal nicht ausgehalten.«

Die meisten Kanalausstiege werden jetzt von den Deutschen überwacht. Als der Kommandant von Mokotow und die ihn begleitenden Soldaten beim Ausstieg mit Granaten empfangen werden, kehren sie zur Stadtmitte zurück, sie vermissen allerdings die Meldegängerin Marysia und einen Soldaten.

Inzwischen bombardieren sowjetische Flugzeuge den im Stadtzentrum liegenden Westbahnhof, und die Artillerie von Praga beschießt Ochota und die Umgebung des Starynkiewicz-Platzes. An diesem Tag sendet General Bor-Komorowski eine Funkdepesche an Marschall Rokossowski, um sich für die Abwürfe sowjetischer Waffen und Lebensmittel zu bedanken.

In der Nacht vom 26./27. September 1944 erreicht Oberst Wachnowski erneut die Ujazdowskie-Allee und meldet dem Stab von General Monter über Funk, daß ein Weg nach Mokotow nicht mehr vorhanden sei. In der gleichen Nacht gelangen durch den Kanal zur Stadtmitte noch weitere aufständische Abteilungen sowie die Kommandostelle und der Divisionsstab.

Um den Polen den Garaus zu machen, lassen die Deutschen jetzt das Wasser im Kanalsystem ansteigen, werfen Granaten in die Kanalöffnungen und Chemikalien, die einen giftigen Gestank verbreiten. Die Menschen bekommen Erstickungsanfälle, manche erblinden, viele bezahlen diesen Fluchtweg mit dem Leben. Nachdem der Führungsstab des Bezirks sowie mehrere hundert Soldaten bei Nacht das Stadtzentrum erreicht haben, verbleiben in Mokotow nur noch die Verteidiger unter Major Zrywa.

Im Stadtzentrum werden in den Nachtstunden mehrere deutsche Stellungen in der Ujazdowskie-Allee und in der Jerozolimskie-Allee neben der Bank für Landwirtschaft überfallen und ausgehoben. Ebenfalls bei Nacht gelingt es den Aufständischen, einen Vorstoß in der Ksiazeca-Straße abzuwehren und im Nordteil des Stadtviertels einen Angriff in der Lucka- und Panska-Straße zu stoppen.

Am Mittwoch, dem 27. September 1944, gehen bereits im Morgengrauen die Kämpfe um Mokotow weiter. Die noch verbliebenen Aufständischen versuchen immer wieder, die von Süden und Westen anrollenden Panzer sowie die nachfolgende Infanterie aufzuhalten. Die wichtigsten Abwehrstellungen der Aufständischen befinden sich jetzt in den Häuserblocks zwischen der Baluckie- und Wiktorska-Straße. Das Gebiet um die Belgijska-Straße verteidigt noch jene Gruppe von AK-Soldaten, die für den Schutz der Evakuierung durch die Kanäle verantwortlich war.

Nach der vorangegangenen Nacht erkennt Major Zryw die Ausweglosigkeit weiterer Kämpfe. Er entsendet daher eine Delegation zur deutschen Befehlsstelle. Obwohl die polnischen Parlamentarier bereits seit 7.20 Uhr unterwegs sind, um Verhandlungen zwecks Evakuierung der Bevölkerung und der Verwundeten zu führen sowie Kapitulationsgespräche anzubahnen, wird ungeachtet dessen von deutscher Seite weitergeschossen. Erst als Major Burza, Kommandeur des Bataillons »Baltyk«, Generalmajor Rohr aufsucht, werden die Kämpfe unterbrochen.

Die polnischen Abgesandten erhalten von General von dem Bach die Garantie, daß man die zu evakuierende Bevölkerung und die Aufständischen entsprechend den Vereinbarungen der Genfer Konvention behandeln werde. Auf diese Zusage hin kapituliert Mokotow um 13

*Ein zerstörter Straßenzug im Zentrum von Warschau (links unten)*

*Die polnischen Parlamentäre werden von zwei Offizieren abgeholt und ins Hauptquartier nach Ozarow gebracht (rechts)*

*Mokotow, Ende September 1944: Ein gefangengenommener Aufständischer wird verhört (unten)*

*Auf dem Narutowicza-Platz, nahe der Grojecka-Straße, müssen diese AK-Männer ihre Waffen abgeben*

*Auf einem Dach hinter dem Schornstein liegt ein Heckenschütze*

Uhr. Über 1000 Soldaten und Offiziere begeben sich in deutsche Gefangenschaft. Ein Teil taucht bei der Zivilbevölkerung unter, die die Deutschen auf dem Gelände der Pferderennbahn in Sluzewiec zusammentreiben und anschließend nach Pruszkow abtransportieren. Die Schüsse der deutschen Exekutionskommandos sind noch bis in die Abendstunden zu hören.

Von den letzten aufständischen Abteilungen, die sich durch den Kanal zurückziehen, hat eine größere Gruppe versehentlich den Ausstieg in der Dworkowa-Straße benutzt, der schon seit längerer Zeit im deutschbesetzten Teil liegt. Die etwa 140 Aufständischen fallen der deutschen Schutzpolizei in die Hände und werden auf der Stelle erschossen.

Im nördlichen Stadtteil Zoliborz kämpfen die Abteilungen unter Major Zubr bereits seit vier Tagen erfolgreich im Abschnitt Marymont. Sie verdrängen die Deutschen aus der Bieniewicka-Straße und behaupten weiterhin die Stellungen in der Gdanska-Straße, während die Abteilung »Zniwiarz« einen Angriffsversuch auf den Ostteil der Opel-Werkstätten zurückschlägt.

Die sowjetische Artillerie beschießt von Praga aus mehrmals die deutschen Bereitstellungen in der Zitadelle sowie im Danziger Bahnhof. Das mörderische Granatwerferfeuer der Deutschen verursacht unter der Bevölkerung von Zoliborz erhebliche Verluste.

Am Donnerstag, dem 28. September 1944, nehmen die Batterien der deutschen schweren Artillerie erneut das Stadtzentrum und besonders intensiv den eigentlichen Stadtkern unter Feuer. Gleichzeitig versuchen deutsche Stoßtrupps, vergeblich trotz Unterstützung durch Granatwerfer- und MG-Feuer, die aufständischen Stellungen in der Krolewska- und Towarowa-Straße einzunehmen. Auch die Angreifer unweit des Politechnikums werden zurückgeworfen.

An diesem Tag übergeben deutsche Parlamentarier an den Barrikaden der Aufständischen in der Zelazna-Straße ein Schreiben von General von dem Bach, das an das Hauptkommando der Heimatarmee gerichtet ist. Darin schlägt der General vor, Gespräche über eine Kapitulation einzuleiten. Da die Versorgung der Bevölkerung katastrophal ist, entschließt sich General Bor-Komorowski, mit der deutschen Seite über die Bedingungen einer Evakuierung der Einwohner zu verhandeln, sofern bis zum 1. Oktober 1944 kein sowjetischer Vorstoß auf Warschau erfolgt. Gleichzeitig geht ein Funkspruch an Marschall Rokossowski, in dem Bor die verzweifelte Lage der Aufständischen schildert.

Der seit dem Morgengrauen einsetzende Beschuß auf Zoliborz ist heute noch stärker als an den vorangegangenen Tagen, dazu die Angriffe der Stukas auf den Abschnitt Wilson-Platz und Krasinski-Straße. Trotzdem weist Oberst Zywiciel kategorisch das wiederholte Kapitulationsangebot von General Källner, dem Komman-

*Auch das alte, bereits ausgemusterte »Maxim«-Maschinengewehr kommt noch zum Einsatz*

*Mehrere Soldaten sind erforderlich, um die Werfergeschosse in die richtige Abschußposition zu bringen*

deur der deutschen 19. Panzerdivision, zurück. Oberst Zywiciel: »Die Lage der Deutschen ist wesentlich hoffnungsloser, und sie hätten weitaus mehr Gründe zur Kapitulation.«

Nach Ablehnung der Kapitulationsaufforderung rechnet die Besatzung von Zoliborz mit einem deutschen Sturmangriff. »Gefährlich und düster erschien uns die plötzliche Stille während der Nacht vom 28./29. September 1944. Nach dem nahezu dreiwöchigen Artilleriebeschuß, der ganze Tage und Nächte andauerte, war diese Nacht geheimnisvoll und unheilverkündend. Nicht eine einzige Geschoßgarbe aus Maschinengewehren, keine einzige Leuchtrakete im Vorfeld, nur irgendwo von weit her ein Brummen schwerer Motoren und das nicht aufhörende Geräusch der Panzer erfüllte mit Grauen die Luft.«

Aus den Opel-Werken, teilweise von Polen und zum Teil von Osthilfsformationen besetzt, ist immer wieder zu hören: »Ihr Aufständischen, morgen ist euer letzter Tag!«

In dieser Nacht versuchen die Deutschen, durch einen Überraschungsangriff Nowy Swiat, die Ksiazeca-Straße und den Trzech-Krzyzy-Platz zu erobern, was ihnen selbst nach dreistündigen unerbittlichen Kämpfen nicht gelingt. Im Abschnitt des Polytechnikums zerstören die AK-Abteilungen einen deutschen Bunker und zwei MG-Nester. Trotz Hunger und Erschöpfung sind die polnischen Soldaten weiterhin fest entschlossen, den Kampf fortzusetzen.

Am Freitag, dem 29. September 1944, eröffnet im Morgengrauen die deutsche Artillerie ein Sperrfeuer von bisher unbekanntem Ausmaß auf die Stellungen der Aufständischen im Zentrum von Zoliborz, vor allem auf die Gdanska-Straße und die Opel-Werkstätten sowie im Westabschnitt auf das Nonnen-Kloster und den Henkla-Platz. Eine Stunde lang liegen alle Abschnitte unter schwerstem Beschuß. Danach greift deutsche Infanterie die polnische 8. Division »Traugutta« an, die allerdings seit 3 Uhr nachts in Bereitschaft steht.

Die Kräfte der Aufständischen zählen etwa 2000 Mann und sind dank der sowjetischen Luftversorgung mit Maschinenpistolen, meistens »PPS«, sowie mit Panzerabwehrbüchsen (Anti-Tank-Gewehren) und Granatwerfern ausgerüstet. Nachdem der Aufstand schon zwei Monate dauert, wollen die Einwohner nicht mehr zulassen, daß die Aufständischen sich in ihren Häusern verbarrikadieren, weil sie später deutsche Repressalien fürchten.

Die gegen Zoliborz vorstoßende deutsche 19. Panzerdivision hat mindestens dreifache Überlegenheit, ganz zu schweigen von der Ausrüstung. Es heißt sogar, sie gehöre zu den besten Einheiten der Wehrmacht. Alle wichtigen Widerstandsnester werden jetzt beinahe gleichzeitig angegriffen, und der fast pausenlose, alles vernichtende Beschuß mit Artillerie, Granatwerfern und schweren MG engt den Verteidigungsbereich der Aufständischen immer mehr ein. Der Kampf entbrennt auch hier um jedes Haus. Obwohl die aufständischen Abteilungen einige vorgeschobene deutsche Gruppen mit Granatwerfern und MG-Feuer ausschalten, müssen sie sich unter dem Druck der Übermacht an Menschen und Material zurückziehen.

Angesichts der unmittelbaren Nähe der beiden kämpfenden Seiten kann die sowjetische Artillerie vom anderen Weichselufer aus vorerst nicht zugunsten der Polen eingreifen, sondern lediglich die entfernteren Positionen der Deutschen beschießen. Alle Anstrengungen der Aufständischen, das von ihnen besetzte Gebiet zu halten, sind vergeblich. Die Abteilungen verlieren fast die Hälfte ihrer Soldaten.

Ein erneuter deutscher Angriff, diesmal neben dem Einsatz der ferngesteuerten »Goliath« auch mit Panzerunterstützung aus Richtung Zitadelle und Danziger Bahnhof, zwingt die Aufständischen, sich nach Norden auf die Linie Krasinski-Straße und Wilson-Platz zurückzuziehen. Sowjetische Artillerie in Praga, über Funk von der bedrohlichen Situation informiert, nimmt jetzt nicht nur die deutschen Stellungen in der Zitadelle unter Feuer, sondern auch jene unweit des Chemischen Instituts sowie den Vorort Bielany.

Inzwischen verständigt General Bor-Komorowski per Funktelegramm die Exilregierung in London über die Aussichtslosigkeit der Lage und den Beginn von Verhandlungen mit den Deutschen zwecks Evakuierung der Bevölkerung sowie Einstellung der Kämpfe in Warschau. Er versichert: »Falls die Rote Armee in den nächsten Tagen angreifen sollte, werden wir die Evakuierung unterbrechen und den Kampf wieder aufnehmen.«

In einer gleichzeitig an den sowjetischen Gefechtsstand in Praga übermittelten Funkdepesche schildert der General die äußerst kritische Lage im Stadtzentrum und in Zoliborz nach dem Verlust von Mokotow.

Zum selben Zeitpunkt erneuert General von dem Bach sein Angebot, über eine Kapitulation zu verhandeln. Unter den Abgesandten für Gespräche mit dem deutschen General wegen Evakuierung der Zivilbevölkerung befindet sich neben den Regierungsvertretern Dr. Stanislaw Wachowiak und Janusz Machnicki auch die Vertreterin vom Polnischen Roten Kreuz, Gräfin Maria Tarnowska, außerdem die Vertreter der Heimatarmee Oberst Zygmunt Dobrowolski (»Zyndram«) und Oberleutnant Alfred Korczynski (»Sas«).

*Ende September 1944: polnische Parlamentäre auf dem Weg zu Kapitulationsverhandlungen (2. v. l. Gräfin Tarnowska)*

*Vor der Fahrt ins Hauptquartier werden den Parlamentären die Augen verbunden (links Gräfin Tarnowska)*

*Eintreffen der polnischen Abgesandten vor dem Hauptquartier des Generals von dem Bach-Zelewski (rechts)*

Das von den Deutschen umstellte Zoliborz steht vor seinem letzten schweren Kampf. Im Morgengrauen des 30. September 1944 beginnt ein Überraschungsangriff auf das von AK-Männern besetzte Haus »Zgoda« in der Slowacki-Straße. Danach richtet sich der feindliche Vorstoß gegen die Slowacki- sowie Gdanska-Straße und in Richtung Wilson-Platz.

Als die Deutschen sich bis an die polnischen Stellungen herangepirscht haben, um sie mit Handgranaten auszuräuchern, werden die Aufständischen von den Zivilisten angefleht, nicht zu schießen. Sie befürchten Racheaktionen des Feindes. Einem deutschen Sturmtrupp gelingt es inzwischen, den großen, seit dem Vortag brennenden Block der »Zgoda«-Genossenschaft zu besetzen. Doch ein Gegenangriff der Kompanie von Leutnant Kwarciany zwingt die Deutschen, sich wieder zurückzuziehen.

Die polnischen Einheiten kämpfen verbissen trotz der immer häufiger einschlagenden Artilleriegeschosse. Die aus dem Zeromski-Park feuernden Sturmgeschütze zerstören die meisten Häuser in der Krasinski-Straße. Von den angreifenden Panzern werden drei mit Panzerabwehrbüchsen zum Stehen gebracht. Damit kann der feindliche Ansturm zwar für kurze Zeit gestoppt werden, um so stärker aber sind die nachfolgenden Angriffe der Deutschen.

Die mörderischen Kämpfe um einzelne Häuser in der Mickiewicz- und Krasinski-Straße erstrecken sich bis in die Nachmittagsstunden. Die aus dem Ortsteil Marymont vordringenden Deutschen werden von AK-Abteilungen, die sich in dem brennenden Haus der Genossenschaft »Znicz« und »Szklane Domy« verschanzt haben, aufgehalten. Den deutschen Infanteristen gelingt es jedoch, die Frontseiten jener Häuser zu besetzen, die in der Krasinski-Straße mit Blick zur Weichsel hin stehen.

Am Sonnabendmorgen, als die Kämpfe um Zoliborz neu entfacht sind, überschreiten die Abgesandten von General Bor-Komorowski die deutsch-polnischen Linien. Ein Wagen wartet bereits auf Oberst Wachnowski und seine Begleiter, um sie in das Hauptquartier von General von dem Bach nach Ozarow zu bringen. Im Schatten der Obstbäume stehen Funkwagen, die mit grünen Zweigen und Tarnnetzen gegen Feindeinsicht geschützt sind.

Gegen 8 Uhr früh erhält das Hauptkommando in Zoliborz von der polnischen 1. Armee in Praga die Funk-

nachricht, daß am Nachmittag die Evakuierung der Aufständischen mit Pontons über die Weichsel nach Praga vorbereitet wird. Danach befiehlt Oberst Zywiciel den Kampfgruppen »Zbik« und »Zyrafa« unter Hauptmann Slawomir, sich einen Weg bis zum Weichselufer freizukämpfen.

Gleichzeitig werden einige Kräfte umgruppiert, die nun den Rückzug über den Fluß sichern sollen. Die Einheiten von Hauptmann Slawomir, durch sowjetische Artillerie und tieffliegende Kampfflugzeuge mit Bordwaffen unterstützt, erreichen nach erbitterten Gefechten den von starken deutschen Kräften besetzten Uferwall. Doch wegen der angeblich ungünstigen Wetterverhältnisse wird der Zeitpunkt des Übersetzens plötzlich auf 19 Uhr verschoben.

Nach Ankunft im alten Gutshof von Ozarow, der durch Gendarmerie total abgeschirmt ist, müssen sich Oberst Wachnowski und seine Begleiter noch bis 9 Uhr gedulden, denn General von dem Bach will erst die Meldung von General Källner abwarten, daß Zoliborz gefallen sei. In der Zwischenzeit serviert eine Ordonnanz Kaffee und amerikanische Zigaretten, Marke »Camel«: »Bitte bedienen Sie sich. Dies stammt aus den letzten amerikanischen Versorgungscontainern, die eigentlich für Sie bestimmt waren, meine Herren.« Da der General noch immer auf die Nachricht wartet, kommt kein richtiges Gespräch zustande.

Schließlich erklärt von dem Bach: »Die Lage der Aufständischen in Zoliborz ist hoffnungslos, sie sind auf einer Fläche von wenigen Straßen zusammengedrängt worden. Eigentlich kann von einer allgemeinen Kapitulation gesprochen werden, meine Herren. Es könnte sehr bald zu spät dafür sein. Ich bin der Meinung, daß der weitere Kampf der Aufständischen unmöglich geworden ist. Ich mache den Vorschlag, daß Sie sich, meine Herren, dorthin begeben und die Unterbrechung der Kämpfe herbeiführen.«

Oberst Wachnowski gibt zu bedenken, er müsse sich erst mit dem Befehlshaber der AK verständigen. Den polnischen Offizieren wird der vor dem Gutshof stehende Wagen wieder zur Verfügung gestellt. Es ist jetzt 11.30 Uhr.

General von dem Bach sichert den polnischen Abgesandten sein Einverständnis für eine Waffenruhe vom 1. Oktober 1944, 5 Uhr, bis zum 2. Oktober 1944, 20 Uhr, zu, um die Evakuierung der Bevölkerung vorzu-

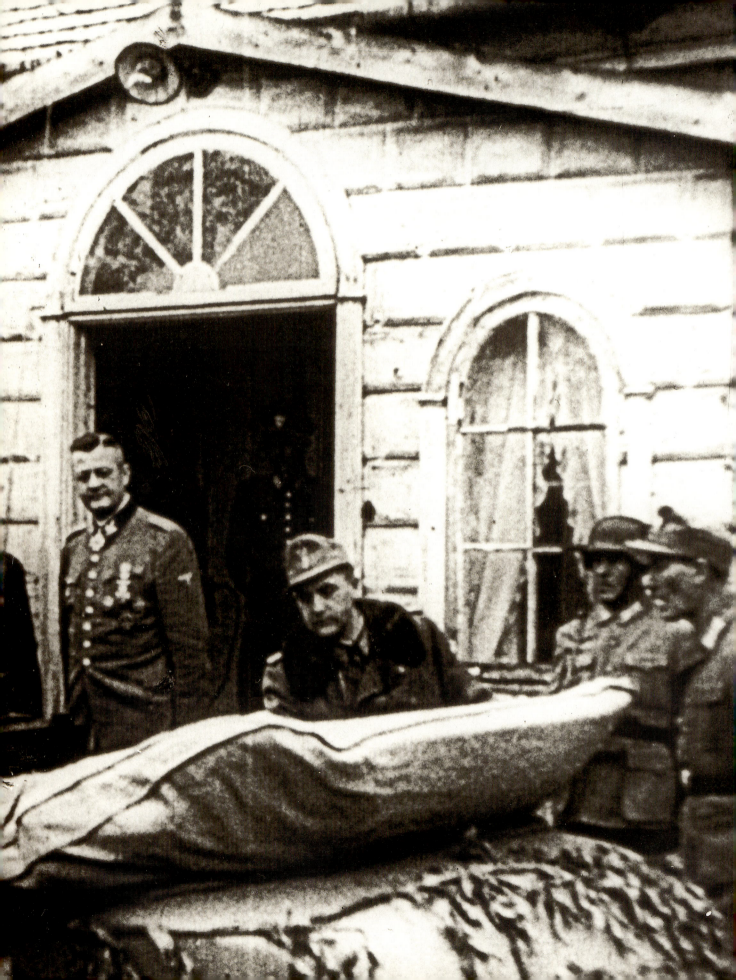

nehmen. Die Durchführung dieser Absprache soll Oberst Boguslawski vom Hauptkommando der AK überwachen.

Seit 10.30 Uhr rücken die ersten polnischen Kampfgruppen in Richtung Übersetzstelle am Weichselufer vor. Das sowjetische Artilleriefeuer ist allerdings zu schwach, um die Deutschen aus ihren Stellungen zu vertreiben. Trotzdem gelingt es den AK-Männern, die Unterstände zu überrennen und bis zur Uferböschung vorzudringen. Plötzlich erscheinen sowjetische Flugzeuge und wenig später deutsche Jagdmaschinen, die sich über den Köpfen der zur Ablegestelle stürmenden Aufständischen Luftkämpfe liefern. Doch schon bald folgt von deutscher Seite ein Gegenangriff. Es ist und bleibt ein fast aussichtsloser Kampf.

Gegen 17 Uhr hört der deutsche Beschuß abrupt auf, weiße Fahnen sind zu sehen. Viele der Aufständischen vermuten einen Hinterhalt und schießen weiter. Oberst Wachnowski trifft, wie mit dem deutschen Befehlskommando abgesprochen, gegen 17 Uhr in Zoliborz ein, um dem dortigen Kommandanten, Oberst Zywiciel, den Entschluß der AK-Befehlsstelle zu übermitteln. Nach dramatischem Wortwechsel gibt Oberst Zywiciel sein Einverständnis zur Kapitulation, wenn auch nur widerwillig. Vergeblich schwenkt Oberst Wachnowski die weiße Fahne, aber das Feuer der Aufständischen in Zoliborz geht weiter. Schließlich läuft Leutnant Scibor vom Wilson-Platz aus mit hocherhobener weißer Flagge den Aufständischen entgegen.

Unterwegs beobachtet er SS-Angehörige, die Benzinkanister zu einer Hauswand schleppen, um einen Stapel toter Zivilisten zu verbrennen. Er sieht ebenfalls, wie bewaffnete deutsche Soldaten ihm entgegenlaufen, offensichtlich durch den Anblick eines Zivilisten mit weißroter Armbinde überrascht, der eine weiße Fahne schwenkt und den Polen zuschreit: »Stellt das Feuer ein! Wir kommen von General Bor!«

Nur wenig später wird Oberst Zywiciel ein sowjetischer Funkspruch ausgehändigt: »Heute um 19 Uhr beginnt der Beschuß und um 19.30 Uhr stelle ich die Pontons zur Verfügung. Schlagt euch zum Weichselufer durch.«

Es beginnt schon zu dämmern, als die Nachricht von der Kapitulation die Mehrzahl der Einheiten erreicht. Zunächst will es niemand glauben. Manche der Aufständischen zertrümmern ihre Waffen, verwünschen die Truppenführung und heulen vor Wut.

Irgend jemand stimmt ein religiöses Lied an, viele der Aufständischen singen mit. Man bereitet sich auf den Tod vor. Die Kolonne der Gefangenen setzt sich langsam in Bewegung, der verletzte Oberst Zywiciel auf einer Trage. Ringsum brennen die Häuser, detonieren

*2.10.1944, Ozarow bei Warschau: nach Unterzeichnung der Kapitulationsurkunde (im Eingang Gen. v. d. Bach)*

*»Völkischer Beobachter« vom 29. September 1944 (rechts)*

## Die Kapitulation der Aufständischen von Mokotow

Berlin, 28. September.

Der im OKW.-Bericht gemeldeten Kapitulation der Aufständischen im Warschauer Stadtteil Mokotow ging ein an die deutschen Befehlsstellen gerichtetes Übergabeangebot voraus. Dabei wurde die Bitte ausgesprochen, die sich ergebenden Aufständischen als Kriegsgefangene zu behandeln, obwohl sie nach Kriegsrecht als Rebellen einen Anspruch in dieser Richtung nicht erheben konnten.

Das Angebot wurde seitens der deutschen Kommandostellen angenommen unter Berücksichtigung der Tatsache, daß die Aufständischen von London und Moskau zum Aufruhr aufgehetzt und ins Feuer getrieben, dann aber schmählich verraten und im Stiche gelassen wurden.

## „Sehr heikle Dinge"

VB. Berlin, 28. September.

Auf gewundene Erklärungen britischer Regierungsvertreter pflegt der Labourabgeordnete John McGovern sehr schnell mit unbekümmerter, beißender Ironie zu reagieren. Dieses Mal war sein Opfer Eden, der sich wie ein Aal wand, um auf eine peinliche Frage des Abgeordneten Knox eine möglichst nichtssagende Antwort zu geben. McGovern stellte daraufhin die rhetorische Frage, welchen Gewinn die britische Regierung sich davon verspreche, wenn sie die Tatsachen verschleiern. Eden erwiderte, daß es sich um „sehr heikle Dinge" handele, die „mit Vorsicht und Zurückhaltung behandelt werden müssen".

Der Verrat der englischen Regierung an den polnischen Aufständischen — denn darum ging das parlamentarische Frage- und Antwortspiel — ist zweifellos eine sehr heikle Angelegenheit. Knox hatte die Aufmerksamkeit des Herrn Eden auf die Tatsache gelenkt, daß Mitglieder der „unterirdischen Armee Polens" von den Sowjets verhaftet und deportiert worden sind, weil sie es abgelehnt hätten, den Eid auf das Lubliner Sowjet abzulegen. Da Eden es nicht wagte, diese Tatsache einfach abzustreiten, begnügte er sich mit der Mitteilung, nach Auskunft der Sowjets kämpften „fast alle" bewaffneten polnischen Abteilungen auf sowjetischer Seite. Im übrigen müsse das Haus verstehen, daß der englischen Regierung daran liege, die Beziehungen zwischen den Sowjets und den Polen zu bessern. Anfragen auf diesem Gebiet seien daher höchst unwillkommen.

In die klare Sprache der Wirklichkeit übersetzt, heißt das nichts anderes, als daß England, das die Polen zum Aufstand aufforderte und im Stich ließ, ohnmächtig und uninteressiert zusieht, wie die Verratenen von dem sowjetischen Bundesgenossen deportiert werden. Es begnügt sich damit, erlogene Auskünfte der Bolschewisten an unbequeme Fragesteller im Parlament weiterzugeben.

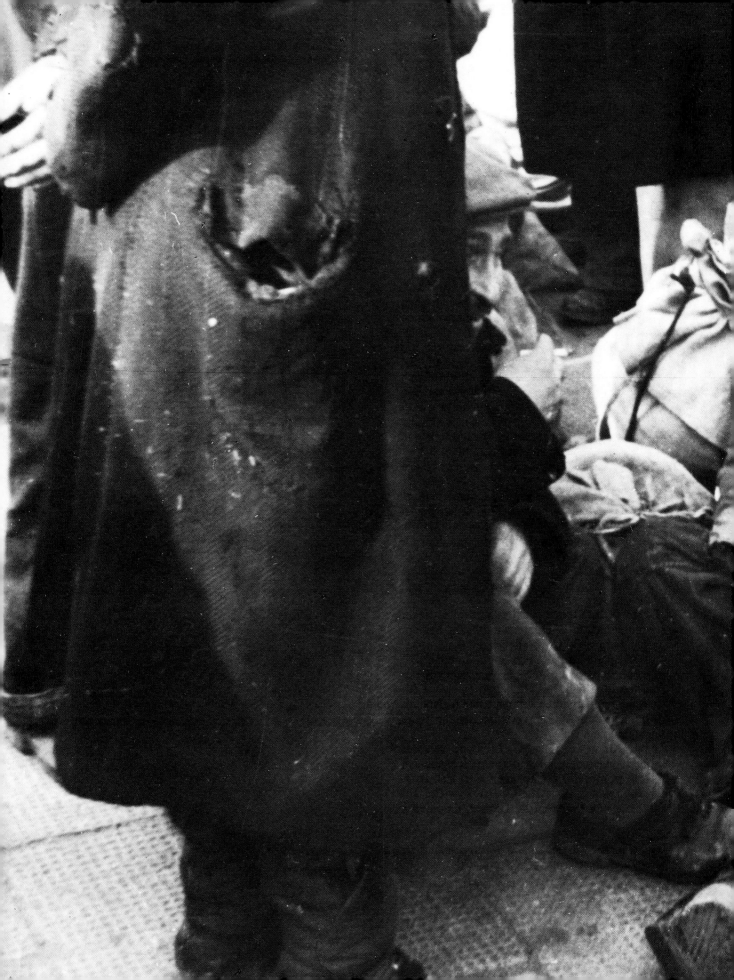

*Nach dem Zusammenbruch des Aufstandes werden alle Einwohner der Stadt evakuiert*

Granaten der Artillerie vom anderen Weichselufer, deren Splitter die Abziehenden berieseln.
Lautes Weinen und Schreie der Zivilbevölkerung sind zu hören, hier und da fallen einzelne Schüsse. Die Ostformationen verjagen zusammen mit den deutschen SS-Soldaten alle Einwohner aus den Häusern. Wie es scheint, wollen sie die Evakuierung der Bevölkerung noch vor Einbruch der Nacht beenden. Gruppen von Frauen, Kindern und Greisen laufen mit Bündeln bepackt auf die Straße.
Bis 23 Uhr legen die Abteilungen der AK ihre Waffen nieder und marschieren danach mit einer deutschen Eskorte zum »Pionierpark« in Powazki. Etwa 1500 Soldaten aus Zoliborz – darunter auch Frauen – und rund 400 Verwundete geraten in deutsche Gefangenschaft. Ein Teil der Schwerverwundeten wird von den Deutschen in den Kellern der eroberten Häuser erschossen.
Radio London gibt an diesem Tag bekannt, daß Divisions-General Tadeusz Bor-Komorowski zum Oberbefehlshaber aller polnischen Streitkräfte anstelle des verabschiedeten General Sosnkowski ernannt worden sei.
Die in Zoliborz kämpfende moskautreue Volksarmee (AL) nimmt die vereinbarte Kapitulation nicht zur Kenntnis. Eine größere AL-Gruppe versucht, in dieser Nacht bis an das Ufer der Weichsel zu gelangen. Unter schwerem Beschuß erreichen 28 Personen mit Hilfe eines Paleton vom polnischen 6. Infanterieregiment aus Praga den Uferwall. Es gelingt ihnen, auf das rechte Weichselufer überzusetzen.
Im Keller des Hauses Promyka-Straße hält sich eine zwölfköpfige Gruppe jüdischer Soldaten der »Zydowska Organizacja Bojowa« (jüdische Kampforganisation) versteckt, die mit den Einheiten der AL an den Kämpfen in der Altstadt und Zoliborz teilgenommen hat. Erst einige Wochen später schaffen es Angehörige der Heimatarmee, diese Menschen unter abenteuerlichen Umständen aus der Stadt herauszuholen.
Am Sonntag, dem 1. Oktober 1944, verlassen zu den vereinbarten Stunden der zugesicherten Waffenruhe etwa 8000 Personen, in der Mehrzahl Frauen mit ihren Kindern, das Stadtzentrum über die fünf wichtigsten Ausfallstraßen. Die Hauptkommandanten der Heimatarmee (AK) und die Vertreter der Exilregierung entschließen sich, Kapitulationsgespräche zu vereinbaren. Die derzeitige Lage nach Aufgabe von Mokotow und Zoliborz, dazu die Aussichtslosigkeit, von außen noch Hilfe zu erwarten, macht diesen Schritt unumgänglich.
In der Nacht vom 1./2. Oktober 1944 wird in Anwesenheit von General Monter die polnische Verhandlungstaktik erörtert. Die Kommission setzt sich zusammen aus: Diplomoberst Heller, Oberst Zyndram, Oberst Boguslawski und Oberleutnant Sas als Dolmetscher. Die Delegation ist von General Bor-Komorowski bevollmächtigt, die Verhandlungen mit General von dem Bach zu führen.
Sofort nach Ablauf der Waffenruhe eröffnet die deutsche Artillerie ein orkanartiges Feuer auf das gesamte Stadtzentrum. Weitere erhebliche Zerstörungen und auch Verluste an Menschen sind die Folge. Mit diesem Feuerüberfall will man die polnische militärische Führung unter Druck setzen und die Kapitulationsverhandlungen beschleunigen.

*Auf einem Platz in Zoliborz sind außer Häuserruinen nur noch ungezählte Grabkreuze zu sehen*

# Epilog

Am Montag, dem 2. Oktober 1944, an jenem Tag, als in Ozarow über das weitere Schicksal der Aufständischen entschieden werden sollte, wälzte sich bereits seit den frühen Morgenstunden eine Menschenmenge der evakuierten Warschauer Bevölkerung aus dem Stadtzentrum in Richtung Pruszkow.
Ebenfalls an diesem Morgen, gegen 8 Uhr, überschritten vier polnische Parlamentäre die Barrikade zwischen der Sniadecka-Straße und dem Politechnikum. Dort wurden sie von den beiden deutschen Offizieren, Major Fischer und Major Bock, empfangen und mit dem Wagen zum Stab von General von dem Bach-Zelewski gefahren. Zu den Abgesandten von General Bor-Komorowski zählten Diplomoberst Heller, Oberst Zyndram, Oberstleutnant Boguslawski und der Dolmetscher Oberleutnant Sas.
Aus den Notizen von Oberstleutnant Boguslawski: »Nach kurzem Warten wurden wir hineingeführt und General von dem Bach vorgestellt. Wir wiesen uns durch Beglaubigungsschreiben aus, die uns berechtigten, Gespräche zu führen und Verträge zu unterzeichnen... Zu Beginn begrüßte uns von dem Bach als Vertreter von General Bor und aller AK-Soldaten, deren Tapferkeit und Mut bei allen Bewunderung hervorgerufen habe... General von dem Bach erklärte danach, daß er durch die Nähe der Front – direkt entlang der Weichsel – beträchtliche Schwierigkeiten hätte, seinen Armeebefehlshaber davon zu überzeugen, daß es den Polen bei dem jetzigen Stand der Gespräche wirklich ernst sei... Es wäre also dringend erforderlich, daß die AK ihren guten Willen zu erkennen gäbe. Die militärischen Kräfte der AK müßten als erste Warschau verlassen. Was die Zivilbevölkerung anbetrifft, so dürfte es keine Schwierigkeiten geben. Nach Abzug der AK sollten verläßliche Spezialabteilungen in der Stadt zurückbleiben, die als Ordnungskräfte das noch vorhandene Privateigentum der Bevölkerung schützen, und zwar bis zur Übernahme der Stadt durch deutsches Militär...
Nach Niederschrift dieser Vereinbarung nahm Oberst Zyndram eine Abschrift und fuhr damit zu General Bor, damit man von polnischer Seite die entsprechenden Vorbereitungen einleiten konnte (um es rechtzeitig zu schaffen). Nach einer knappen Mittagspause kam man wieder zusammen, jetzt ging es an den Text des Hauptvertrages. Alle grundsätzlichen Punkte der Vereinbarung wurden dem polnischen Entwurf entnommen...
Nach Beendigung der Beratungen schritt man in einen anderen Saal zwecks schriftlicher Präzisierung des Vertragstextes (auf polnischer Seite Oberstleutnant Boguslawski und Oberleutnant Sas, auf deutscher Seite ein Oberstleutnant, der Stabschef des Generals und dessen Übersetzer). Unterdessen führte von dem Bach in seinem Arbeitszimmer eine allgemeine Unterhaltung mit Diplomoberst Heller und Oberst Zyndram, der schon zurückgekehrt war. Nach Niederschrift des Vertragstextes in beiden Sprachen – in vierfacher Ausfertigung... – fand die feierliche Vertragsunterzeichnung in Anwesenheit mehrerer deutscher Stabsoffiziere statt, wobei auch fotografiert werden durfte.
Zu Beginn seiner Ansprache erwies General von dem Bach seine Achtung den auf beiden Seiten Gefallenen und sprach seine Anerkennung für den heldenhaften Kampf aus. Nach Abschluß der Unterzeichnungsformalitäten und dem Austausch der polnischen und deutschen Texte dankte Diplomoberst Heller mit einigen Worten dem General für die faire Behandlung der polnischen Delegation und für die umgängliche Atmosphäre, die uns den Übergang dieser für jeden Soldaten schwierigen Minuten erleichterte und wünschte dem General, er möge persönlich nie in eine ähnliche Lage geraten.
Nach dem Abendessen, zu dem der General die polnischen Verhandlungspartner eingeladen hatte, wurde mit Champagner ein Toast auf General Bor, auf die tapferen Soldaten der AK und alle anwesenden Delegierten ausgesprochen (als Antwort erhob Heller sein Glas und sprach einen Toast auf General von dem Bach aus).
Danach begab sich die polnische Delegation, vorbei an der Wachmannschaft des Stabes mit präsentiertem Gewehr, auf den Rückweg. Gegen 23.30 Uhr erreichten wir unsere Barrikaden.«

*Im Garten des deutschen Hauptquartiers: von dem Bach im Gespräch mit General Bor-Komorowski, daneben der Dolmetscher (rechts)*

*Aus der ehemaligen polnischen Metropole ist in nur 63 Kampftagen eine Wüstenei geworden (unten)*

## Auch Bor paßt den Sowjets nicht
### Moskau-Polen wollen eigene Kandidaten

*Von unserem Berichterstatter*
b—r Bern, 2. Oktober.

Die naive Spekulation des Londoner Polenausschusses, er könne durch die Ernennung des sogenannten Generals Bor zum Nachfolger Sosnkowskis der Moskauer Agitation den Wind aus den Segeln nehmen, hat sich selbstverständlich als verfehlt erwiesen. Die bisher gegen Sosnkowski gerichteten Angriffe sind nun mit gesteigerter Schärfe auf Bor-Komorowski übertragen worden. Der Leiter des vom Kreml eingesetzten Lubliner Polenkomitees erklärt ausdrücklich, diese Ernennung habe keine Änderung in den Beziehungen zum Londoner Ausschuß gebracht. Es bleibe alles wie bisher. Der Lubliner Ausschuß verlangt die Anerkennung der Verfassung von 1921 — das heißt praktisch die völlige Selbstaufgabe der Londoner Exilregierung, die sich auf die Verfassung von 1935 beruft — und die Ernennung eines Generals Zymierski zum Oberbefehlshaber.

Damit tritt nun nach dem bewährten Sowjetsystem, die Forderungen höher zu schrauben, sowie man etwas erreicht hat, eine neue Forderung auf. Nach dem Fall Sosnkowskis verlangten die von Moskau abhängigen Polen die Nachfolge für einen der ihren und kommen mit dem Namen ihres Kandidaten heraus. Gleichzeitig wird folgerichtig Bor angegriffen, indem man ihn als „Verbrecher", der für den verfrühten Aufstand in Warschau verantwortlich ist, bezeichnet und sogar ankündigt, er solle vor Gericht gestellt und bestraft werden, wenn er dem Lubliner Ausschuß in die Hände falle. Um dieser Polemik mehr Gewicht zu geben, macht man in Lublin eine interessante Enthüllung. General Bor, der vom Londoner Ausschuß und in der Öffentlichkeit der Westmächte als heroischer Führer der Warschauer Aufständischen gefeiert wird, könne die tatsächliche Leitung der Kämpfe gar nicht haben, da er sich überhaupt nicht in Warschau, sondern außerhalb befinde, und zwar schon seit Beginn des Aufstandes.

Auch auf englischer Seite in London äußert man sich bereits wenig zufrieden über den Schachzug des Emigrantenausschusses mit der Ernennung Bors, da dieser ja jedenfalls seinen Posten praktisch nicht übernehmen kann, so daß eine wirkliche Bereinigung der Krise durch diesen Trick nur aufgeschoben ist. Die Londoner Polen sehen sich also abermals von ihrem anglo-amerikanischen Protektor verlassen. Das kommt auch darin zum Ausdruck, daß die UNRRA nach einer Mitteilung des Lubliner Ausschusses diesem ihre Hilfe und die Entsendung eines Vertreters zugesagt hat. Das läuft nahezu auf eine de-facto-Anerkennung des Lubliner Ausschusses durch Washington hinaus.

*»Völkischer Beobachter« vom 3. Oktober 1944 (links)*

*Die Reste des Bataillons »Wigry« vor dem Abtransport ins KG-Lager, in der Mitte: Kommandeur Major Trzaska (rechts oben)*

*Die weiblichen Angehörigen der AK – gekennzeichnet durch die weiß-rote Armbinde – nach der Gefangennahme (rechts unten)*

In dem Gespräch mit General von dem Bach vernahm Diplomoberst Heller nicht nur viele kampftechnische Details, sondern vor allem, daß es den Deutschen gelungen war, den polnischen Funkcode zu brechen.
Vor dem Gang in die Gefangenschaft fuhr General Bor-Komorowski zu einer Begegnung mit General von dem Bach nach Ozarow. Zum ersten Mal konnte er auf der Fahrt dorthin die Folgen ermessen, die sein Befehl vom 31. Juli 1944 an General Monter, Befehlshaber der AK für den Bereich Warschau, ausgelöst hatte. Fast alle Häuser waren systematisch zerstört oder niedergebrannt. Nirgends konnte man Spuren von Leben entdecken. Trümmerschutt bedeckte die Gehwege, zum Teil auch die Fahrbahnen. Die plötzliche Stille in der Stadt war beängstigend. Nur in Richtung Weichsel stiegen Rauchwolken zum Himmel.
Am Dienstag, dem 3. Oktober 1944, berichtete die Presse der Aufständischen, die noch an diesem Tag in der Stadtmitte erschien, von der Unterzeichnung der Kapitulation. Man begann sofort mit der Beseitigung jener Barrikaden, die den deutschen Linien am nächsten gelegen waren. Gleichzeitig beschäftigten sich die Gefechts- und Dienststellen mit der Sicherung oder auch Vernichtung von Munition und Waffen. Unterlagen wurden gesichtet, Beförderungen und Auszeichnungen geschrieben, Ausweise ausgestellt sowie das vorhandene Archivmaterial so gut wie möglich versteckt.
Unterdessen sammelten sich die AK-Soldaten zum Abmarsch in die Gefangenschaft. In den Lazaretten traf man letzte Vorbereitungen für die Evakuierung der Verwundeten und Kranken. Der Kommandeur der polnischen 28. Infanteriedivision, Oberst Radwan, bestimmte rund 300 Soldaten vom Bataillon »Kilinski« zum Verbleib in der Stadt, »um für Ordnung zu sorgen« – wie es in den Bestimmungen des Kapitulationsvertrages hieß.

*4.10.1944: Offiziere und Mannschaften der Heimatarmee auf dem Weg in eine ungewisse Zukunft*

Die völlig entmutigte Bevölkerung verließ massenweise die Stadt in Richtung Westbahnhof. Mit ihnen zogen auch mehrere Tausend Teilnehmer des Aufstandes, um außerhalb von Warschau Unterschlupf zu suchen und so der deutschen Gefangenschaft zu entgehen.

Genauso klammheimlich verschwanden die polnischen Zivilbehörden aus der zerstörten Stadt, mit ihnen der Nachfolger von General Bor-Komorowski, General Okulicki (Niedzwiadek) und sein Stab. Er sollte jetzt nach der Kapitulation von Warschau die Führung der Heimatarmee (AK) im besetzten Land übernehmen.

Am Mittwoch, dem 4. Oktober 1944, begann um 10 Uhr für die AK-Abteilungen der Weg in die Gefangenschaft. Sie überschritten nun geschlossen die Linie jener Kampfstellungen, die bisher vom Feind besetzt waren. An diesem Tag rückten über 1500 Soldaten und Offiziere aus Warschau ab.

Am Donnerstag, dem 5. Oktober 1944, begaben sich der AK-Führungsstab, das Hauptkommando und das Kommando des Warschauer Korps der AK, darunter sechs Generale, in Gefangenschaft, anschließend eine Riesenkolonne von etwa 10000 Aufständischen uniformierter Einheiten. Aus allen Stadtteilen Warschaus waren es über 15000 AK-Soldaten, darunter 2000 Frauen und über 900 Offiziere.

Die Gefangenen hat man vorübergehend in einem Durchgangslager in Ozarow untergebracht und die meisten von ihnen anschließend in das Sammellager nach Lamsdorf, südwestlich von Oppeln/Schlesien, überführt. Von Lamsdorf aus kamen die Offiziere nach Waldenburg, Groß-Born und Murnau. Die Soldaten wurden im Stalag Mühlberg, Altengrabow oder Sandbostel untergebracht. Einen Teil der Männer und Frauen transportierte man in das Lager Bergen-Belsen.

In Molsdorf bei Erfurt entstand ein Frauen-Offizierslager (Oflag 9C), in dem weibliche AK-Mitglieder im Offiziersrang gefangengehalten wurden. Es war übrigens das einzige Lager für weibliche Offiziere, das es während des Zweiten Weltkrieges gab.

Nach dem Abmarsch der Aufständischen verblieb im

*Neben der Garnisonskirche haben Anwohner der Dluga-Straße ihrer Toten gedacht (rechts)*

Stadtzentrum immer noch ein Großteil der Bevölkerung. Als letzten Termin zum Verlassen der Stadt hatten die Deutschen den 7. Oktober festgelegt. Außerdem befanden sich noch viele Kranke und Verwundete in Lazaretten und Notunterkünften. Jene Bewohner, die Warschau verlassen wollten, wurden zum Westbahnhof getrieben und von dort unter Bewachung per Eisenbahn in das Durchgangslager Pruszkow geschafft.

Am Montag, dem 9. Oktober 1944, verließ morgens um 9 Uhr das zur Aufrechterhaltung der Ordnung in Warschau verbliebene Schutzbataillon der AK das Quartier in der Chmielna-Straße und folgte den anderen in das Durchgangslager Ozarow. Die Evakuierung der militärischen und zivilen Lazarette der Aufständischen sollte stufenweise bis in die zweite Oktoberhälfte abgewickelt werden.

An diesem 9. Oktober 1944, vier Tage nach dem Abmarsch der AK-Abteilungen aus Warschau und zwei Tage nach Abschluß der offiziellen Aussiedlungsaktion der Zivilbevölkerung, meldet der Oberbefehlshaber der deutschen 9. Armee, General Smilo von Lüttwitz, an seinen Vorgesetzten, den OB der Heeresgruppe Mitte, Generaloberst Georg-Hans Reinhardt: General von dem Bach soll nach einem von Reichsführer SS Himmler übermittelten Führer-Befehl »eine vollständige Zerstörung von Warschau durchführen«.

Schon unter den Augen der abziehenden Bevölkerung begannen die Deutschen systematisch mit der Plünderung von Wohnungen und der Zerstörung unzähliger Häuser, die die Kämpfe überstanden hatten. Spezielle Trupps und Sprengkommandos von der Technischen Nothilfe brannten im Stadtzentrum mit Flammenwerfern ein Haus nach dem anderen nieder.

Während des Aufstandes wurden 25 Prozent aller Gebäude in Warschau vernichtet. Doch seit der Kapitulation bis zum 17. Januar 1945 haben die Deutschen doppelt so viele Häuser gesprengt oder niedergebrannt, ebenso viele Kulturgüter und National-Denkmäler.

Von polnischer Seite hat man, oft unter Lebensgefahr und mit dem Mut der Verzweiflung, alle Möglichkeiten

*General Bor-Komorowski und seine Begleiter auf dem Weg zum General von dem Bach (unten)*

*Von den Bildberichterstattern festgehalten: der unvermeidliche Händedruck nach Beendigung des Aufstandes*

*General Bor-Komorowski (mit verdecktem Gesicht) auf der Rückfahrt von Ozarow nach Warschau*

genutzt, das Ausmaß dieser Katastrophe zu verringern. Arbeitsgruppen vom polnischen Haupthilfsausschuß (Rada Glowna Opiekuncza, RGO) bemühten sich, aus den geräumten Wohnblocks zumindest einen Teil der zurückgelassenen Kleidung, Vorräte und Medikamente abzuholen, damit sie den ausgesiedelten Menschen zugute kommen sollten.

Die Leiter mancher Institutionen, Unternehmen und Industriebetriebe hatten sich in Krakau oder direkt nahe Warschau an die entsprechenden deutschen Instanzen gewandt, um einen Passierschein zu erhalten, wodurch sie wenigstens etwas von ihrem beweglichen Eigentum retten konnten.

Selbst ungezählte Bibliothekare, Archivare und Museumsangestellte evakuierten unter Leitung des Direktors vom Nationalmuseum einen Großteil der bisher noch unzerstörten Sammlungen. Das alles spielte sich in einer unheimlichen Szenerie ab, häufig unter Artilleriebeschuß und in der ständigen Angst vor der zunehmenden Vernichtung.

Die Verluste der Aufständischen während der 63 Tage dauernden Kämpfe: etwa 16000 Gefallene und weit über 20000 Verwundete. Davon befanden sich zum Zeitpunkt der Kapitulation zirka 5000 Schwerverwundete in den Lazaretten von Mokotow, Zoliborz und im Stadtzentrum.

Die größeren Verluste verzeichneten die kämpfenden Abteilungen in der Altstadt. Besonders schwer waren die Ausfälle bei der Gruppe »Kedyw« (Kierownictwo dywersji), den Sabotagetrupps, die nach den Kämpfen in Wola und der Altstadt noch viele Männer im Brückenkopf Czerniakow verloren haben.

Unmöglich war es, genaue Zahlen über die Verluste der Warschauer Zivilbevölkerung zu ermitteln, die entweder erschossen worden waren, auf den Straßen durch Kriegshandlungen umkamen oder unter Trümmern verschüttet blieben. Die Schätzungen liegen bei über 150000 Menschen.

Besonders betroffen waren die Bewohner von Wola, die zu Zigtausenden von fremdvölkischen Osteinheiten der

Kaminski-Brigade ermordet wurden, und in der Altstadt konnten Tausende von Menschen nicht mehr aus den Trümmern gerettet werden.

Über 50000 gefangene Männer und Frauen, die meisten aus Ochota, Wola, Bielany sowie aus der Altstadt und auch aus Praga, landeten in Konzentrationslagern wie Auschwitz, Groß-Rosen, Ravensbrück und Mauthausen, von denen kaum einer das Kriegsende überlebte.

Weitere 150000 Menschen verschleppte man zur Zwangsarbeit nach Deutschland. Den Rest der Warschauer Bewohner, in der Mehrzahl Kranke, Greise, Frauen und Kinder, verschickten die Deutschen zwangsweise in die Umgebung von Kielce und Krakau, in die benachbarten Dörfer entlang der Eisenbahnlinie. Die tagelangen Transporte erfolgten unter qualvollen Bedingungen.

Bei den Versorgungsflügen für die Aufständischen vom italienischen Stützpunkt Bari aus verlor die polnische RAF-Squadron Nr. 138 (Special Duties) 32 Halifax-Bomber mit 234 Besatzungsmitgliedern. Das waren 90 Prozent der Maschinen, die in 23 Nächten nach Warschau geflogen sind. Die beiden südafrikanischen Staffeln büßten 24 von 33 Liberators B-24 ein. Diese Verluste waren um so tragischer, da wegen der Entfernung nur eine relativ geringe Anzahl von Abwurfbehältern mitgenommen werden konnte. Lediglich etwa 40 Tonnen Nachschub bekamen die Aufständischen auf diesem Wege.

Die militärischen Verluste der Deutschen waren im Warschauer Aufstand ungewöhnlich hoch. Aufgrund der Erklärungen, die Bach-Zelewski nach dem Kriege abgegeben hat, beliefen sich die deutschen Verluste auf zirka 17000 Tote (einschließlich der Vermißten), dazu 9000 Verwundete, wobei »in den ersten Tagen Einheiten vernichtet worden sind, von deren Schicksal auf deutscher Seite nie etwas zu erfahren war«.

Die verhältnismäßig hohe Zahl an Toten im Vergleich zu den Verwundeten sei nur dadurch zu erklären, daß »der Kampf beinahe ausschließlich auf nächste Entfernung stattfand, und die Treffsicherheit der polnischen Scharfschützen außergewöhnlich bedeutsam war. Auf diese Weise kann es verstanden werden, daß im Gegenteil zu anderen Kriegsschauplätzen die Zahl der eigenen Toten im Verhältnis zu den Verwundeten prozentual höher war.« Übrigens entsprach die Zahl der deutschen Gefallenen im Warschauer Aufstand fast denselben deutschen Verlusten während des Polenfeldzugs 1939.

Vor dem polnischen Ankläger bekannte von dem Bach am 28. Januar 1946: »Während der ganzen Zeit bemühte ich mich um einen Kontakt mit meinem Gegner. Von den Kommandeuren der aufständischen Abschnitte erhielt ich sogar Antworten, die in einem derart höflichen Ton verfaßt waren, der meinen Feinden Achtung zollte. Dagegen habe ich mich oft im Ton vergriffen und war dermaßen beleidigend, daß ich nicht einmal den Mut aufbrachte, diese Schreiben meinen Vorgesetzten zu zeigen – aus Furcht, vor ein Kriegsgericht gestellt zu werden...«

Anfangs bestand die Befürchtung, es könnte ein Aufstand in der Vorstadt Praga ausbrechen, der den Weg für einen Rückzug der stark angeschlagenen deutschen Fronttruppen gefährdet hätte, da man zu diesem Zeitpunkt mit einer großen sowjetischen Offensive rechnete. Dieses Unsicherheitsgefühl war vermutlich eine der Ursachen, warum Praga so überraschend schnell nach dem Ansturm der Roten Armee verlorenging.

Die deutschen Verbände der Heeresgruppe Mitte, denen inzwischen der Rückzug über Warschau durch den Aufstand der Heimatarmee (AK) abgeschnitten war, ließen sich nicht in zeitraubende Kämpfe verwickeln, sondern versuchten alles, um die im Norden der polnischen Hauptstadt noch intakten Brücken zu erreichen.

Die deutsche militärische Führung bezeichnete die Kämpfe in Warschau als eine der schwierigsten Operationen während des ganzen Zweiten Weltkrieges...

*Der Anblick dieser zerstörten Stadt sollte allen Menschen unauslöschbar im Gedächtnis bleiben*

### Appell an den Gemeinschaftssinn
2. Oktober 1944, Warschau
Aus der *Rzeczpospolita Polska* (Nr. 79):
*In dieser Stunde wollen wir all jenen Menschen, die noch über Lebensmittel verfügen, sie aber wegen der Evakuierung zurücklassen müssen, wieder ins Gedächtnis rufen, denen Hilfe zu gewähren, die durch Brand oder Aussiedlung nichts mehr besitzen. Wir appellieren daher heiß und innig an das Gemeinschaftsgefühl: Es ist doch sinnvoller, den eigenen Landsleuten zu helfen, als die Vorräte zu vernichten oder sie den Deutschen, den Ukrainern bzw. den üblichen Plünderern zu überlassen.*

### Erschütternde Szenen
3. Oktober 1944, Warschau
Aus dem *Biuletyn Informacyjny* (Nr. 101):
*Während des ganzen gestrigen Tages verließen Menschenmengen die Stadt Warschau. Sie drängten sich durch die vorgeschriebenen Straßen auf die ersten deutschen Stellungen zu und dann weiter nach Westen. Vor dem Hintergrund der zerstörten Straßen unserer Stadt stellen die unzähligen Flüchtlinge einen erschütternden Anblick dar. Es spielt sich derzeit eines der dramatischsten Ereignisse in der Geschichte Warschaus ab.*

### Die Stimme der AK verabschiedet sich
4. Oktober 1944, Warschau
Die letzte Ausgabe des *Biuletyn Informacyjny* (Nr. 102/310):
*Der Kampf ist beendet. Ein über zwei Monate dauernder Waffengang ist abgeschlossen, der gleichzeitig einen herausragenden und ungewöhnlich tragischen Abschnitt unserer Geschichte darstellt. Es ist noch zu früh, um über diesen Zeitraum objektiv urteilen zu können. Die Aufarbeitung unserer Verluste und Gewinne, der Verdienste und Fehler, der Opfer und der erlangten Werte – müssen wir der Geschichtsschreibung überlassen. Hier können wir nur das eine mit unerschütterlicher Gewißheit feststellen: Wir haben für die höchste Sache gekämpft, deren Wert im Leben eines Volkes zu den größten zählt. Für diesen Kampf haben wir einen hohen Preis gezahlt. Wir taten es ohne Zaudern und ohne Abstriche. Angesichts innerer Verbundenheit aller Kräfte des Volkes für ein gemeinsames Ziel... Unserem Kampf war es nicht beschieden, ihn mit der erhofften Freiheit zu beenden. Am Ende des bewaffneten Ringens steht keine Wiedergewinnung unserer Freiheit, sondern ein neuer Abschnitt der Heimatlosigkeit für Soldaten und die gesamte Nation. Wir müssen alles, was uns lieb und teuer ist, zurücklassen: die Ruinen der geliebten Stadt, die Überreste unserer Vergangenheit und Kultur, vor allem aber das Wertvollste, was besonders tragisch ist, die Gräber unserer Toten und der im Kampf Gefallenen.*
*Die Niederlage, deren Ausmaß wir nicht verringern wollen, ist die Niederlage einer einzigen Stadt im Kampf um die Freiheit. Sie ist nicht die Niederlage unseres Volkes oder unserer Absichten und historischen Ideale. Aus dem vergossenen Blut, dem gemeinsam ertragenen Leid, aus den körperlichen und seelischen Qualen unseres Volkes wird ein neues Polen entstehen, das frei, stark und groß sein wird. In diesem Glauben werden wir die erzwungene Heimatlosigkeit oder den Aufenthalt in einem Lager ertragen, so wie wir es während unserer Arbeit und im Kampf getan haben. Dieser Glaube – ist das einzig reale und entspricht sinnbildlich einem Testament, das mit dem Blut vieler Tausender Opfer und Helden des Aufstandes geschrieben worden ist.*

### Besuch im vernichteten Warschau
3. November 1944
Die *Neue Zürcher Zeitung* veröffentlichte den Bericht ihres Korrespondenten E. G. nach dessen Besuch in Warschau:
*Die ganze Stadt ist ausgebrannt*
*... Unser Besuch galt aber weniger der Front als dem Schauplatz des Aufstandes, der Anfang Oktober zu Ende gegangen ist. Die Reiseteilnehmer durften von sich behaupten, daß sie in diesem Kriege schon einiges an Verwüstung und Elend kennengelernt hatten. Die polnische Hauptstadt übertraf ihre Erfahrungen.*
*Selbst alte Frontsoldaten bekannten, daß sie Ähnliches nicht erlebt hatten. Warschau ist diejenige europäische Großstadt, die in diesem Krieg am fürchterlichsten zugerichtet wurde. Die Schlacht zwischen den Aufständischen und den Deutschen hat es buchstäblich von Grund auf zerstört. Es bildet nur noch einen geographischen Begriff. Man kennt die Luftaufnahmen von Straßenzügen, die infolge des dichten Abwurfs von Brandbomben durch Flächenbrände eingeäschert wurden. Die ausgebrannten Häuser, in die der Beobachter von oben hineinsieht, starren ihm wie die geöffneten Waben eines Wespennestes entgegen. Doch selbst in den am härtesten geprüften deutschen Städten sind solche Bilder eher Ausnahmen. Es gibt immer Quartiere, die mit leichterem Schaden davon gekommen sind. Eine völlige Vernichtung ist nur an den Schwerpunkten der Bombardierung eingetreten. Warschau dagegen ist in seiner ganzen Ausdehnung ausgebrannt. Nicht genug damit: der fürchterliche Kampf, der in seinen Mauern tobte, hat das Oberste nach unten und das Unterste nach oben gekehrt. Die Bomben und die Geschosse der schweren Artillerie wühlten tiefe Trichter auf und legten ganze Stadtviertel in Trümmer. Die Granaten der Flieger- und Panzerabwehrkanonen, die im Direktschuß die Widerstandsnester beschossen, zerfetzten die Fassaden.*
*In den deutschen Städten wehen nach einem Luftangriff die Gardinen und Vorhänge im Zugwind; in Warschau gibt es auch das nicht mehr. Der Luftdruck der Explosionen zertrümmerte die Fensterrahmen und Türen. Der Hausrat bildet in den zerstörten Zimmern ein wüstes Durcheinander oder vermodert im Freien. In den Straßen türmt sich der Schutt manchmal mannshoch. Es wurde*

nicht nur über, sondern auch unter der Erdoberfläche gekämpft.

Die Aufständischen benutzten das ausgedehnte Kanalisationsnetz, durch das die einzelnen Verbände Verbindung miteinander hatten, während von den Schächten aus, die dem Gegner unbekannt waren, Ausfälle in seinem Rücken unternommen wurden. Die Deutschen räucherten die Polen aus ihren Verstecken und rückten ihnen mit Sprengladungen auf den Leib.

Die vollständige Vernichtung Warschaus bildet den augenfälligsten Beweis für die unvergleichliche Tapferkeit der Aufständischen. Die Deutschen, die an den Ereignissen teilnahmen und mit denen wir ins Gespräch kamen, bestätigten das ohne Einschränkung. Die deutsche Führung war gezwungen, vor dem fanatischen Widerstand die Stadt Straße um Straße, Haus um Haus zu erobern. Selbst die Frauen kämpften mit der Waffe in der Hand mit und betätigten sich in den Hilfsdiensten. Die Polen mögen sich in den Voraussetzungen des Unternehmens getäuscht haben und Irrtümern erlegen sein; aber niemand wird ihnen bestreiten, daß sie ihre Sache mit einer Todesverachtung verfochten haben, die in die Annalen dieses Krieges eingehen wird...

Keine Bevölkerung einer europäischen Großstadt hat fürchterlichere Leiden durchgemacht als diejenige von Warschau. Ein deutscher Kriegsberichterstatter schrieb darüber die Worte, mit denen auch dieser Bericht geschlossen sei: »Wir waren alle Zeugen des maßlosen Unglücks dieses grauenhaften Elends, einer Not und Verzweiflung, die uns oftmals das Blut in den Adern erstarren ließ. Wir sahen Bilder, die wir unauslöschbar im Gedächtnis eingeprägt fühlen.«

---

## Neue Zutreiberdienste für Moskau
### London empfiehlt den polnischen Sowjetkandidaten

*Von unserem Berichterstatter*

**b—r. Bern, 6. Oktober.**

Nachdem der von den Londoner Polen zum „Oberkommandierenden aller polnischen Streitkräfte" promovierte General Bor-Komorowski in deutsche Kriegsgefangenschaft geraten ist, stellt sich schon wieder die Frage nach der Nachfolge Sosnkowskis, der man ja durch die Teillösung mit Bor gerade hatte ausweichen wollen.

Die englische Regierung scheint den Exilpolen dringend zuzureden, sie sollten das Spiel jetzt aufgeben und auf die Ernennung eines neuen „Oberkommandierenden" überhaupt verzichten. Praktisch läuft dieser Rat darauf hinaus, daß die Exilregierung den Kandidaten der Sowjets für den polnischen Oberbefehl, General Zimierski, anerkennen soll. Sie würde damit ihre im Nahen Osten, in Italien und zum Teil auch an der Westfront stehenden Verbände aus der Hand geben. Die Sowjets hätten die Handhabe, sich in die Kommandoverhältnisse auf allen europäischen Kriegsschauplätzen dem Anglo-Amerikaner einzumischen. Diese Folgen scheint man sich in London nicht ganz klarzumachen, oder man ist bereit, sie hinzunehmen.

Jener General Zimierski, der nach bolschewistischer Praxis zeitweilig unter dem Decknamen Rola auftritt, hat eine recht bezeichnende Vergangenheit. Er war ursprünglich, wie auch Sosnkowski, ein Anhänger des Marschalls Piłsudski. Von diesem trennte er sich, nachdem er im Jahre 1927 in einen Lieferungsskandal verwickelt und gerichtlich verurteilt worden war. Sein Übergang zu den Bolschewisten, bei denen er noch etwas zu werden hoffen durfte, hatte also rein opportunistischen Charakter; aber weder daran noch an der kriminellen Belastung Zimierskis nahmen die Sowjets Anstoß. Er genießt vielmehr ihr volles Vertrauen wohl schon deshalb, weil sie ihn nach Lage der Dinge völlig in der Hand haben, und er wird sogar bei Stalin vorgelassen. Zur Zeit leitet er die Zwangsaushebungen in dem von den Sowjets besetzten Teile Polens.

### Großzügige Regelung
#### Auch die weiblichen Mitkämpfer von Warschau gelten als Kriegsgefangene

**Berlin, 6. Oktober.**

Zweimal im Ablauf dieses Krieges haben die von falschen Freunden irregeführten Polen das Schicksal ihrer Millionenstadt Warschau herausgefordert, und zum zweitenmal haben sie unter hohnvollen Vorwürfen der Briten und Bolschewiken nun kapitulieren müssen. Ein besonderer Absatz des Kapitulationsvertrages behandelt die mit der Waffe am Kampf beteiligt gewesenen Mädchen und Frauen. Hier hat die deutsche Wehrmacht, über die Bestimmungen der Genfer Konvention vom 27.7.1929 hinausgehend, eine überaus großzügige Regelung getroffen. Die weiblichen Mitkämpfer gelten ebenfalls als Kriegs-

*»Völkischer Beobachter« vom 7. Oktober 1944*

---

## Nach der Kapitulation Warschaus

**Berlin, 7. Oktober.**

Bei den ersten Verbänden der polnischen Aufständischen in Warschau, die nach Ausbleiben jeglicher britischer und sowjetischer Hilfe unter der Wucht der deutschen Angriffe kapitulierten und sich in Kriegsgefangenschaft begaben, befand sich, wie bereits gemeldet, auch der Führer der Aufständischen, General Bor-Komorowski, mit seinem Stabe. Fünf weitere polnische Generale und geschlossene Einheiten der Aufständischen in Stärke von 12 000 Mann ergaben sich der deutschen Wehrmacht. Sämtliche sich aus der Kapitulation der Restverbände dieser Aufständischen ergebenden Fragen wurden inzwischen geklärt und alle Maßnahmen für eine schnelle Versorgung der noch in der Stadt befindlichen Bevölkerung von 280 000 Polen getroffen.

*»Völkischer Beobachter« vom 8. September 1944*

Vor dem Krieg zählte die polnische Hauptstadt etwa 1 300 000 Einwohner, von denen kaum 600 000 Menschen überlebt haben. Während des Zweiten Weltkrieges hat Warschau 150 000 Tote *mehr* zu beklagen als das britische Commonwealth und die Vereinigten Staaten von Amerika zusammen auf allen Kriegsschauplätzen.

Warschau 1939–1945 (Verluste):

| | |
|---|---|
| Polenfeldzug, Razzien, in KZ-Lagern umgekommen, auf div. Kriegsschauplätzen, durch Verschleppung | 150 000 |
| im Ghetto (1940–1943) und in Vernichtungslagern | 350 000 |
| Warschauer Aufstand (1944) | 200 000 |
| insgesamt: | 700 000 Tote/Gefallene |
| | |
| GB + Commonwealth (1939–1945) | 326 000 Gefallene |
| USA (1941–1945) | 229 000 Gefallene |
| insgesamt: | 555 000 Gefallene |

# Anhang

*Ausweis eines Angehörigen der polnischen Heimatarmee*

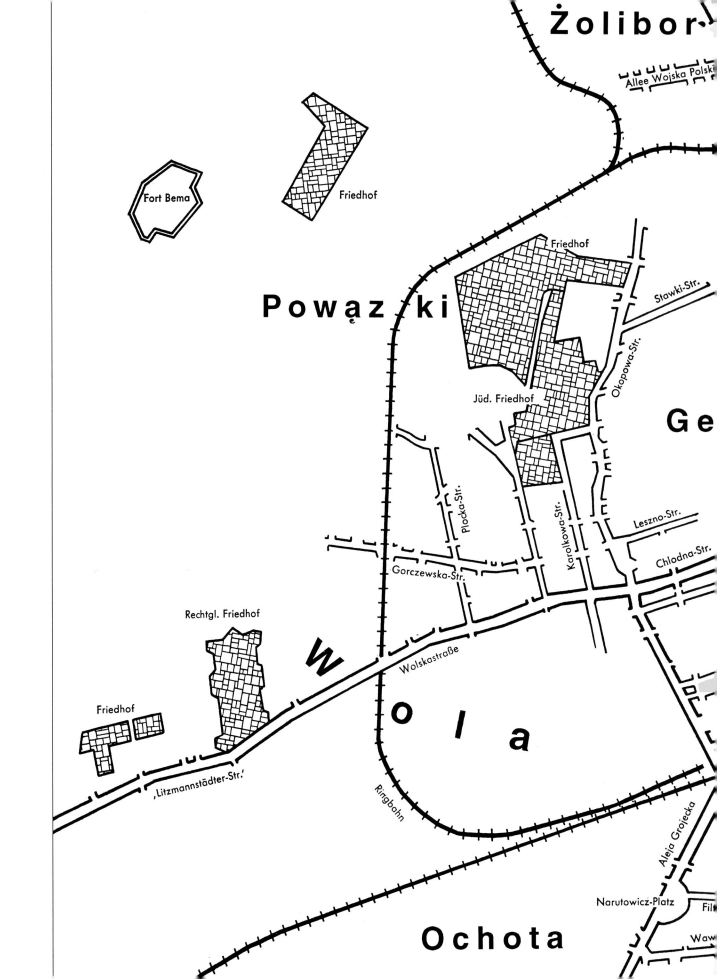

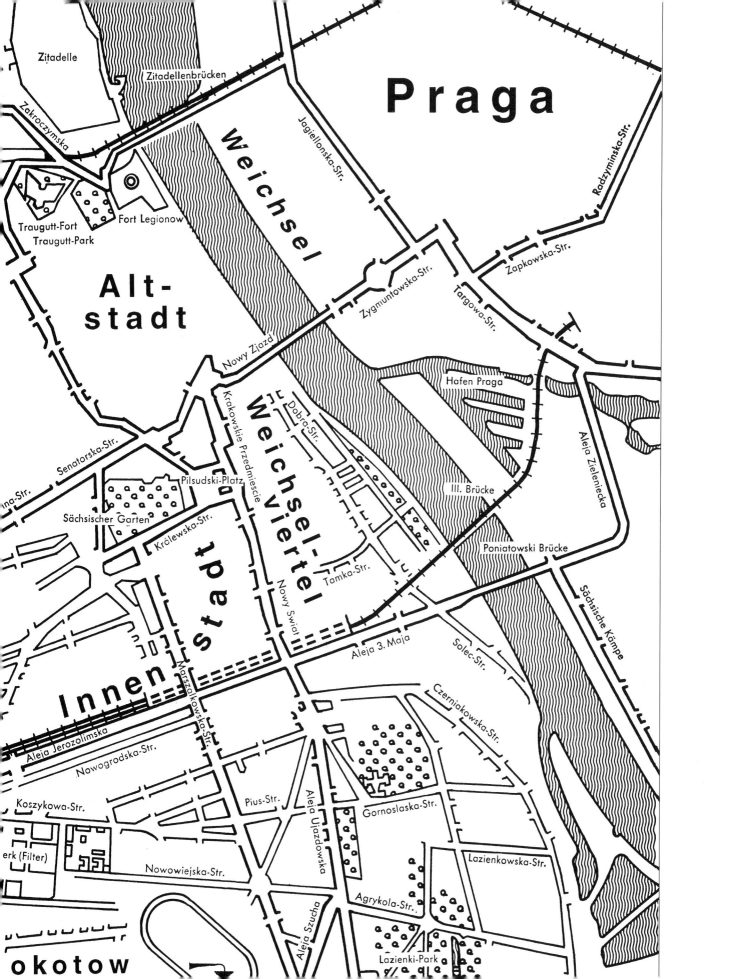

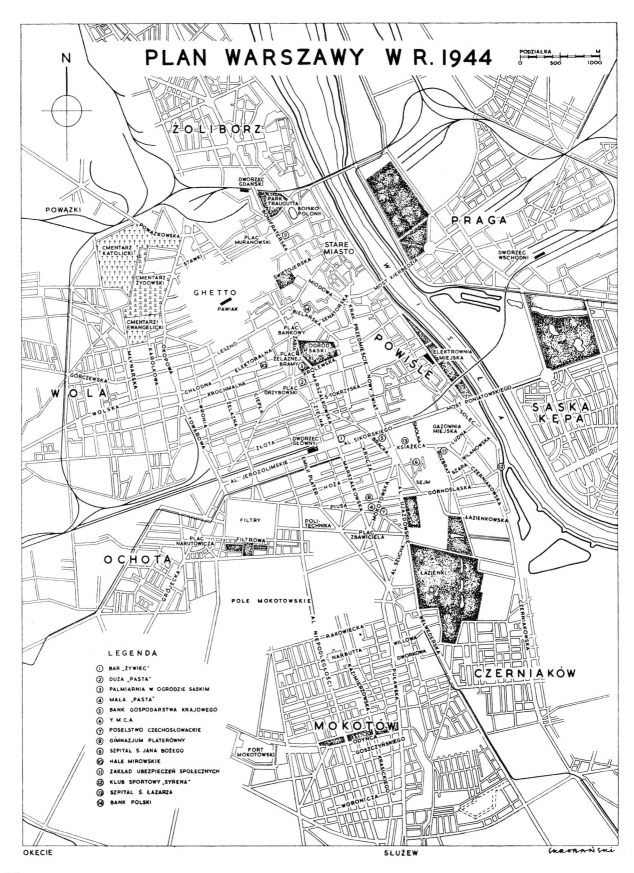

Fernschreiben

+++ BLITZ BERLIN NUE NR 75295 2.8.44 0030 =HI./
AN RF-SS FELDKOMMANDOSTELLE.—
BETR.: AUFSTAND IN WARSCHAU
KOMMANDEUR WARSCHAU MELDET, LAGE SEHR SEHR ERNST MEHRERE LEBENSWICHTIGE EINRICHTUNGEN IN HAND DER BANDITEN ODER STARK BEDROHT. EINZELNE UNSERER STUETZPUNKTE BEREITS NIEDERGEKAEMPFT. LICHT UND TELEFON NOCH INTAKT. FERNSPRECHAMT PRAGA VERLOREN. AUFSTAND UEBER GESAMTES STADTGEBIET VERTEILT. KEINE RESERVEN VORHANDEN. EIGENE VERLUSTE BISHER: 2 FÜHRER — 3 UNTERFÜHRER — 1 MANN TOT — 36 VERWUNDETE. — ZUM GROSSEN TEIL SCHWER. — GEZ. DR. KALTENBRUNNER SS-OBERGRUPPENFÜHRER +++

Fernschreiben — KR Nr. 1172 vom 2.8.44, 14.15 Uhr

An AOK 9

Die Taktik des Feindes besteht darin, zunächst kleinere, dann immer größere Stützpunkte anzugreifen und zu erledigen. Z. Zt. wird das Postgebäude mit Granatwerfern, Minen und Handgranaten so stark angegriffen, daß bislang die beiden Seitenflügel aufgegeben werden mußten. Die gut ausgebildeten, gut bewaffneten Belagerer der Stützpunkte haben sich bei ihren Angriffen so stark gemacht, daß ein Entsatz von außen bisher selbst mit Panzern nicht möglich war, sobald ein Stützpunkt vom Gegner energisch berannt wurde.

Der am heutigen Vormittag noch teilweise mögliche, aber sehr zusammengeschrumpfte Verkehr von deutschen Fahrzeugen auf den Straßen deutet darauf hin, daß die wohlorganisierten und ausgebildeten Verbände des Gegners einerseits nicht so stark sind, um die ganze Stadt sperren zu können, andererseits aber doch so überlegen sind, daß ein Freikämpfen der Stadt nur mit bedeutenden, von außen zuzuführenden Kräften möglich sein wird. Der Kräfteschwund der eigenen Truppe, die vermehrte Verwendung von Brandflaschen und Barrikaden lassen es fraglich erscheinen, ob die Reichsstraße heute noch einwandfrei freigekämpft werden kann.

Es wird notwendig, Verstärkungen von außen mit Sturmpionieren, Flammenwerfern, Infanteriegeschützen, Granatwerfern, Brandmitteln, um Häuser anzuzünden sowie Äxten zum Einschlagen von Türen auszurüsten.

Wehrmachtkommandant Warschau
gez.: Stahel
Generalleutnant

Armeeoberkommando 9  (Geheim)  A.H.Qu., den 3.8.44
Ia Nr. 3702/44 geh.

## Gliederung A.O.K. 9
Stand, 3. 8. 44

| | |
|---|---|
| *Gen.Kdo. VIII. A.K.:* | Arko 403 |
| *17. Inf.Div.:* | |
| | Pz.Gren.Lehr-Batl. |
| | Teile 174. Res.Div. |
| | II./Pz.G. R. 73 |
| | 2 Kp.Lds.Btl. Lublin |
| | SS-Reiter-Abt. 3 |
| | 11./SS-Pol-Rgt. 25 |
| | Lit.Wach-Btl. 252 |
| | 1./Asb.Btl. 818 |
| | Turk-Btl. 786 |
| | 1. u. 2./Bau-Pi.Btl. 721 |
| | 1./Bau-Pi.-Btl. 787 |
| | 4./Lds.Bau-Pi.Btl. 9 |
| | 5 Kp. Fest-Pi.Stab 25 |
| | 1 Kp. Pi.Br.Bau-Btl. 42 |
| | Lds.Bau-Pi.-Btl. 2/9 |
| | 8./Eisb.Art.Bttr. 100 |
| | Stu.-Gesch.Lehr-Bttr. 600 |
| | 10 cm-Kan.-Abt. II./57 |
| | Mörser-Abt. 604 |
| *Gren.Brig. 1132:* | Kampf-Marsch-Btl. zbV 550 |
| | Lds.Btl. 976 |
| | Sturm-Gesch.Lehr-Brig. (Major Kapp) |
| | Teile Transp.Sich.Btl. 902 |
| | Heeres-Flak-Abt. 306 |
| | Fest.-Pak.-Kp. 7, 8, 12 |
| *Flak-Rgt. 23:* | Sich.-Btl. 529 |
| *In Zuführung:* | 45. Inf.Div. |
| *Gen.Kdo. XXXIX. Pz.K.:* | Arko 140 |
| *73. Inf.Div.* | |
| *Fs.Pz.Div. „Hermann Göring"* | Gren.Brig. 1131 |
| | s. FH.-Abt. 154 |
| *Kampfgr. 19. Pz.Div.* | |
| *Kampfgr. 4. Pz.Div. (in Zuführung)* | |
| *unmittelbar:* | SS-Pz.Jg.Abt. „Wiking" |
| *Wehrm.Kdt. Warschau:* | Gren.Rgt. Ostpreußen Nr. 4 |
| | Wach-Rgt. Warschau (ohne 2 Kp.) |
| | Alarm-Rgt. |
| | Lds.Btl. 996, 997, 998 |
| | Gen.Kp. OFK 225 |
| | Feldgend.Kp. (mot) 914 |
| | Verband „Kaminski" (in Zuführung) |
| | Bau-Pi.-Btl. 146 |
| | 1 Pz.Zerst.-Kp. 475 |
| | 2 Kp. A. Pz.Jg.Abt. 743 |
| *OFK 225 Warschau:* | Teile Sich.Btl. 944 |
| | Inf.Ausb.-Btl. 500 |
| | Inf.Ers.-Btl. 500 |
| | Sich.-Gr. Hahn |

(5. 8. 1944)

**Einsatzgruppe Gruppenführer Reinefarth**

*Truppeneinteilung:*

| | | |
|---|---|---|
| 1 Btl. z.b.V. aus W.K. XXI mit 2 Kpn. anscheinend Fahnenjunker | Stärke 292 | Mann |
| 1 Btl. der Standarte Dirlewanger Fhr. O.Stufr. Maier | „ 365 | „ |
| 2 Kpn. des Aserb. Btl. II (Bergmann) | „ 228 | „ |
| 2 ½ Kpn. mot. Polizei | „ 341 | „ |
| 1 Gend. Kp. mot. Fhr. Oblt. Borgmann | „ 155 | „ |
| 1 Kp. SS | „ 116 | „ |
| 1 verst. Rgt. der Brig. Kaminski Fhr. Mjr. Frolow | „ 1700 | „ |
| F.E.Btl. „Hermann Göring" | „ 800 | „ |
| | Summe 3997 | |

# Lage am 4./5. August 1944

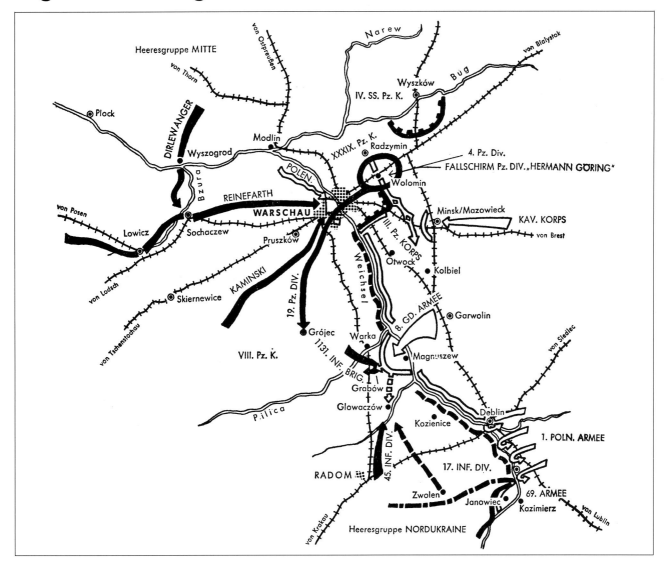

# Funkspruch an »Genosse Stalin« vom 5. August 1944

„Moskau Marschall Genosse Stalin am 5. 8. 44

Ich habe persönliche Verbindung mit der Führung der Garnison von Warschau, die im heldenmütigen Volks-Aufstandskampf mit den Hitlerbanditen steht.

Nach einer Orientierung über die gesamte militärische Lage bin ich der Überzeugung, daß trotz der heldenhaften Haltung von Truppe und Zivilbevölkerung Warschaus, Hilfe erforderlich ist, die einen rascheren Sieg im Kampf gegen unseren gemeinsamen Feind ermöglichen. Die Hilfe sollte dem Mangel an: automatischen Waffen, Munition, Granaten und panzerbrechenden Waffen steuern.

Werft Waffen ab auf: Wilsonowa Platz, Invalidenplatz, Getto, Krasinskich-Platz, Żelaznej Bramy-Platz, Napoleon-Platz, Mokotower Feld, Reiterkasernen im Weichselviertel, Bielany, Erkennungszeichen — weiß-rote Tücher.

Die deutsche Luftwaffe vernichtet die Stadt und die Zivilbevölkerung. Beschießt die Brücken im Bereich von Warschau, den Sächsischen Garten, die Aleja Jerozolimskie als Haupt-Sammelplatz für Bewegungen des Feindes — bombardiert die Flugplätze Okęcie und Bielany.

Die heldenhafte Bevölkerung Warschaus glaubt daran, daß ihr in den nächsten Stunden die erdenklichste bewaffnete Hilfe geleistet wird. Erleichtert uns die Verbindung mit Marschall Rokossowski. Hauptmann Konstantin Kalugin von der Gruppe ‚Czarny'. Warschau 66804."

(Geheim)

Armeeoberkommando 9
*Ia Nr. 3788/44 geh.*                                                                    A.H.Qu., den 6. 8. 44

**Gliederung AOK 9.**
Stand: 6. 8. 44

| | |
|---|---|
| *Gen.Kdo.VIII.A.K.:* | Arko 408 |
| | 1e.Bb.Abt.3 |
| | Eins.Bttr.Beob.Abt.6 |
| | Pi.Rgt.Stab zbV.33 |
| | Ausbaustab Maj. Gabriel |
| *17.Inf.Div.:* | Gr.130 (45.Gren.Div.) |
| | Pz.Gren.Lehr-Btl. |
| | Teile 174.Res.Div. |
| | 2 Kp.Lds.Btl.Lublin |
| | SS-Reiter-Abt.3 |
| | 11./SS-Pol.-Rgt.25 |
| | Lit.Wach-Btl.252 |
| | 1./Asb.Btl.818 |
| | Turk-Btl.786 |
| | 1.u.2./Bau-Pi.Btl.721 |
| | 1./Bau-Pi.-Btl. 787 |
| | |
| | 2.Bau-Pi.Btl.221 |
| | 2 Kp.Pi.Br.Bau-Btl. 42 |
| | Lds.Bau-Pi.-Btl. 2/9, 3/2 |
| | 8./Eisb.Art.Bttr. 100 |
| | Stu.Gesch-Lehr-Bttr. 600 |
| | 10 cm-Kan.-Abt.II./57 |
| | Mörser-Abt.604 |

*Fs.Pz.Div. „Hermann Göring"*
*Kampfgr. 19.Pz.Div.*
*Gren.Brig. 1132:*                         Marsch-Btl. zbV 550
                                            Lds-Btl. 976
                                            He-Stu-Gesch-Lehr-Brig. 920
                                            He.Pi.-Btl. 658
                                            3./Fla-Pz.Jg.Abt.173
                                            Teile Transp.-Sich.-Btl. 902
                                            Heeres-Flak-Abt.306
                                            Fest.-Pak-Kp.7,8,12

    *In Zuführung:*         45.Gren.Div. (GR 130 eingetroffen)

*Flak-Rgt. 23:*
(AOK 9 unmittelbar)                         Sich.-Btl. 529
                                            2 Kp. Sich.-Btl. 944
                                            Lw.Bau-Btl.116/XI

*Pz.Gruppe v. Saucken:*
(Gen.Kdo.XXXIX.Pz.K.)                       Arko 140
                                            Pi.Rgt.Stab 39

    *73.Inf.Div.*
    *Kampfgr. 4.Pz.Div.*        Gren.Brig. 1131
                                            s.F.H.-Abt.154

    *unmittelbar:*               SS-Pz.Jg.Abt. „Wiking"

*IV./SS-Pz.Korps:*
    3./SS-Div. „Totenkopf"
    5./SS-Div. „Wiking"

*Wehrm.Kdt. Warschau:*                      Gren.Rgt. Ostpreußen Nr. 4
                                            Wach-Rgt. Warschau (ohne 2 Kp.)
                                            Alarm-Rgt.
                                            Lds.Btl. 996, 997, 998
                                            Gen.Kp. OFK 225
                                            Feldgend. Kp. (mot) 914
                                            1 Pz.Zerst.Kp 475
                                            A.Pz.Jg.Abt. 743 (ohne 1 Kp.)

*Einsatzgruppe Reinefarth:*
    Angriffsgruppe Süd:          1 Kos.Rgt. v.Brig.Kaminski
                                            4 T 34
                                            1 russ. Stu.Gesch.
                                            1 Bttr. 12,2 cm russ.

    Angriffsgruppe Mitte:
        unmittelbar Gruppenführer Reinefarth unterstellt:
        Teil A:                  2 Btle.SS-Brig.Dirlewanger
                                            4 Pak Sf 7,5 cm, 1 Pak 3,7 cm
                                            Tle. Aserb.Btl. II./Bergmann und I./111
        Teil B:                  1 Pol.Kp.Posen
                                            1 Pol.Kp. Litzmannstadt
                                            1 Kp.Feldgend. (mot) Weichselstädt
                                            1 Kp.Feldgend. (mot) Pabianice
                                            1 Kp.Gend.Schule Weichselstädt

    Angriffsgruppe Nord:         2 Schtz.Kp. zu je 120 Köpfe
                                            1 schw.Kp.
                                            1 Kp.SS-Führerschule Braunschweig

    Reserven:                    Sich.-Rgt. 608, FEB „H.G."
                                            6 Feldgend.Kpn. zu je 100 Mann

    In Zuführung:                SS-Brig. „Siegling"

*OFK 225 Warschau:*                         Teile Sich.Btl. 944,
                                            Inf.Ausb.Btl. 500
                                            Inf.Ers.Btl. 500
                                            Teile Sich.-Gr. Hahn

# Funkspruch an Marschall Rokossowski vom 8. August 1944

Vom 1. 8. 44 führen wir den Kampf mit den Deutschen in Warschau mit Hilfe der ganzen Bevölkerung und aller militärischen in der Heimatarmee zusammengeschlossenen Organisationen und jenen die sich, wie die Arbeiter-Miliz, die Volksarmee u. a. dem Kampfe angeschlossen haben.

Wir stehen in schwerem Kampf. Die Deutschen brennen, um sich den Rückzug zu erkämpfen, die Stadt nieder und vernichten die Bevölkerung.

Augenblicklich binden wir noch erhebliche Panzer- und Infanteriekräfte der Deutschen, aber wir stehen bereits vor dem Mangel an Munition und schweren Waffen, deshalb ist Ihre schnelle Hilfe, Herr Marschall, für uns notwendig. In meinem Stab ist der sowjetische Hauptmann Kalugin. Bitte, verschaffen Sie ihm Funkausrüstung, damit er sich mit Ihnen, Herr Marschall, in Verbindung setzen kann und ihm auf diesem Wege die Möglichkeit gegeben wird, die Kampfhandlungen abzustimmen.

Nurt\*), Führer des Bereichs Warschau

\*) Gen. Anton Chruściel.

Geheim                    9. 8. 44 14.00
Fernschreiben — KR

An
Führung Heeresgruppe „Mitte"

Der Widerstand in Warschau verstärkt sich. Der anfänglich improvisierte Aufstand ist jetzt straff militärisch geleitet. Die zur Verfügung stehenden Kräfte können den Aufstand nicht in einer vorausbestimmbaren Zeit niederwerfen. Die Gefahr, daß deshalb die Bewegung anwächst und das ganze Land erfaßt, nimmt infolgedessen zu.

Bei den im Gang befindlichen Kämpfen handelt es sich um Straßenkämpfe in einer Großstadt im härtesten Sinne des Wortes. Die eigenen Verluste sind hoch. Die augenblickliche Lage ist auf längere Sicht für die ostwärts der Weichsel kämpfenden Einheiten untragbar. Die auf dem umständlichen Wege über Modlin geleitete Versorgung kann ebenfalls jederzeit durch die Aufständischen unterbrochen werden, weil es an Kräften mangelt, sie zu schützen. Es muß auf die Gefahr hingewiesen werden, der die Besatzung des Brückenkopfes im Falle eines Mißerfolges ausgesetzt ist.

Der SS-Obergruppenführer v. d. Bach hat dies dem Reichsführer SS selbst gemeldet. Um die Lage zu klären, ist eine vollwertige reichlich mit schweren Waffen ausgestattete Division erforderlich.

von Vormann
Führer 9. Armee Ia Nr. 3861/44 geh.

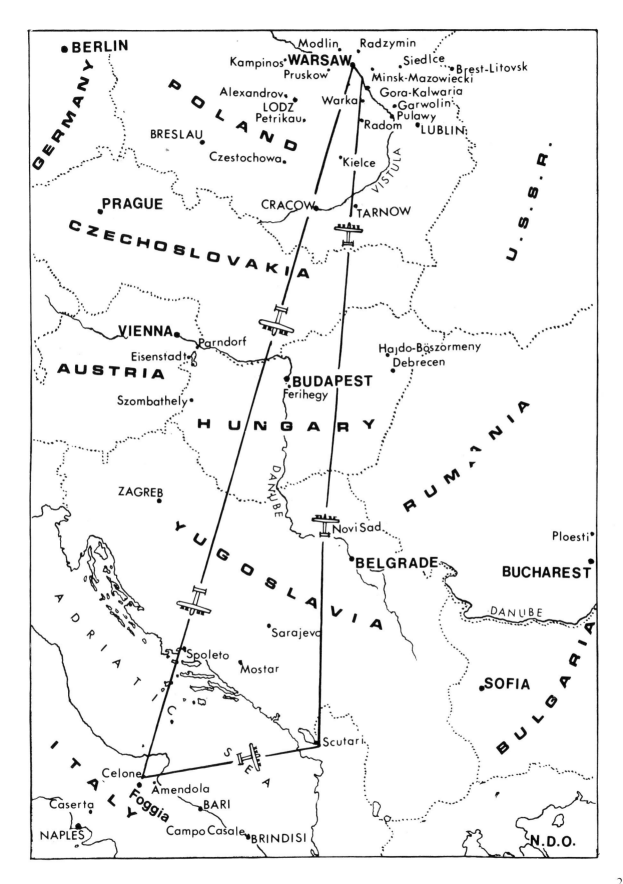

| Date | Hour. | Aircraft Type and No | Pilot. | Duty. |
|---|---|---|---|---|
| 14 | | (LIB 875 D) | CAPT SERFONTEIN | RAID - Suppl- |
| | | | | encountered o |
| | | -200 ? 90 | | by fighter her |
| | | | | and intense. |
| | | | | flames over W |
| | | | | Three 31 Sqd A/ |
| | | | | Load: 12 conta |
| | | | | News from |
| | 44 | Op No 17 LIB J | " | RAID - Su |
| | | | | Fighter oppo |
| | | : | | activity. Oper |
| | | | . | CAPT. Allan, C |
| | | | | Total losses |
| 20 44 | | LIB 261 Y | " | Test |
| 21 8 44 | | LIB 261 Y | " | RAID - Szo |
| | | | | Intense figh |
| | | | | ful. Load: 10 |
| | | | " | RAID: MIS |

*Aus dem Bordbuch einer Maschine, die nach Warschau und Umgebung Versorgungsgüter flog*

| | Time carried forward :— | 226.55 | 1??.55 |
|---|---|---|---|

| REMARKS (including results of bombing gunnery exercises etc.) | Flying Time | |
|---|---|---|
| | Day | Night |

...pping to partisans in WARSAW. S.L.'s
...te near CRACOW - A/c (unidentified) shot down
...er heavily defended. S.L. & light flak accurate
...mbing height 600') Two A/c seen to crash in
...city in flames, 10 mile smoke pall SOUTH.
...sing: CAPTS v. Rensburg, v. Eyseen, Lt Hooey
...olbs) (14 A/c - 7 Sqd) Total losses - 6.        10.00

...RSAW - Op. successful.
...opping in woods West of WARSAW
...vere along route. Slight S.L. and flak
    Three 31 Sqd A/c missing, Major Odendaal
...urie. LOAD: 12 containers. (8 A/c - 6 Sqd)                 10.45
                                                       1.00

...refinery, HUNGARY Very slight flak
...tivity in target area. Operation successful
...A/c - 5 Sqd)                                         5.25
...ARSHALLING YARD - HUNGARY
    MISSING                                             3.00

| | TOTAL TIME — | 227.?? |

Korpsgruppe von dem Bach  
Abt. Ia Tgb. Nr. 110/4/44 g.

Nr. 4228/44 geh.  
Anlage zu AOK 9 — I a —  

Gefechtsstand, den 20. 8. 44.

## Truppeneinteilung der Angriffskräfte in Warschau

*Führer:* SS-Obergruppenführer von dem Bach         Stärke

A) *Kampfgruppe Rohr:*

   *Führer:* Generalmajor Rohr  
   *Truppen:* SS- und Polizeiführer Warschau  
      Stützpunkt Verteidigungsabschnitt „D"      3707  
      1 Rgt. der Brig. Kaminski  
      1 Bttr. 12,2 cm (r) (2 Geschütze)     75/1510  
      1 Bttr. 7,5 cm (2 Geschütze)  
      Pi.Btl. 627     14/ 723  
      1./Pz.Pi.Sturm-Btl. 500     1/ 221  
      Teile Flak Rgt. 80  
      3./SS-Flak Rgt. „Wiking"

B) *Kampfgruppe Reinefarth:*

   *Führer:* SS-Gruppenführer Reinefarth  
   *Truppen:*

    I. *Angriffsgruppe Dirlewanger:*

      *Führer:* SS-Oberführer Dirlewanger  
      *Truppen:* SS-Rgt. Dirlewanger  
        mit unterstellter verst. 111 (As.)     19/1306  
        u. Ostmuselm. SS-Rgt. (ohne III.)  
        verst. II./Bergmann (ohne 7.)     9/ 539  
        u. 2. u. 4./Gend. Einsatz-Kdo. Walter  
        1. u. 2./111 (As.)  
        1/2 s.M.G.Zug 4./111 (As.)  
        5 Geschütze (2 cm)/Flak-Rgt. 80     1/ 30  
        1 Zug Pi.Btl. 654     0/ 56  
        1 Trupp Flamm.Wrf.Btl. Krone (8 Flamm)     0/ 8

    II. *Angriffsgruppe Reck:*

      *Führer:* Major Reck, Inf. Schule Posen  
      *Truppen:* verst. gem. Btl. Arzberger  
        Stab, 3 Gren.Kpn., 1 s.Kp., 1 Pak-Zug,  
        1 Reiterzug, 1 Pi.-Zug, 7./Bergmann (As.),  
        1 Gren.Kp., SS-Schule Treskau     11/ 888  
        1. u. 6./Gend.Einsatz-Kdo. Walter     9/ 262  
        Pol.-Kp. Warschau     363  
        1 s.M.G.Zug/SS-Kp. Röntgen, Posen     1/ 38  
        1 Trupp Flamm.Wrf.Btl. Krone (8 Flamm)     0/ 8

    III. *Angriffsgruppe Schmidt:*

      *Führer:* Oberst Schmidt, Kdr. Sich. Rgt. 608  
      *Truppen:* Sich. Rgt. 608     20/ 598  
        Gren.Btl.Benthin (ohne 2.)     9/ 536  
        Pol.Btl.Burkhardt (3 Kpn.)     7/ 264  
        2 s.Züge 4./111 (As.)     1/ 60  
        1 Trupp Flamm-Wrf.Btl. Krone (8 Flamm)     0/ 8  
        Eisb.Pz.Ausb.Zug 75     1/ 48

IV. *Der Kampfgruppe unmittelbar unterstellt:*
   a) *Reserven bzw. wechselnd unterstellte Heerestruppen.*

| | |
|---|---|
| Stu-Gesch.Ers.Abt. 200 (3 Gesch.) | 3/ 157 |
| Pz.Abt. 302 (20 Stu-Gesch., 50 Fkl-Pz) | |
| Stu-Pi.Rgt. Herzog mit Pi.Btl. 46 | 14/ 664 |
| Pz.Pi.Stu-Btl. 500 (ohne 1.) | 4/ 281 |
| Stu-Pz.Kp. 218 (10 Geschütze) | 1/ 77 |
| s. Bttr. 638 (61 cm Mörser) | 3/ 110 |
| s.Stell.Werfer-Bttr. 201 | 2/ 62 |
| Stu-Mörser-Kp. 1000 (2 38 cm Mörser) | |
|   Sf. auf Fahrgestell Panzer VI) | 2/ 54 |
| 3./XXI./Pol.Btl. Sarnow | 2/ 110 |
| Flamm.Wrf.Btl. Krone (150 Flamm.) | 10/ 292 |
| Feuerschutz-Pol.Btl. (mot.) | 10/ 192 |

   b) *Abschirmungstruppe:*

| | |
|---|---|
| Pol.Btl. Sarnow (Stab, 3 Gren.Kpn. 1 Gend.Kp.) | |
| unterstellt: | |
| 3 Kpn.Gend.Einsatz-Kdo. Walter | 24/1224 |
| 2./Pol.Btl. Benthin | |
| 1 Zug/SS-Kp. Röntgen-Posen | |
| IV. (Kos.Abt.)/Sich.Rgt. 57 | 8/ 936 |
| Kos.Btl. 572 | 14/ 605 |
| Kos.Abt. 69 | 14/ 759 |

V. *Hinzuführung:*
    Pz.Pi.Sturm-Btl. 501
    Kos.Abt. 579
    Russ.Reiter-Abt. 580

   c) *Wehrmachtkommando Warschau:*
  *Führer:* Generalleutnant Stahel
  *Truppen:* In Stützpunkte eingesetzte Einheiten der Verteidigungsabschnitte:

| | |
|---|---|
| A | 1311 |
| B | 1413 |
| C | 1754 |

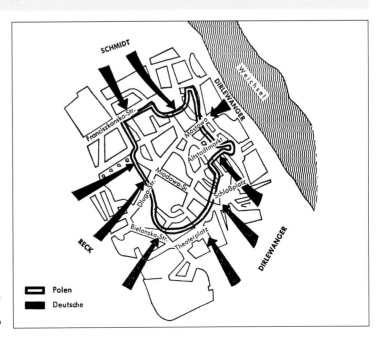

**Lage Ende August 1944**

Der Oberbefehlshaber der AK  
Nr. 1/III

Warschau, d. 10. 9. 44

An Herrn  
General Rohr  
Befehlshaber der deutschen Truppen  
im Gebiet Warschau-Süd

Auf die Vorschläge, die meinen Bevollmächtigten am 9. 9. unterbreitet wurden, teile ich mit, daß ohne schriftliche Niederlegung der Einzelheiten der evtl. Kapitulation hinsichtlich:
1.) der Zusicherung der vollen Kombattantenrechte für die Kämpfenden ohne jedwede Untersuchung ihrer antideutschen Betätigung auch vor dem 1. 8. 44,
2.) des Geschickes der Zivilbevölkerung, die bisher in der Stadt geblieben ist,
3.) des Verhältnisses zu den zivilen Behörden, die durch die Tatsache des Aufstandes ins Leben gerufen wurden zu ihrer Tätigkeit in diesem Zeitabschnitt,

ich weitere Verhandlungen nicht führen kann.

Meine Bevollmächtigten melden sich am festgesetzten Ort und Zeitpunkt für die Entgegennahme der schriftlich niedergelegten Bedingungen.

(Stempel)

gez. Bor, General

---

Der Befehlshaber der deutschen Truppen  
in Warschau-Süd

Den 10. 9. 44

An den  
Befehlshaber der AK  
Herrn General Bor  
Warschau

Ich gebe Ihnen die von Ihnen gewünschte schriftliche Niederlegung der Kapitulationsbedingungen zu Ihren Fragen:
1. Im Auftrage und Vertretung des Oberbefehlshabers der Armee werden den Angehörigen der AK volle Kombattantenrechte zugesichert ohne jedwede Untersuchung ihrer antideutschen Betätigung vor dem 1. 8. 44.
2. Die Zivilbevölkerung wird nach wie vor aus dem Stadtgebiet Warschau nach Westen außerhalb der Kampfzone evakuiert.
3. Die Angehörigen der während des Aufstands ins Leben gerufenen Zivilbehörden werden wie die übrige Zivilbevölkerung behandelt und evakuiert ohne Nachprüfung ihrer Tätigkeit in diesem Zeitabschnitt.

Ich stelle hiermit letztmalig die Forderung der Kapitulation bis zum 10. 9. 44 16.00 Uhr fest. Ich erwarte ihre Bevollmächtigten zu dieser Zeit zur Entgegennahme Ihrer Kapitulation.

gez. Rohr, Generalmajor

Verteiler  
OB/Chef/Ia

Aufgegeben: Major Fischer (Gr. Reinefarth)  
angenommen: Leut. Malter    11.10 Uhr

# Lage 3.–10. September 1944

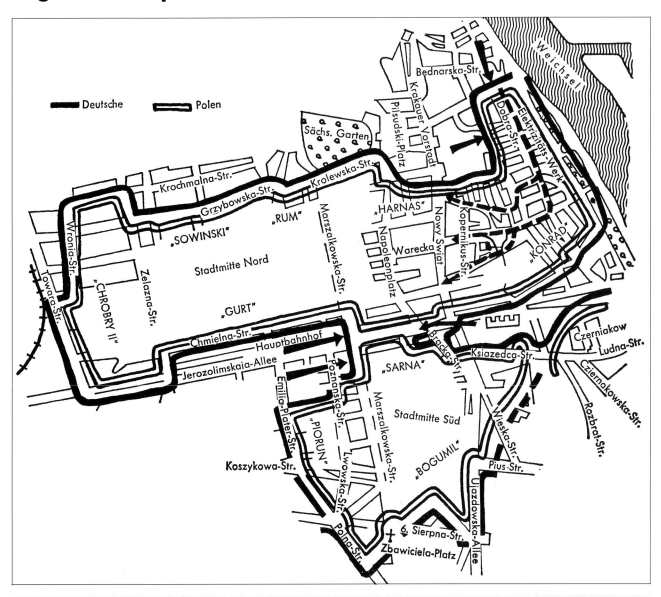

Der Oberbefehlshaber der AK  
Nr. 4/3

10. 9. 1944, 13.00 Uhr

An den Befehlshaber der deutschen Truppen  
im Gebiet Warschau Süd

Im Besitz Ihres Schreibens vom 10. 9. 44 in welchem die Bedingungen der evtl. Kapitulation erläutert werden, sehe ich mich veranlaßt folgendes zu erklären:
1. Ihr Einverständnis mit meinen, mit einer evtl. Kapitulation verbundenen grundsätzlichen Bedingungen würde eine Unterschreibung derselben ermöglichen, jedoch mit

der Einschränkung, daß sich im Laufe der Unterhandlungen nach dem Waffenstillstand weitere Einzelheiten ergeben würden, die im beiderseitigen Einvernehmen geregelt werden müssen. Mit Rücksicht jedoch darauf, daß die grundsätzlichen Bedingungen im positiven Sinne geklärt zu sein scheinen, ist anzunehmen, daß auch in Angelegenheiten minderer Wichtigkeit ein beiderseitiges Übereinkommen erzielt werden könnte. Nur was die Zivilbevölkerung anbetrifft, erscheint es mir nicht notwendig, daß auch der Teil der Stadtbewohner, die noch ihre Heime und Habe besitzen, auch die Stadt verlassen und sich heimatlos auf den Weg machen müßten.

2. Die hauptsächliche Schwierigkeit bei der Durchführung der Kapitulation mit einer weitgehend als Miliz aufgebauten Streitmacht, wie sie die AK darstellt, beruht aber vor allem auf ihrem absoluten Mißtrauen zu den deutschen Versicherungen. Dieses Mißtrauen wird nicht nur von den Führern der einzelnen Verteidigungsbezirke, sondern auch in erster Linie von der Masse der Soldaten der AK geteilt. Dieses Mißtrauen gründet sich leider auf eine ganze Reihe allgemein bekannter Vorfälle, in denen im Laufe des Krieges Verpflichtungen und Versprechungen der einzelnen deutschen Befehlshaber später entweder durch höhere Stellen nicht anerkannt wurden oder auch durch die Behörden der Zivilverwaltung und vor allem durch die Polizeibehörden nicht eingehalten wurden.

3. Ich könnte dazu eine Reihe von konkreten Vorfällen anführen. Aus diesen Gründen rufen selbst die Versicherungen der Wehrmachtsstellen — die bisher im allgemeinen das Vertrauen der polnischen Bevölkerung besaßen — Zweifel hervor, die in Rechnung gestellt werden müssen. Die soldatische Ehre und Aufrichtigkeit und die von mir getragene Verantwortung für die auf mich genommenen Verpflichtungen, zwingen mich dazu, die Angelegenheit derart zu regeln, um durch meinen evtl. Befehl zur Kapitulation weder Unruhe noch abgesonderte Kampfhandlungen einzelner Abteilungen hervorzurufen. Diese könnten es nämlich vorziehen, lieber mit der Waffe in der Faust zu sterben, als sich auf die unsichere Gunst des Siegers zu verlassen.

Solange ich also in dieser Lage nicht die vollständige Überzeugung davontragen kann, daß die Form der deutschen Garantie, der in der AK vorherrschenden Stimmung entspricht, könnte ich einen solchen Entschluß nicht fassen.

Eine derartige Form sehe ich nur:
1) in einer schriftlichen Erklärung des Generals Reinhardt, die sich auf das vollständige Einverständnis der höheren Stellen des Reiches stützt.
2) in einer Bekanntgebung einer derartigen Garantie in der Öffentlichkeit durch die deutschen Rundfunksender.

Seien Sie, Herr General, versichert, daß ich durch eine derartige Stellungnahme nicht im geringsten Ihr Prestige herabsetzen möchte, sondern mich ausschließlich durch die Forderung der Stunde bestimmen lasse, sowie durch die Tatsache, daß Sie, Herr General, der Befehlshaber eines Abschnitts um Warschau sind, und die Angelegenheit die ganze Stadt betrifft.

Unter diesen Umständen kann ich nicht den Entschluß zur Kapitulation fassen, bevor mir derartige oder ähnliche Garantien nicht erteilt werden konnten. Aus diesen Gründen kann ich die geforderte Antwort nicht bis zum vorgeschlagenen Zeitpunkt, d. h. bis zum 10. 9. 16.00 Uhr geben und bitte meinerseits um eine Äußerung in der angeführten Angelegenheit.

gez. Bór, General

# Lage 11.–16. September 1944

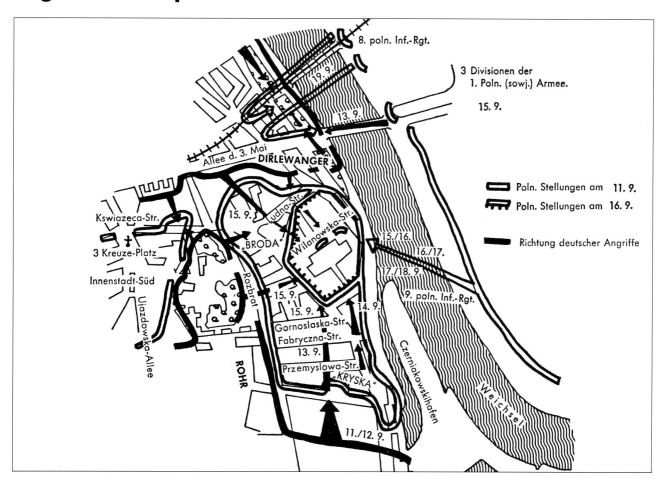

# Die Kampfkräfte in Warschau am 21. 9. 1944

        Geheim         Ia—Id—01—KTB
                                21. 9. 44

I.) *Mokotów*

1) Nordfront Mokotów, Unterabschnitt Ia, Führer: Pol. Oberst Lange (Kdr. d. Wach-Rgt. Warschau)

| | |
|---|---|
| 1. und 2. Komp.: | SS |
| 4. Komp.: | Polizei, Wehrmacht und SS-Reiter (gemischt) |
| 6. und 7. Komp.: | Polizei |
| Gesamt-Stärke: | Reichsdeutsche: 21 Offz./585 Uffz.-Mann. |
| | Fremdvölkische: 6 „ /182 „ „ |
| Gesamtfrontlänge: | 3.600 m |
| Bewaffnung: | 58 lMG     Reserven: |
| | 5 sMG      (vorstehend enthalten) |
| | 2 leGraWe  3. u. 5. Kp. mit Kampfstärke |
| | 1 mGraWe  von insges. 4/160 |
| | 1 sGraWe |

2) Abschnitt III: Führer Oberstlt. Diez
   4 Kompanien, davon 1 i. Reserve
   Gesamtkampfstärke: 19/608
   Gesamtfrontlänge: 2.100 m
   Bewaffnung:    41 leMG
                  11 sMG
                   3 leGraWe
                   1 le Pak

3) Abschnitt IV, Hauptbahnhof, Führer Major Heuer
   2 Alarmbataillone dav. 1 Komp. in Reserve
   Gesamtkampfstärke: 28/1288
   Gesamtfrontlänge: 4.100 m
   Bewaffnung:    101 le MG
                   18 sMG
                    1 le GraWe
                   14 mGraWe
                    1 le Pak

III. Nordfront Innenstadt (Kampfgruppe Reinefarth)

1) Abschnitt Jakob, Führer Major Jakob, Schutzpol.
   1 Rgt. und 2 Batl. Reserve: keine
   3. KosRegt., Ld. Btl. 246 und I./111 (aserb.)
   Gesamtfrontlänge: 3.000 m
   Kampfstärke:   I./111 (aserb):   3/260
                  Ls.Btl. 246:      9/259
                  3. Kos.Rgt:      14/231
   Bewaffnung:    I./111 (aserb):   21 leMG, 4 sMG, 4 mGraWe, 1 lPak
                  Ls.Btl. 246:      30 leMG,   —        —        —
                  3. Kos.Rgt:       35 leMG, 8 sMG, 4 leGraWe, 3 lPak

2) Abschnitt 2 (Bergmann) Führer Hptm. Mertelsmann (Heer)
   4 Kompanien: 4., 5., 7. u. 8. Kompanie (II. Bergmann)
   Gesamtfrontlänge: 2.000 m
   Kampfstärke insgesamt: 6/281
   Bewaffnung:    17 leMG
                   7 sMG
                   8 mGraWe
                   1 le Pak

3) Abschnitt Oberst Schmidt, Führer: Oberst Schmidt (Kdr. Sich.Rgt. 608)
   4 Bataillone   I. und II./608
                  III./SS-Pol.Rgt. 17
                  Pol.Batl. Burkhardt
   Gesamtfrontlänge: 3.500 m
   Kampfstärke:   I./608:          etwa 190 Mann
                  II./608:         6/ 67
                  III./SS-Rgt.     5/359
                  Pol. Burkhardt   8/150
   Bewaffnung:    I./608:          20 leMG, 3 sMG, 3 mGraWe, 3 mPak
                  II./608:         11 leMG,   —    2 mGraWe, 3 mPak
                  III./SS-17:      12 leMG, 1 sMG, 2 mGraWe,   —
                  Burkhardt:       14 leMG,   —    6 leGraWe.

2) Mokotów-Ostfront: Unterabschnitt Ib, Führer: Major Schmelzle (Fhr.Res.AOK 9)
4 Kompanien, bestehend aus Alarmkompanien der Warschauer Kasernen, Wasserwerkschutz und Landesschützen

Gesamtstärke:     Reichsdeutsche:   8/330
                   Fremdvölkische:   0/110
Gesamtfrontlänge: 1.200 m
Bewaffnung:     39 leMG     Reserven:
              10 sMG      (vorstehend enthalten)
               5 mGraWe   5. Komp. mit: 2/10/66
               1 le Pak

3) Mokotów-südl. Ostfront: Unterabschnitt VI
Btl. von Hartmann, 2 Kompanien Luftwaffenalarmeinh.
zusammen mit Mokotow-Südfront: 4.100 m
Kampfstärke:
Bewaffnung:

4) Mokotów-Südfront: noch Unterabschnitt VI
Luftwaffenbau-Btl. 116, Major Uhlig
3 Kompanien
Gesamtfrontlänge:   4.100 m (zusammen mit Mokotów-südl. Ostfront)
Ist-Stärke:            4/370
Kampfstärke:
Bewaffnung:
Reserven:             keine

5) Mokotów-West: Unterabschnitt Mokotowski
Führer: Kommandant des Forts Mokotowski
3 Kompanien
Kampfstärke:        3/75/216
Bewaffnung:
Reserven:             keine

6) Sicherung Mokotów-West
Führer: Russischer Hauptmann ?
4./russische Reiterabt. 580
Kampfstärke:        3/160
Bewaffnung:        3 leMG
                  13 sMG
                  1 le GraWe
                  5 mGraWe
                  4 le Pak

II. Südfront-Innenstadt: Kampfgruppe Rohr

1) Abschnitt II: Führer: Oberstlt. d. Schutzpol. Rodewald
3 Bataillone
Gesamtstärke:      27/881
Gesamtfrontlänge: 2.900 m
Bewaffnung:        109 leMG    Reserven
                  32 sMG      (vorstehend enthalten)
                  5 le GraWe  1 Komp. 2/54

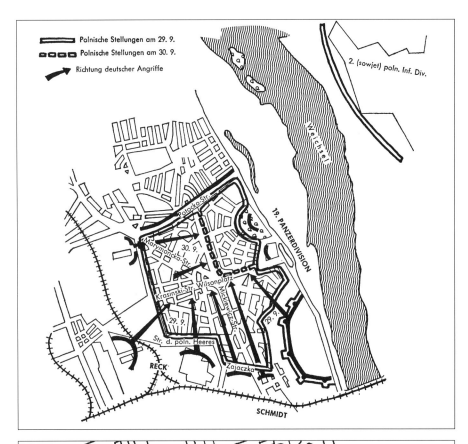

**Lage in Warschau-Mokotow, 24.–27. September 1944**

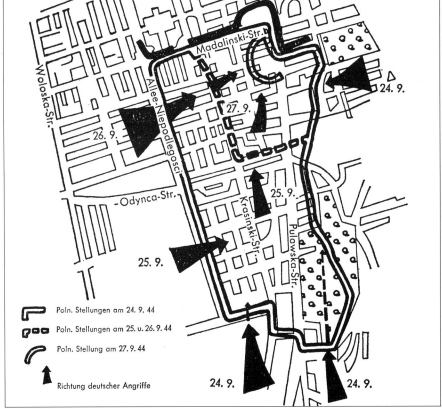

**Lage in Warschau-Zoliborz, 23.–30. September 1944**

# Kapitulationsvertrag vom 2. Oktober 1944

Korpsgruppe von dem Bach
Ia/Tgb.Nr. 770/4/44 g.Kdos.

H.Qu., den 2. Oktober 1944.
25 Ausfertigungen von 22.Ausfertigg.
. Ausfertigung.

Geheime Kommandosache !

Betr.: Kapitulationsvertrag Warschau.

Am 2.10.1944 wurde die Kapitulation von Warschau in folgendem Vertrage vollzogen:

## I.

1.) Am 2.10.1944 um 20.00 dt.Zeit (21.00 Uhr poln.Zeit) werden die Kampfhandlungen zwischen den im Raum der Stadt Warschau kämpfenden polnischen Truppen und den deutschen Truppen eingestellt.

Als polnische Truppe gelten alle polnischen Verbände, die der Führung der A.K. im Verlauf der Kämpfe vom 1.8.1944 bis zum Tage der Unterzeichnung dieses Vertrages taktisch unterstellt waren. Diese Verbände werden im Folgenden als "A.K.-Verbände" bezeichnet.

2.) Die Soldaten der oben genannten polnischen Verbände legen ihre Waffen zu den in Abschnitt II festgesetzten Zeiten nieder und begeben sich in geschlossenen Formationen mit ihren Führern zu den Sammelplätzen. Die Plätze an denen die Waffen niedergelegt werden und die Truppen sich sammeln, werden im Einzelnen noch bestimmt.

Die Offiziere dürfen die blanke Seitenwaffe behalten.

3.) Zugleich übergibt die A.K. den deutschen Militärbehörden die von ihr gefangengenommenen deutschen Soldaten und die von den polnischen Behörden internierten Personen deutschen Volkstums.

4.) Um Ordnung und Sicherheit im Stadtgebiet von Warschau zu gewährleisten, bestimmt die Führung der A.K. besondere Einheiten. Diese Einheiten werden von der Pflicht, die Waffen sofort niederzulegen, entbunden. Sie verbleiben in der Stadt bis zur Beendigung ihrer Aufgabe. Die deutsche Führung ist berechtigt, die Stärke dieser Einheiten zu überprüfen.

5.) Mit der Waffenniederlegung genießen die Soldaten der A.K. sämtlich Rechte aus der Genfer Konvention vom 27.7.1929 betreffend Behandlung von Kriegsgefangenen.

Die gleichen Rechte genießen die Soldaten der A.K., die im Verlaufe der Kämpfe seit dem 1.8.44 im Raum von Warschau in Gefangenschaft geraten sind.

6.) Die Rechte der Kriegsgefangenen genießt auch das nichtkämpfende Wehrmachtgefolge der A.K. im Sinne der Genfer Konvention über die Behandlung der Kriegsgefangenen (Artikel 81) ohne Unterschied des Geschlechts; insbesondere fallen hierunter Stabshelferinnen, Nachrichtenhelferinnen, Versorgungs- und Betreuungskräfte, Informations- und Pressedienste, Kriegsberichter und ähnliches.

7.) Bei der Anwendung der Bestimmungen der Genfer Konvention über Behandlung von Kriegsgefangenen gelten die von der Führung der A.K. anerkannten Offiziersdienstgrade.

Die auf Decknamen lautenden Personalausweise sind hinreichende Beweise für die Zugehörigkeit zur A.K. Die richtigen Namen werden den deutschen Militärbehörden mitgeteilt werden. A.K.-Angehörige, denen die Ausweise verlorengegangen sind, werden durch noch zu bestimmende Kommissionen der A.K. identifiziert werden. Solche Kommissionen werden im Bedarfsfall vom Führer der A.K. eingesetzt werden. Diese Bestimmungen gelten auch für die in Ziffer 6 Genannten.

8.) Wer nach den vorstehenden Ausführungen Kriegsgefangener ist, wird wegen seiner militärischen und politischen Tätigkeit während der Kämpfe in Warschau sowie der davor liegenden Tätigkeit nicht belangt werden, auch dann nicht, nachdem er aus einem Kriegsgefangenenlager entlassen wird. Ebensowenig werden Verstöße gegen deutsche Rechtsverordnungen verfolgt, insbesondere wegen Nichtanmeldung als Offizier, frühere Flucht aus Kriegsgefangenenlagern, illegale Rückkehr nach Polen und ähnliches.

9.) Gegen die Zivilbevölkerung, die sich während der Kämpfe in Warschau aufgehalten hat, werden keine Kollektivmaßnahmen ergriffen. Niemand wird wegen seiner während der Kämpfe ausgeübten Tätigkeit in Behörden und Verwaltungen (Justiz, Sicherheitsdienst, öffentliche Fürsorge, soziale und charitative Einrichtungen) noch wegen Beteiligung an den Kämpfen und in der Kriegspropaganda verfolgt werden.

Angehörige der oben genannten Einrichtungen werden auch wegen ihrer vor dem Aufstand in Warschau ausgeübten politischen Betätigung nicht belangt werden.

10.) Die von der deutschen Führung geforderte Evakuierung der Zivilbevölkerung aus Warschau wird nach Zeit und Art so durchgeführt, daß der Bevölkerung vermeidbare Härten erspart bleiben.

Das Herausschaffen von Gegenständen künstlerischen, kulturellen und kirchlichen Wertes wird ermöglicht werden.

Die deutsche Führung wird bestrebt sein, das in der Stadt verbleibende öffentliche und private Gut zu sichern.

Einzelheiten der Evakuierung werden in einer besonderen Vereinbarung geregelt.

II.

1.) Die Führung der A.K. verpflichtet sich, am 3.10.1944, 07.00 Uhr (dt. Zeit), 08.00 Uhr (poln. Zeit) beginnend, die Barrikaden abzubauen und zwar zuerst die den deutschen Linien nächstgelegenen.

2.) Die Führung der A.K. übergibt noch am 2.10.1944 bis spätestens 24.00 Uhr dt. Zeit (3.10.1944, 01.00 Uhr poln. Zeit) sämtliche deutschen Kriegsgefangenen sowie nach Möglichkeit auch die deutschen Zivilinternierten an den deutschen Linien den Vertretern der Deutschen Wehrmacht.

3.) Falls der Barrikadenabbau nicht rechtzeitig in Angriff genommen wird, behält sich die deutsche Führung das Recht vor, am 3.10.1944 ab 12.00 Uhr mittags dt. Zeit (13.00 Uhr poln. Zeit) diesen Vertrag zu kündigen, und zwar wird die Kündigung wirksam zwei Stunden nachdem das Kündigungsschreiben an den polnischen Linien übergeben worden ist.

- 3 -

4.) Die Führung der A.K. verpflichtet sich, am 4.10.1944 ein Regiment bezw. 3 Bataillone verschiedener Regimenter zum Niederlegen der Waffen aus Warschau herauszuführen. Die Spitzen dieser Abteilungen müssen am 4.10.1944 um 09.00 Uhr dt.Zeit (10.00 Uhr poln.Zeit) die deutschen Linien überschritten haben.

5.) Die übrigen Verbände der A.K. mit Ausnahme der in I,4 genannten Einheiten verlassen Warschau am 5.10.1944 zum Niederlegen der Waffen.

6.) Die Verbände der A.K. überschreiten die polnischen Linien mit Waffen aber ohne Munition über folgende Abmarschwege:
   a) aus Innenstadt Süd das 72.Infanterie-Regiment durch folgende Straßen: Sniadeckich-, Schuch-(6.Auguststr.), Sucha-, Filtrowa,
   b) aus Innenstadt Nord:
      aa) 36. Infanterie-Regiment auf folgenden Straßen: Eisen-, Reichs-, Radomer-,
      bb) 15. Infanterie-Regiment durch die Straßen: Grzybowska-, Eisgruben-, Litzmannstadt-,

7.) In der Stadt verbleiben folgende Kräfte der A.K.:
   a) Zu Ordnungszwecken: 3 Kompanien, bewaffnet mit Pistolen, Maschinenpistolen, Karabiner;
   b) Zur Bewachung und Übergabe der drei Regimentslager mit Munitions und Gerät: 30 Mann. Bewaffnung wie vor.
   c) Sanitätseinheiten zur Versorgung und zum Abtransport der Verwundeten und Räumen der Lazarette; unbewaffnet.

8.) Den Abtransport der verwundeten und kranken Soldaten der A.K. sowie des Sanitätsmaterials vereinbart der deutsche Sanitätschef unmittelbar mit dem Sanitätschef der A.K. Auf diesem Wege ist auch der Abtransport der Familien des Sanitätspersonals zu regeln.

9.) Die Soldaten der A.K. sind kenntlich an weiß-roten Armbinden, weißroten Kokarden, weiß-roten Rosetten oder polnischen Adlern; dabei ist es belanglos, ob sie irgendeine Uniform oder Zivil tragen.

10.) Die Vertragsschließenden stellen fest, daß Abtransport, Unterbringung, Bewachung und Betreuung der Kriegsgefangenen ausschließlich in die Zuständigkeit der Deutschen Wehrmacht fällt. Deutscherseits wird zugestanden, daß fremdvölkische Verbände mit diesen Aufgaben in Bezug auf die Soldaten der A.K. nicht betraut werden.

11.) Frauen, die nach I,6 Kriegsgefangene sind, werden in Lagern untergebracht, die den Offizier- bezw. Stammlagern gleichen. Weibliche Offizierdienstgrade sind:

            Jüngere Kommandantin
            Kommandantin
            Ältere Kommandantin
            Inspektorin

Die kriegsgefangenen Frauen können auf eigenen Wunsch wie die übrige Zivilbevölkerung behandelt werden.

- 4 -

- 4 -

12.) Die deutschen Militärbehörden melden unverzüglich der Kriegsgefangenenhilfe der YMCA in Sagan Zahl und Unterbringungsorte der kriegsgefangenen A.K.-Soldaten und des kriegsgefangenen A.K.-Gefolges.

13.) Als Gehilfen bei der technischen Durchführung dieses Vertrages stehen SS-Obergruppenführer und General der Polizei von dem Bach drei polnische Offiziere zur Verfügung.

III.

Bei Verstößen gegen die Bestimmungen dieses Vertrages werden die überführten Täter zur Verantwortung gezogen.

========================================

Diesen Vertrag gebe ich hiermit zur Kenntnis.

gez. v.d. Bach

F. d. R.

*[signature]*
Oberleutnant

Vorstehende Abschrift hat die Nummer:
A.O.K. 9, Ia Nr. 5567/44 g.Kdos.

Geheime Kommandosache
Abschrift = 1 Ausf.
Fernschreiben — KR                                      den 9. 10. 44, 20.30 Uhr

An Obkdo. Heeresgruppe Mitte    2 Ausfertigungen
                                4. Ausfertigung

SS-Obergruppenführer von dem Bach teilt mit:

1) daß Korpsgruppe v. d. Bach vom Reichsführer SS aufgelöst wurde,
2) daß er vom Reichsführer SS beauftragt ist, nach Durchführung der personellen Evakuierung die völlige materielle Räumung Warschaus durchzuführen, wobei das gesamte Räumungsgut zur Verfügung Reichsführer gestellt werden soll mit Ausnahme des Rüstungsgutes und der Gebrauchsgegenstände des täglichen Bedarfs aus dem Innenkessel Warschaus, die er nach Rücksprache mit Generalgouverneur und entsprechend seinen Verhandlungen mit General-Komorowski-Bor zur Verfügung des polnischen Hilfskomitees stellen will;
3) daß er vom Reichsführer SS den Führerauftrag erhalten hat, die totale Zerstörung Warschau durchzuführen. Bei der Durchführung dieses Auftrags wird er alle militärischen Wünsche berücksichtigen. Für die Zerstörung der Stadt soll Technische Nothilfe aus dem Reich eingesetzt werden.
4) Ich bitte um schriftliche Bestätigung dieser dem SS-Obergruppenführer von dem Bach erteilten Aufträge. Mit Auflösung der Korpsgruppe von dem Bach scheidet der Obergruppenführer von dem Bach aus dem Unterstellungsverhältnis der 9. Armee aus.
5) Entsprechend vorstehenden Befehlen wird AOK 9 ausschließlich die Räumung von Rüstungsgütern durchführen und die notwendigen Eisenbahnräumungstransporte steuern, im übrigen die Gesamtleitung und Verantwortung SS-Obergruppenführer von dem Bach überlassen.

                                        AOK 9 Ia Nr. 5760/44 geh. Kdos.
                                        gez. General von Lüttwitz
                                        General der Pz.Truppe

*Original-Entwurfszeichnungen des Warschauschildes (links und Mitte) und der Abguß nach einem Original-Gipsmodell, wie er mit großer Wahrscheinlichkeit verliehen werden sollte (rechts).*

# Allgemeine Heeresmitteilungen
## Herausgegeben vom Oberkommando des Heeres

Bestellungen bei der Post und Kauf von Einzelnummern im Buchhandel sind ausgeschlossen. Die H. M. werden nur an Heeresdienststellen geliefert; sie sind nach H. Dv. 99 zu behandeln. Erscheinungsweise: 7. u. 21. j. Mts. Schriftleitung und Verlag: Oberkommando des Heeres, Abt. für Allgemeine Truppenangelegenheiten/Schriftleitung, Berlin W 35, Bissingzeile 21. Druck: Reichsdruckerei, Berlin SW 68.

| 12. Jahrgang | Berlin, den 8. Januar 1945 | 1. Ausgabe |

### Führerbefehle.

**Der Führer**

Führerhauptquartier, den 10. Dezember 1944

1. Verordnung über die Stiftung des Warschauschildes vom 10. Dezember 1944.

Artikel 1
Zur Erinnerung an die heldenhaften Kämpfe in Warschau stifte ich den Warschauschild.

Artikel 2
Der Warschauschild wird zur Uniform am linken Oberarm getragen.

Artikel 3
Der Warschauschild wird verliehen als Kampfabzeichen an Wehrmachtangehörige und Nichtwehrmachtangehörige, die in der Zeit vom 1. 8. 1944 bis 2. 10. 1944 an den Kämpfen in Warschau ehrenvoll beteiligt waren.
Die Verleihung vollzieht in meinem Namen ⚡-Obergruppenführer und General der Polizei von dem Bach.

Artikel 4
Der Beliehene erhält ein Besitzzeugnis.

Artikel 5
Durchführungsbestimmungen erläßt der Chef des Oberkommandos der Wehrmacht.

Adolf Hitler

# Bibliographie

**A**nders, W.: Zbrodnia Katynska. London 1973
Artzt, H.: Mörder in Uniform. München 1979
Atholl, Duchess of: The Tragedy of Warsaw. London 1945

**B**artelski, L. M.: Powstanie Warszawskie. Warszawa 1965
Bartelski, L. M.: Walczaca Warszawa. Warszawa 1968
Bartelski, L. M. / Bukowski, T.: Warszawa w dniach Powstania 1944. Warszawa 1980.
Bartoszewski, W.: Prawda o von dem Bachu. Warszawa 1961
Bartoszewski, W.: Warszawski Pierscien Smierci 1939–1944. Warszawa 1970
Bartoszewski, W. / Brzezinski, B. / Moczulski, L.: Kronika Wydarzen w Warszawie 1939–1949. Warszawa 1970
Bartoszewski, W. 1859 dni Warszawy. Krakow 1974.
Bialoszewski, M.: Pamietnik z Powstania Warszawskiego. Warszawa 1976
Bieganski, W. / Juchniewicz, M. / Okecki, St.: Polacy w Ruchu Oporu Narodow Europy 1939–1945. Warszawa 1977
Borkiewicz, A.: Powstanie w Warszawie. Warszawa 1957
Bor-Komorowski, T.: Armia Podziemna. London 1950
Braun, S. (Kris): Reportaze z Powstania Warszawskiego. Warszawa 1983
Bronska-Pampuch, W.: Polen zwischen Hoffnung und Verzweiflung. Köln 1958
Broszat, M.: Nationalsozialistische Polenpolitik 1939–1945. Stuttgart 1961

**C**elt, M.: By parachute to Warsaw. London 1945
Churchill, W.: Der Zweite Weltkrieg, Bd. 6. Stuttgart 1954
Ciborowski, A.: Warsaw. Warszawa 1964
Ciechanowski, J. M.: Powstanie Warszawskie. London 1971
Ciechanowski, J. M.: The Warsaw Rising of 1944. Cambridge 1974
Cynk, J. B.: History of the Polish Air Force, 1918–1968. London 1972

**D**atner, S.: 55 dui Wehrmachtu w Polsce. Warszawa 1967
Deschner, G.: Warsaw rising. London 1972.
Deutscher Soldaten-Kalender 1954: Warschau kapituliert
Die Wildente, Folge 14 (Dez. 1957): Der Warschauer Aufstand.
Dluzniewska, S.: Pamietnik Warszawski. Warszawa 1965
Dollinger, H. / Jacobsen, H. A.: Das III. Reich. München 1962
Drogi Cichociemnych: Opowiadania Zebrane i Opracowane Przez Kolo Spadochroniarzy Armii Krajowej. London 1954

**G**arlinski, J.: Politycy i Zolnierze. London 1971
Gruzewski, J. / Kopf, St.: Dni Powstania. Warszawa 1957
Guderian, H.: Erinnerungen eines Soldaten. Heidelberg 1951

**H**. Dv. g. 44: Militärgeographische Beschreibung von Polen (Mit Warschau). Berlin 1939
Hubatsch, W.: Hitlers Weisungen für die Kriegführung, 1939–1945. Frankfurt/M. 1962

**I**nternationale Hefte der Widerstandsbewegung, H. 5: Der Warschauer Aufstand. Wien März 1961
Iranek-Osmecki, K.: Zarys Rozwoju Armii Krajowej. London 1948

**J**acobmeyer, W.: Heimat und Exil. Hamburg 1973
Jacobsen, H. A. / Rohwer, J. (Hrsg.): Entscheidungsschlachten des Zweiten Weltkrieges. Frankfurt/M. 1960
Jacobsen, H. A. / Dollinger, H.: Der Zweite Weltkrieg. München 1962
Jaenecke, H.: Polen – Träumer – Helden – Opfer. Hamburg 1981
Jankowski, St.: Agaton. Warszawa 1980
Jaworski, A. / Wilczur, J. E.: Strazacka Wiernosc. Warszawa 1977
Johnen, W.: Duell unter den Sternen. Düsseldorf 1956

**K**arol, K. S.: Polen zwischen Ost und West. Hamburg 1962
Kasprzak, J.: Tropami Powstanczej Przesylki. Warszawa 1972
Kiersnowski, R.: Reportaz spod Ciemnej Gwiazdy. London 1967
Kirchmayer, J.: Operacyjne Znaczenie Warszawy na Podstawie Doswiadczen Wojennych XIX i XX Wieku. In: Wojskowy Przeglad Historyczny (WPH), H. 1/1958
Kirchmayer, J.: Powstanie Warszawskie. Warszawa 1959
Klisze Pamieci: Z Fotokroniki Powstania Warszawskiego. Warszawa 1984
Kliszko, Z.: Powstanie Warszawskie. Warszawa 1969
Komisja Historyczna Polskiego Sztabu Glownego w Londynie: Polskie Sily Zbrojne, Tom III, Armia Krajowa. London 1950
Komornicki, St.: Na Barykadach Warszawy. Warszawa 1964
Konecki, T.: Konstanty Rokossowski. Warszawa 1976
Kopf, St.: Sto dni Warszawy. Warszawa 1977
Korbonski, St.: The Polish Underground State. New York 1978
Krannhals, H. von: Der Warschauer Aufstand 1944. Frankfurt/M. 1962
Kriegstagebuch (KTB) der 9. Armee, 1944

**L**eszczynski, K.: Heinz Reinefarth. Warszawa 1961

**M**ajorkiewicz, F.: Dane Nam Bylo Przezyc. Warszawa 1972
Margules, J.: Boje 1. Armii WP w Obszarze Warszawy. Warszawa 1967
Markert, W.: Osteuropa-Handbuch, Polen (Bd. 2). Köln 1959
Maurach, B.: Die polnische Untergrundbewegung 1939–1945. In: Wehrkunde H. 10/1957

**N**awrocka, B.: Powszedni dzien Dramatu. Warszawa 1964
Nawrocka, B.: Przed godzina »W«. Warszawa 1969
Nazarewicz, R.: Razem na Tajnym Froncie. Warszawa 1983
Nowak, J. (Jezioranski, Z.): Kurier z Warszawy. London 1978

**Ö**sterreichische Militär-Zeitschrift 1964: Probleme der Untergrundarmee
Orpen, N.: Airlift to Warsaw. Oklahoma/USA 1984

**P**amietniki Zolnierzy Baonu: Zoska. Warszawa 1970
Piekalkiewicz, J.: The Passion of Poland. London 1964
Piekalkiewicz, J.: Aufstand in Warschau. In: Spione – Agenten – Soldaten. München 1988 (Neuaufl.)
Piorkowski, J. / Baluk, St.: Miasto Nieujarzmione. Warszawa 1957
Piotrowski, St.: Hans Frank's Diary. Warszawa 1961
Ploski, St.: Niemieckie Materialy do Historii. Warszawa 1958
Podlewski, St.: Przemarsz Przez Pieklo. Warszawa 1971
Podlewski, St.: Rapsodia Zoliborska. Warszawa 1979
Pomian, A.: The Warsaw Rising. London 1945
Porwit, M.: Obrona Warszawy. Warszawa 1959
Przygonski, A.: Z Problematyki Powstania Warszawskiego. Warszawa 1964
Przygonzky, A.: Powstanie Warszawskie w Sierpniu 1944 r, Tom 1 + 2, Warszawa 1980

**R**okossowski, K.: Soldatenpflicht. Berlin 1973

**S**alis, J. R.: Weltchronik 1939–1945. Zürich 1966

Scholik, O.: Probleme der Untergrundarmee (Kampf um Warschau 1944). In: Österr. Militär-Zeitschrift 1964

Schreyer, W.: Entscheidung an der Weichsel. Berlin 1960

Schtemenko, S. M.: Im Generalstab. Berlin 1971

Schulz, G. (Hrsg.): Geheimdienste und Widerstandsbewegungen im II. Weltkrieg. Göttingen 1982

Serwanski, E.: Zycie w Powstanczej Warszawie. Warszawa 1965

Sikorski-Institut (Hrsg.): Documents of Polish-Soviet Relations 1939–1945. London 1961

Skarzynski, A.: Polityczne Przyczyny Powstania Warszawskiego. Warszawa 1969 und 1974

Starzynska, M.: Legenda Ostatniej Barykady. Warszawa 1974

Stolicy: Warszawski Kalendarz Ilustrowany. Warszawa 1964

Strzembosz, T.: Oddzialy Szturmowe Konspiracyjnej Warszawy. Warszawa 1983

Sündermann, H.: Tagesparolen. Leoni 1973

**T**erej, J. J.: Na Rozstajach Drog. Warszawa 1978

Tomaszewski, J.: Epizody Powstania Warszawskiego. Warszawa 1979

**W**erth, A.: Rußland im Krieg 1941–1945. München 1965

Witkowscy, H. und L.: Kedywiacy. Warszawa 1973

Wozniewski, Z.: Ksiazka Raportow Lekarza Dyzurnego. Warszawa 1974

W. P. H. 1958, Heft 1: Operacyjne Znaczenie Warszawy.

**Z**aleski, St. u. a.: Druga Wojna Swiatowa, Informator 1939–1945. Warszawa 1962

Zawodny, J. K.: Nothing but Honour. Stanford/USA 1978

Zenczykowski, T.: Dwa Komitety 1920–1944. Paris 1983

Zenczykowski, T.: General Grot. Paris 1983

Zenczykowski, T.: Samotny boj Warszawy. Paris 1985

Ziemke, E. F.: The doomed uprising. In: The Soviet Juggernaut, Time-Life Books 1980

Ziolek, Z.: Od Okopow do Barykad. Warszawa 1976

# Archive

Archiv des Foreign Office, London
Britannic Majesty's Office, London
Bundesarchiv – Militärarchiv, Freiburg/Breisgau
Bundesarchiv, Koblenz
Institut für Zeitungsforschung, Dortmund
Muzeum im gen. Sikorskiego, London
Politisches Archiv des Auswärtigen Amtes, Bonn
Public Record Office, London
Bibliothek für Zeitgeschichte, Stuttgart
Zentralbibliothek der Bundeswehr, Düsseldorf

# Zeitungen und Zeitschriften

Allgemeine Schweizerische Militärzeitschrift
Armia Ludowa, Warschau
Biuletyn Informacyjny, Warschau
Daily Mail, London
Die Wildente
Dziennik Radiowy AK XXII Obwodu, Warschau
Exchange, London
Internationale Hefte der Widerstandsbewegung, Wien
Iskra, Warschau
Kurier Stoleczny, Warschau
Militärwissenschaftliche Rundschau
Militär-Wochenblatt
Österreichische Militär-Zeitschrift
Neue Zürcher Zeitung
Robotnik, Warschau
Rzeczpospolita Polska, Warschau
Svenska Dagbladet, Stockholm
United Press, London
Völkischer Beobachter
Warszawianka, Warschau
Wehrkunde
Wojskowy Przeglad Historyczny (WPH)
Zeitschrift für Geschichtswissenschaft
Zeitschrift für Militärgeschichte

# Bildquellen

Bundesarchiv, Koblenz
Imperial War Museum
National Archives, Washington D. C.
Studium Polski Podziemnej, London
Archiv R. Fetzer, Diespeck
Archiv O. B. Kasprowicz, London
Archiv K. Kirchner
Archiv J. Piekalkiewicz
H. v. Krannhals: Der Warschauer Aufstand 1944 (Karten S. 293, 301, 303, 305, 308)
N. Orpen: Airlift to Warsaw (Faks. S. 207, 298/99)

# Danksagung

Für die gute Zusammenarbeit herzlichen Dank:

Herrn Dr. A. Hofmann, Herrn M. Nilges, Herrn W. Held, Bundesarchiv, Koblenz

Herrn M. Kehrig, Bundesarchiv – Militärarchiv, Freiburg/Br.

Frau H. Geschwind, Institut für Zeitungsforschung

Herrn Professor Dr. J. Rohwer und seinen Mitarbeitern, Bibliothek für Zeitgeschichte, Stuttgart

Herrn H. Ortstein, Frau B. Wohlan und dem ganzen Team, Zentralbibliothek der Bundeswehr, Düsseldorf

Mr. E. Hine und allen Herren des Dept. of Photographs, Imperial War Museum, London

Mr. P. H. Reed, Dept. of Documents, Imperial War Museum, London

Herrn K. Kirchner, Verlag für zeitgenössische Dokumente und Curiosa, Erlangen

Capt. R. Dembinski, Präses des Polski Institut i Muzeum im gen. Sikorskiego, London, sowie seinen Mitarbeitern Frau M. Wojakowska, Col. T. Bialostocki, Capt. W. Milewski, Capt. St. Zurakowski, Herrn Ing. K. Barbarski

Mrs. O. B. Kasprowicz, London
Col. W. D. Kasprowicz, London
Mme. S. Rusecka, Paris
Herrn Dr. G. F. Heuer, Düsseldorf
Herrn E. G. Bychel, Düsseldorf
Herrn R. Fetzer, Diespeck
Herrn R. Turczyn, Warschau
Herrn R. von Zabuesnig, Buchverlage Ullstein Langen Müller, München
Herrn K. Schaumann, VerlagsService Dr. H. Neuberger & K. Schaumann, Heimstetten

**Ein ganz besonderer Dank gilt:**
Herrn Professor W. Bartoszewski, Wien
Herrn Dr. phil. D. Bradley, Münster
Herrn T. Nowakowski, München
für die großzügige Bereitschaft, mit ihrem umfangreichen Wissen dem Autor zur Seite zu stehen.

# REGISTER

## Personen

**A**nders, General 22 f.

**B**ach-Zelewski von dem, Erich 12, 66, 84, 86, 90, 99 ff., 108, 122, 134, 152, 159 f., 171, 174, 178 f., 182, 187, 189, 199, 208, 211, 228, 240, 247, 254, 256, 262, 264 f., 270, 272, 278, 281
Barry, Gendamerie-Kommandant 170
Bartkiewicz, Major 189
Berger, Gottlob 12
Berling, Zygmunt 15, 33, 203, 216, 222, 226, 233, 236 f., 240, 247
Bober, Oberstleutnant 60, 62
Bock, Major 272
Boguslawski, Oberst 196, 267, 270, 272
Bolek, Major 82
Boncza, Rittmeister 50
Bor, d. i. Komorowski, Tadeusz Graf
Burza, Major 256

**C**hmiel, R.G. 105
Chorzewski, Krankenhausmitarbeiter 76
Chrusciel, Antoni 16, 34, 42, 48, 56, 114, 189, 199, 220, 237, 254, 256, 270, 274
Churchill, Winston 24, 29, 39, 91, 112 f., 132 f., 153, 246
Chwilczynski, Stefan 76
Cubryna, Hauptmann 96
Czernuchin, Major 234

**D**aniel, Oberst 49, 58, 72, 116
Dirlewanger, Oskar 12, 84, 122
Dobrowolsi, (»Zyndram«), Zygmunt 262, 270, 272
Dolina, Leutnant 56
Dowbor-Musnick, General 17

**E**den, Robert Anthony 179
Ela, Meldegängerin 84
Ewa, Meldegängerin 208

**F**ischer, Ludwig 34, 42, 80, 99
Fischer, Major 272
Frank, Hans 20 f., 71
Frolow, Major 134

**G**alicki, General 216 f.
Garda, Rittmeister 120, 122, 211, 254
Geibel, Paul Otto 42, 44, 54
Godziemba, d.i. Sosnkowski, Kazimierz
Gorbatschow, Michael 24
Gozdaw, Hauptmann 170, 198
Graßhoff, Funker 139
Grzegorz, General 43, 46, 134, 152, 186
Grzymala, Oberst 54, 99, 116
Guderian, Heinz 71, 167, 240
Gustaw, Oberleutnant 99, 186

**H**arnas, Oberleutnant 141
Harriman, William Averell 100
Heller, Diplomoberst 134, 270, 272, 274
Himmler, Heinrich 12 ff., 65 f., 208, 278
Hitler, Adolf 15, 20, 24
Hubatsch, Feldwebel 140
Hümmel 99

**I**nka, Meldegängerin 208
Ismay, General 29

**J**ankowski, Jan Stanislaw 17, 34 f., 194
Janusz, Hauptmann 250
Jaruzelski, Wojciech 24
Jaskolsi, Leutnant 128
Jaszczur, Hauptmann 167
Jeremenko 18
Jerzy, Hauptmann 164, 237, 240
Jezycki, Rittmeister 162
Johann III. Sobieski 8
Johnen, Wilhelm 138

**K**ällner, General 260, 265
Kaminski, Mieczyslaw 13, 66, 154
Kapitan, Feldwebel 254
Karol, Hauptmann 234
Klimek, Leutnant 249
Kmita, Major 214
Koch, Gauleiter 12
Komorowski, Tadeusz Graf 16, 23, 25, 32–35, 38 ff., 43, 72, 84, 90 f., 109, 112 f., 128, 137, 145, 152, 158 f., 178, 184, 187, 189, 194, 196, 198 f., 202, 226, 233, 247, 255, 260, 262, 264, 267, 270, 272, 274
Kononkow, Oberleutnant 217
Korczynski (»Sas«), Alfred 196, 262, 270, 272
Korwin, Hauptmann 125
Krebs, General 99 f.
Krybar, Hauptmann 53, 114
Kryska, Hauptmann 172, 214
Krzyzanowski 32
Kuba, Oberleutnant 53
Kuzniczenko, Oberleutnat 220
Kwarciany, Leutnant 264

**L**atyszonek, Major 222, 233, 240
Lengyel, Bela 136
Lesnik, Oberstleutnant 145
Lüttwitz, Smilo Freiherr von 13, 235, 240, 278

**M**achnicki, Janusz 262
Maliy, Oberleutnant 252
Mason-Macfarlane, General 26
Mieczyslaw, Oberst 137
Mikolajczyk, Stanislaw 17, 27, 112, 178 f., 246
Mikulski, Krankenhausmitarbeiter 76 f.
Miron, Leutnant 250
Model, Walter 54
Monter, d.i. Chrusciel, Antoni
Morro, Leutnant 92, 164 f., 213

**N**alecz, Fähnrich 171, 217, 240
Napiorkowskiego, Jana 74
Nikolaus I., russ. Zar 9
Noel, Frank 26

**O**gnisty, Hauptmann 86
Okon, Major 128, 136
Okulicki (Niedzwiadek), General 276
Ostoi, Leutnant 44

**P**elka, Major 116
Pilsudski, Josef 10, 17
Pius XII. 137
Pobog, Leutnant 182
Poniatowski, Josef Fürst 9

**R**adoslaw, Oberst 55, 67, 82, 84, 154, 165, 170, 182, 227, 230, 233, 234
Radwan, Oberst 174, 274
Reda, Major 240, 248
Reinefarth, Heinz 14, 65, 66, 80, 84, 118, 120, 122, 134, 136, 171, 182, 199
Reinhardt, Georg-Hans 112, 278
Reinhardt, Heinz 182
Rodewald, Oberst 204
Rog, Major 58, 99, 150, 152, 170, 174
Rohr, Generalmajor 80, 123, 172, 179, 189, 196, 198, 204, 214, 216, 220, 236, 240, 256
Rokossowski, Konstantin K. 18, 32 ff., 38 f., 203, 226, 255 f., 260
Rola, Oberbefehlshaber 28
Roosevelt, Franklin D. 24, 29, 113, 132 f., 153, 246
Rowecki, General 16, 23 ff., 27

**S**chmidt, Willi 145, 154
Schukow 18
Scibor, Leutnant 267
Serb, Major 118
Sigismund III. 8
Sikorski, Wladyslaw 17, 20, 22–27
Slawbor, Oberst 222
Slawomir, Hauptmann 218, 265
Slessor, Sir John 138
Sosna, Major 164
Sosnkowski, Kazimierz 17, 27, 112, 178 f., 247, 270
Sosny, Major 170
Stach, Oberleutnant 46
Stahel, Rainer 14, 33, 38, 44, 54, 80, 86, 100, 108, 199
Stalin, Josef 24, 39, 91, 100, 112 f., 132, 153, 203, 246
Stanislaw August Poniatowski 9
Stasinka, Oberleutnant 46
Stroop 24
Studzinski, Major 20

**T**arnowska, Gräfin Maria 187, 262
Timoschenko 18
Tomira, Major 254
Tronedell, Colonel 227
Trzaska, Hauptmann 164
Tschernachowski, GenOberst 32
Tur, Oberst 170

**V**attay, General 136
Völkel, Major 80
Vormann, Nikolaus von 15, 55, 80, 84, 90, 99, 112, 174, 182, 206, 208, 211, 235

**W**achnowski, d.i. Ziemski, Karol Jan
Wachowiak, Stanislaw 187, 262
Wilk, d.i. Krzyzanowski

**Z**adunin, Leutnant 99
Zagonczyk, Major 162
Zawalicz, Rittmeister 152
Zenon, Major 250
Ziemski, Karol Jan 17, 92, 96, 146, 150, 152, 159 f., 162, 164 ff., 170, 202 f., 216, 237, 240, 249 f., 252, 254 ff., 264 f., 267
Zmija, Rittmeister 55
Zryw, Major 250, 256
Zubr, Major 260
Zywiciel, Oberst 55 f., 66, 134, 136, 213, 234, 260 f., 265, 267

## Stadtviertel/ Außenbezirke/ Vorstädte

**A**ltstadt (Stare Miasto) 8, 50, 58, 79 f., 82, 84, 86, 91 f., 96, 99 f., 108 f., 113 f., 116, 119 f., 122 f., 127 f., 132 ff., 136 f., 145 f., 149 f., 152, 154, 158 ff., 162, 164 ff., 170 ff., 176, 179, 208, 270, 280 f.

**B**ielany 48, 53, 56, 66, 236, 262, 281
Boenerowo 43, 54
Brodno 54 f.
Burakowo 122, 136

**C**hojnow-Wälder 54, 62, 99, 120
Czerniakow 92, 119, 122, 134, 154, 159, 162, 174, 186, 194, 196, 199, 202, 204 ff., 208, 214, 216 ff., 220, 222, 226, 229 f., 233 f., 236 f., 240, 249, 280

**G**hetto 92, 159
Grochow 54
Grodzisk 136

**H**ale Mirowskie 109, 113, 162

**K**abacki-Wald 49, 116, 120
Kampinos-Heide (-Wälder) 56, 69 f., 92, 96, 113, 118, 120, 128, 132, 136 f., 159, 226 ff., 237, 242
Kolo 77
Krakauer Vorstadt (Krakowskie Przedmiescie) 8, 53, 92

**L**eszno 48

**M**arymont 46, 146, 211, 216, 218, 220, 234 ff., 264
Modlin 90
Mokotow 49, 58, 62, 67, 72, 84, 92, 101 f., 105, 116, 118, 120, 133, 158 ff., 162, 172, 174, 179, 196, 211, 213, 216, 218, 220, 226, 227 f., 230, 233, 234, 236 f., 240, 242, 246-250, 252, 254 ff., 262, 270, 280
Muranow 128, 145

**N**eue Welt (Nowy swiat) 8
Neustadt 8, 160, 167

**O**chota 46, 54, 62, 66 f., 69, 80, 84, 86, 94, 96, 99, 228, 255, 270, 281
Okecie 53, 199
Otwock 54
Ozarow 264 f., 272, 274, 276

**P**ecice, Gut 62
Piastow 99

Pola 113
Powazki 67, 118, 228, 270
Powisle 10, 53, 91 f., 94, 114, 116, 172, 174, 180, 182, 186 f., 189, 194, 208
Praga 38 f., 48, 54 f., 62, 91, 101, 105, 122, 133, 159, 174, 192, 196, 202 f., 205 f., 208, 211, 213, 218, 220, 222, 226, 230, 233-236, 240, 246, 255, 260 ff., 264 f., 270, 281
Pruszkow 86 f., 179, 187, 218, 260, 272, 278

**S**adyba 116, 119, 122, 125, 159, 162, 165, 167, 172, 174, 178, 196, 203, 226, 242
Saska Kepa 216, 226
Siekierki 134
Sielce 118, 122, 128, 133, 174, 196, 216, 218, 240
Skiernewice 55
Sluzewiec 252, 260
Sochaczew 94
Solec 205, 217, 227, 230, 233, 236 f.
Stadtzentrum (Srodmiescie) 44, 48 f., 58, 64, 69, 79 f., 84, 86, 91 f., 94, 99 f., 109, 113 ff., 120, 122 f., 133, 146, 152, 158 ff., 162, 170 ff., 174, 178, 180, 182, 186 f., 189, 192, 194, 198 ff., 205 f., 213, 218, 222, 226, 228, 235 ff., 240, 246 f., 249 f., 254 ff., 270, 274, 278, 280
Stawki 86, 91, 113, 116, 171

**T**agowek 54
Tomaczow 130

**W**ilanow 8, 116, 136
Wilna 28, 32 f., 34, 39
Wola 10, 43 f., 46, 54, 65 ff., 74, 80, 82 f., 86, 92, 94, 99, 137, 228, 280 f.

**Z**oliborz 43 f., 46, 53, 55 f., 66, 91 f., 96, 118, 120, 122, 128, 132, 134, 136, 145 ff., 152, 170, 179, 196, 208, 211, 213, 218, 220, 226 f., 229, 233 ff., 246 f., 253, 260, 262, 264 f., 267, 280

## Gebäude, Plätze, Gärten

**A**rbeitsamt 80
Arsenal 48, 137

**B**ajka« (Flußdampfer) 213
Bank »PKO« 48
Bank für Landwirtschaft 146
Bank Polski 145, 149
Bankowy-Platz 48, 162, 164
Belwederski-Park 158
Bernaridynski-Platz 178
Bielany, Flugplatz 43, 56
Blank-Palast 160
Bormann-Fabrik 145, 236
Bosch-Werke 249
Brühl-Palast 80, 84, 99, 109
Brühl-Platz 86
Bruhn-Werke 49
Burggarten 50
Burgplatz 50, 53, 120
Busbahnhof 80

**C**afé »Club« 133, 145, 179
Chemisches Institut 96, 136, 262
Czerniakowski-Hafen 206, 217

**D**abrowski-Platz 44, 100
Danziger Bahnhof 44, 46, 91, 96, 108, 120, 122, 128, 136 f., 235 f., 260, 262
Dreszer-Park 254

**E**isenbahnbrücke 208, 230, 233
Elektrizitäts-Werk 53, 58, 80, 96, 174, 178, 180, 184

**F**IAT-Werke 165
Finanzamt 254
Fort Bema 66
Fort Legionow-Dabrowski 167, 172, 203, 226
Fort Traugutt 46
Friedhof-kalvinistischer 84
Friedhof-evangelischer 84, 92

**G**aswerk 205, 208
Grunwaldzki-Platz 136
Grzybowski-Platz 113, 179

**H**auptbahnhof 48, 55, 189, 237
Hauptpostamt 44, 79, 184, 192
Haus der Touristik 80
Heilig-Kreuz-Kirche 94, 141, 182, 186
Heilige-Lazarus-Spital 82, 182, 186, 206, 226
Henkla-Platz 261

**I**nnenministerium 140 f.

**K**amler, Möbelfabrik (AK-Hauptquartier) 43
Kanonikat 58
Kanoniker-Kloster 160
Kercely-Platz 84

Kierbedzia-Brücke 48, 50, 54, 90, 92, 99, 101, 105, 182, 208
Konservatorium 101
Krankenkasse 208
Krasinski-Garten 92, 108, 160, 167
Krasinski-Palast 113
Krasinski-Platz 53, 105, 137, 147, 160, 165 ff., 170
»Krolikarnia« 236, 240,

**L**andwirtschaftsbank 94, 256

**M**agnet«-Fabrik 211
Malteser-Spital 114
Militärisch Geographische Institut 80
Mirowski-Hallen 162
Mokotow-Gefängnis 60
Mostowski-Palast 120

**N**apoleon« (Kino) 172
Napoleon-Platz 44, 48, 79, 174, 182, 184, 189, 194, 199, 222
Narutowicz-Platz 46
Nationalmuseum 182
Niepodlegosci-Platz 240
Notenbank/Staatliche Münze (WPW) 53, 86, 116, 133, 145 f., 149, 154, 160

**O**grod Saski (Sächsischer Garten) 9
Okecie, Flugplatz 43, 56
Opel-Werkstätten 220, 260 f.
Opernplatz 96
Opolski-Platz 82
Ostbahnhof 72

**P**awiak-Gefängnisanstalt 44
Pfeiffer-Fabrik 92
Pilsudski-Platz 86
Pionierpark 46
»Pluton«-Magazin 194
Politechnikum 80, 113 f., 123, 198, 260 f., 272
Polizeikommandantur 141
Poniatowski-Brücke 48, 50, 54, 72, 206, 208, 217, 230, 233, 240
Postbahnhof 80, 99, 114, 134, 198 f.
Pranaszek-Fabrik 82
»Prudential«-Wolkenkratzer 48

**R**adziwill-Palast 145
Rathaus 149, 160
»Sakramentki«-Nonnenkloster 167

**S**ankt-Alexander-Kirche 172
Sankt-Antonius-Kirche 164
Sankt-Johannes- Kathedrale 8, 109, 119, 146, 150, 154, 158, 160
Saski-Garten 80, 86, 92, 108, 114, 120, 164, 166
Saski-Platz 44

Schicht-Gebäude 50
Schloßplatz 101, 109, 116, 119, 134, 145, 154, 167, 170 f.
Sejm-Gebäude 182
»Seybusch«-Restaurant 198
Simons-Passage 137, 145, 149, 164 f.
Sowinski-Park 82
Sparkasse PKO 20, 184, 186
Spital für Geisteskranke 146, 149
»Spolem«-Magazin 205
Sportinstitut 46
Stadtbrücke 132
»Syrena«-Sportklub 230
»Szklane Domy«-Genossenschaft (Wohnblock) 264

Telefonverwaltung »PASTA« 48, 94, 100, 125, 127, 132
Theaterplatz 44, 86, 101, 108, 120, 123, 132, 160
Traugutt-Park 171
Trzech Krzyzy-Platz 172, 237

Universität 53, 94, 141, 145

Viadukt 46, 48

Wasserwerk 58
Westbahnhof 55, 91, 255, 274, 278
Wilanow-Palast 116
Wilna-Bahnhof 54
Wilson-Platz 55, 118, 246, 260, 264, 267

YMGA-Gebäude 172

Zalazna Brama-Platz 86
Zamoyski-Palast 164, 166
Zbawiciel-Platz 54
Zbawiciel-Platz 79, 199
Zeromski-Park 264
»Zgoda«-Genossenschaft (Wohnblock) 264
Zieleniak (Gemüsegroßmarkt) 86
Zitadelle 46, 96, 108, 122, 135, 211, 218, 236, 260, 262
»Znicz«-Genossenschaft (Wohnblock) 264
Zoliborz 118

# Straßen

**A**snyk-Straße 46

**B**aluckie-Straße 256
Barokowa-Straße 53
Belgijska-Straße 246
Belwederska-Straße 49, 118 f., 203, 226
Bielanska-Straße 123, 162, 164, 166
Bieniewicka-Straße 220, 260
Bolesc-Straße 108
Bonifraterska-Straße 123, 128, 145, 165
Bracka-Straße 194, 199, 205, 236

**C**helmska-Straße 196, 211, 216
Chlodna-Straße 71, 80, 82, 84, 86, 113
Chmielna-Straße 134, 230, 236, 278
Ciepla-Straße 94
Czacki-Straße 179, 194
Czerniakowska-Straße 154, 196, 227

**D**luga-Straße 48, 86, 134, 145, 147, 164-167, 170
Dolna-Straße 172
Dworkowa-Straße 255, 260
Dzielna-Straße 43, 94

**E**lektoralna-Straße 86

**F**iltrowa-Straße 46
Franciszkanska-Straße 165
Frascati-Straße 205 f., 222, 230
Freta-Straße 149

**G**danska-Straße 218, 220, 261, 264
Gesia-Straße 44
Gorczewska-Straße 76
Gornoslanska-Straße 217
Goszczynski-Straße 248
Graniczna-Straße 162
Grojecka-Allee 96
Grottger-Straße 125
Grzybowska-Straße 94, 113, 160, 237

**H**ipoteczna-Straße 145
Hoza-Straße 192, 218

**I**dzikowski-Straße 217, 227, 230, 233

**J**asna-Straße 48, 152, 184
Jerozolimskie-Allee 48, 54, 71 f., 80, 94, 123, 174, 180, 186, 189, 194, 198 f., 205, 256

**K**anonia-Straße 58
Karolkowa-Straße 71
Karowa-Straße 96, 174, 180
Kazimierzowska-Straße 49, 113, 252
Kilinski-Straße 109, 112
Konduktorska-Straße 242
Konopnicka-Straße 172
Krakauer Chaussee 48
Krakowskie Przedmiescie 94, 96, 172, 180, 186
Krasinski-Straße 218, 255, 260, 262, 264
Krochmalna-Straße 162
Krolewska-Straße 79, 86, 114, 145, 166, 174, 179, 189, 260
Krucza-Straße 192
Ksawerow-Straße 242
Ksiazeca-Straße 182, 205 f., 256, 261

**L**azienkowska-Straße 204, 206
Leszczynska-Straße 182
Leszno-Straße 48, 82, 118, 120
Lewicka-Straße 248
Lucka-Straße 256
Ludna-Straße 204 ff.

**M**adalinski-Straße 246
Malczewski-Straße 248
Marszalkowska-Straße 133, 167, 194, 198, 218
Mickiewicz-Straße 264
Miodowa-Straße 48, 53, 99, 105, 114, 149, 162, 170
Moczydlo-Straße 76
Mostowa-Straße 154, 165
Muranowska-Straße 108

**N**alewki-Straße 108, 128
Narbutt-Straße 49
Naruszewicza-Straße 248
Niemecwicza-Straße 46
Niepodleglosci-Allee 211, 246, 248, 250, 252, 254
Niska-Straße 46
Nowgorodzka-Straße 179
Nowy Swiat 8, 133, 146, 179 f., 187, 189, 194, 198 f., 261
Nowy Zjazd 99, 109, 120

**O**bozna-Straße 172, 182
Odynca-Straße 211, 248
Odyniec-Straße 240
Okolska-Straße 246
Okopowa-Straße 43, 46, 56
Okrag-Straße 227

**P**anska-Straße 160, 236 f., 256
Pater Siemca-Straße 174
Piekna-Straße 94
Pius-XI-Straße 44, 186
Piwna-Straße 109, 149
Plocka-Straße 82
Podchorazy-Straße 154
Podwale-Straße 112, 149
Posener Chaussee 48
Powazkowska-Straße 56
Poznanska-Straße 44, 94
Promyka-Straße 220, 233, 270
Przemyslowa-Straße 217
Przeskok-Straße 184

Pulawska-Allee 49, 102, 236, 242, 248, 250, 252

**R**akowiecka-Straße 49, 62
Rozana-Straße 252
Rozbrat-Straße 208
Rybaki-Straße 145

**S**anguszki-Straße 53
Sapiezynska-Straße 160
Senacka-Straße 43
Senatorska-Straße 114, 164
Sienna-Straße 113, 160, 222, 237
Sikorskiego-Allee 113, 133, 179
Sliska-Straße 160
Slowacki-Straße 264
Sniadecka-Straße 272
Sniadecki-Straße 80
Szpitalna-Straße 182
Srebrna-Straße 134, 145, 236
Stawki-Straße 46, 82, 86, 101 f., 108
Stepinska-Straße 211
Swietojanska-Straße 109, 149
Swietokrzyska-Straße 152, 179
Szuch-Allee 43, 54, 62, 94, 218
Szustra-Straße 250, 252, 254

**T**amka-Straße
Topiel-Straße 182
Towarowa-Straße 71, 79, 113, 127, 134, 160, 226, 237, 260
Twarda-Straße 160

**U**jazdowskie-Allee 20, 255 f.
Ursynowska-Straße 240, 246, 252

**W**arecka-Straße 149, 179, 236
Weichsel-Promenade 96
Weichseluferstraße 180
Widok-Straße 198
Wiejska-Straße 182, 206, 230
Wiktorska-Straße 234, 249 f., 254, 256
Wilanowska-Straße 213, 217, 227, 229 f., 233, 236 f
Wloscianska-Straße 218, 220
Wolska-Straße 46, 48, 71, 80, 82, 84
Woronicza-Straße 102, 242, 248, 252
Wronja-Straße 113

**Z**agloba-Straße 76 f.
Zagorna-Straße 217 f., 229 f.
Zajaczka-Straße 128
Zakroczymska-Straße 53, 165
Zelazna-Straße 79, 113, 260, 226
Zielna-Straße 44, 100, 125
Zlota-Straße 222
Zurawicka-Straße 237

© 1994 by F. A. Herbig Verlagsbuchhandlung GmbH, München
Alle Rechte vorbehalten
Textredaktion: Helga Müller-Steinhäuser, Rösrath
Umschlagentwurf: Wolfgang Heinzel
Herstellung: VerlagsService Dr. Helmut Neuberger
& Karl Schaumann GmbH, Heimstetten
Satz: Filmsatz Schröter GmbH, München
Gesetzt aus der 10/10.5 Punkt Times
Druck: Jos. C. Huber KG, Dießen
Binden: R. Oldenbourg, München
Printed in Germany 1994
ISBN 3-7766-1699-7